CLELIE,

HISTOIRE ROMAINE.

DEDIEE A MADEMOISELLE DE LONGVEVILLE.

PAR Mʳ DE SCVDERY, Gouuerneur de Nostre Dame de la Garde.

PREMIERE PARTIE.

A PARIS,

Chez AVGVSTIN COVRBE', au Palais, en la Gallerie des Merciers, à la Palme.

M. DC. LX.

AVEC PRIVILEGE DV ROY.

Elle est du Sang des Roys, cette Illustre Personne,
Qui fait voir sous ses pieds les Vices abatus :
Et le pompeux esclat de leur riche Couronne,
Brille moins que l'esclat de ses rares Vertus.

De Scudery

Beaubrun Pinx.   Nanteüil Sculp.

A
MADEMOISELLE
DE
LONGVEVILLE.

ADEMOISELLE,

C'est vne Fille à qui Rome a
esleué des Statuës, qui s'en va

ã iiij

EPISTRE.

dire à VOSTRE ALTESSE que vous meritez d'en auoir: & que si nous estions encore en vn temps où la vertu fust recompensee, la vostre vous feroit obtenir des Autels, de la reconnoissance Publique. En effet comme peu de Princesses ont vne naissance aussi illustre que vous l'auez, moins encore ont vostre vertu: & quoy qu'il y ait eu des Restaurateurs de l'Estat dans vostre Maison, & qu'il y ait des Heros dans vostre

EPISTRE.

Alliance; voſtre bonté vous rend encore plus conſiderable que voſtre Grandeur. Oſeray-ie vous le dire, MADEMOISELLE? la plus part des Perſonnes de voſtre condition, manquent d'vne qualité ſi neceſſaire: elles naiſſent dans vn ſi grand eſclat, qu'elles s'en eſbloüiſſent elles meſmes: & les Flateurs qui les aprochent, corrompant leurs belles inclinations, leur perſuadent qu'elles ne ſont plus ce que nous ſommes; qu'elles doi-

EPISTRE.

uent auoir des Regles à part; & que la bonté est vne vertu populaire, qui ne doit point aprocher des Throsnes ny des Balustres. Mais comme vos sentimens sont plus Nobles & plus equitables, vous suiuez des Maximes plus hunaines: ayant peu de chose à regarder au dessus de vous, V. A. ne desdaigne pas d'abaisser les yeux au dessous d'elle : & son obligeante facilité la fait autant aimer de tout le monde, que le Sang des Rois dont

EPISTRE.

elle est, l'en fait respecter. V. A. a de la beauté, V. A. a infiniment de l'esprit, & mesme du plus esclairé : mais apres auoir dit toutes ces choses, ie crois encore dire dauantage, quand ie dis que V. A. a de la bonté. C'est donc à cette bonté, MADEMOISELLE, que CLELIE va demander protection : & cette illustre Romaine, à qui l'orgueil du Tibre ne fit point de peur, quand elle le trauersa à la nage, trauerseroit l'Ocean,

EPISTRE.

pour vous aller rendre vn deuoir si legitime. Il est vray que si ie confonds mes interests auec les siens, elle s'y trouue obligée par bien plus d'vne raison : car i'ay eu la gloire d'estre aymé de feuë Madame vostre mere : d'auoir quelque part en l'estime de feu Monseigneur le Comte de Soissons vostre Oncle : & V. A. sçait quel est mon attachement pour Madame de Longueuille, & pour toute sa Maison. Que vous diray-ie

EPISTRE.

encore MADEMOISELLE? plusieurs Gentils-hommes de nos Parens, ont eu l'auantage d'estre à Monseigneur vostre Pere: deux de mes Parentes ont eu celuy d'estre vos Dames d'honneur : & i'ay eu moy mesme la gloire d'estre assez long-temps attaché à la suite du Grand Prince à qui vous deuez la vie, quoy que ie ne fusse pas son domestique. Enfin i'ay receu sept ans tous entiers, les commandemens de Monseigneur le Prince de Ca-

EPISTRE.

rignan voſtre Oncle, dans les Armées du Grand Charles Emanuel ſon Pere, de qui i'auois l'honneur d'eſtre aymé : ainſi, MADEMOISELLE, ſoit que ie vous conſidere, ou ſoit que ie me regarde, ie me trouue touſjours obligé de faire ce que ie fais : & de ne chercher point d'autre protection à CLELIE, que celle de V. A. I'eſpere que vous ne la luy refuſerez pas : & que vous adiouſterez à cette grace,

EPISTRE.

celle d'agréer que ie sois toute ma vie,

MADEMOISELLE,

De V. A.

Le tres humble, & tres-obeissant Seruiteur,
DE SCVDERY.

CLELIE,
HISTOIRE
ROMAINE.
PREMIERE PARTIE.

LIVRE PREMIER.

IL ne fut iamais vn plus beau iour que celuy qui deuoit preceder les Nopces de l'illustre Aronce, & de l'admirable Clelie: & depuis que le Soleil auoit commencé de couronner le Printemps de Roses & de Lis, il n'auoit iamais esclairé la fertile Campagne de la delicieuse Capouë, auec des Rayons plus purs, ny respandu plus d'or & de lumiere dans les Ondes du fameux Vulturne, qui arrose si agreablement vn des plus beaux Païs du Monde. Le Ciel estoit serain, le fleuue estoit tranquille, tous les Vents estoient renfermez dans ces Demeures sousterraines, d'où ils sçauent seuls les routes & les destours; & les Zephirs mesme n'auoient pas alors plus de force qu'il en falloit pour agiter agreablement les beaux cheueux de la belle Clelie : qui se voyant à la veille de rendre heureux le plus parfait Amant qui fut iamais, auoit dans le cœur, & dans les yeux, la

LIVRE I.

mesme tranquilité qui paroissoit estre alors en toute la nature. Pour Aronce, quoy qu'il eust encore plus de ioye que Clélie, parce qu'il auoit encore plus d'amour; il ne laissoit pas d'auoir quelquefois vne certaine agitation d'esprit, qui ressembloit à l'inquietude durant quelques momens. En effet il trouuoit qu'il n'eust pas tesmoigné assez d'ardeur, si la seule esperance d'estre heureux le lendemain l'eust entierement satisfait : ainsi il murmuroit contre la longueur des iours, quoy qu'il ne fust encore qu'aux premiers iours du Printemps ; & il regardoit alors les heures comme des Siecles. Cette douce inquietude, qui n'estoit causée que par vne impatience amoureuse, ne l'empeschoit pour tant pas d'estre de fort agreable humeur : quoy qu'il eust d'ailleurs quelque chose dans l'esprit qui luy donnoit de la peine. En effet il s'imaginoit tousjours qu'il arriueroit quelque accident qui retarderoit encore son bonheur, comme il auoit esté retardé : car il eust desia espousé sa Maistresse, n'eust esté que le Fleuue au bord duquel estoit vne tres belle Maison, où Clelius auoit resolu de faire les Nopces de sa Fille s'estoit accrû d'vne si terrible maniere, qu'il n'y auoit pas eu moyen de songer à faire vne Feste pendant vn rauage si extraordinaire. Car ce Fleuue s'estoit desbordé tout d'vn coup, auec vne telle impetuosité, que durant douze heures ses eaux auoient augmenté de

LIVRE I.

moment en moment. De plus, le Vent, les Esclairs, le Tonnerre, & vne pluye espouuantable, auoient encore adiousté tant d'horreur à cette innondation, qu'on eust dit que tout deuoit perir. L'eau du Fleuue sembloit se vouloir esleuer iusques au Ciel; & l'eau qui tomboit du Ciel, estoit si abondante, & si agitée, par les diuers tourbillons qui s'entre-choquoient, que le Fleuue faisoit autant de bruit que la Mer: & la pluye en faisoit mesme autant que la chûté des plus fiers Torens en peut faire. Aussi ce rauage fit-il d'estranges desordres dans cét aimable Païs: car il démolit plusieurs Bastimens publics, & particuliers; il desracina des Arbres; couurit les Champs de Sa-

A iij

ble & de Pierres ; aplanit des Colines ; creusa des Campagnes ; & changea presques toute la face de cette petite Contrée. Mais ce qu'il y eust de remarquable, fut que lors que cét Orage fut passé, on vit que le rauage des eaux auoit deterré les ruines de diuers Tombeaux magnifiques, dont les Inscriptions estoient à moitié effacées : qu'en quelques autres lieux il auoit descouuert de grandes Colomnes toutes d'vne piece : plusieurs superbes Vases antiques d'Agathes de Porphire, de Iaspe, de Terre Samienne, & de plusieurs autres matieres precieuses ; de sorte que cét endroit au lieu d'auoir perdu quelque chose de sa beauté, auoit acquis de nouueaux ornemens. Aussi estoit-ce aupres

LIVRE I.

de ces belles & magnifiques ruines, qu'Aronce & Clelie, conduits par Clelius, & par Sulpicie sa Femme, & accompagnez d'vne petite Troupe choisie qui deuoit estre aux Nopces de ces illustres Amants qui se deuoient faire le lendemain, se promenoient auec beaucoup de plaisir : Aronce ne se souuenant plus alors de toutes les peines que ses Riuaux luy auoient données. Car le temps de son bonheur sembloit estre si proche, le iour estoit si beau ; le lieu si agreable ; la Compagnie si diuertissante & si enioüée ; & Clelie estoit si belle, & luy estoit si fauorable ; qu'il n'est pas possible que ce qu'il y auoit encore de fâcheux en sa fortune, le fust assez, pour l'empescher d'auoir vne ioye excessiue, bien qu'elle fust quelquesfois interrompuë, comme ie l'ay desia dit, par quelque inquietude. C'est pourquoy voulant alors tesmoigner à la belle & incomparable Clelie vne partie des sentimens de ioye qu'il auoit dans l'ame, il la separa adroitement de dix ou douze pas de cette agreable Troupe qui les suiuoit : luy semblant que ce qu'il disoit à Clelie lors qu'il n'estoit entendu que d'elle, faisoit beaucoup plus d'impression dans son esprit. Mais lors qu'il voulut passer d'vne conuersation generale, à vne conuersation particuliere ; & qu'il tourna la teste pour voir s'il estoit assez loin de ceux qui le suiuoient, pour n'estre entendu que de Clelie ; il vit paroistre à l'entrée d'vn petit

Bois, qui n'eſtoit qu'à trente pas d'eux, le plus braue, & le plus honneſte homme de ſes Riuaux, qui s'apelloit Horace : & il l'y vit paroiſtre accompagné de quelques-vns de ſes Amis. Cette veuë ſurprit ſans doute Aronce: mais elle ſurprit pourtant encore plus Clelie : qui craignant de voir arriuer quelque funeſte accident, quitta Aronce pour aller vers ſon Pere, afin de l'obliger à faire ce qu'il pourroit, pour empeſcher qu'Horace & cét heureux Amant n'en vinſſent aux mains. Mais à peine eut elle fait cinq ou ſix pas, qu'vn tremblement de Terre effroyable, où ce Païs là eſt ſi ſuiet, commença tout d'vn coup : & commença auec vne telle impetuoſité, que la Terre s'entre-ouurant entre

Aronce & Clelie, auec des mugiſ-
ſemens auſſi effroyables que ceux
de la Mer irritée, il en ſor-
tit en vn inſtant vne Flame ſi
eſpouuentable, qu'elle les déro-
ba eſgalement à la veuë l'vn
de l'autre : & tout ce que vit
alors le malheureux Aronce, fut
que la Terre s'entre-ouurant de
par tout, il eſtoit enuironné de
Flames ondoyantes, qui faiſant
autant de Figures differentes
qu'on en voit quelques fois aux
Nuës, luy firent voir le plus
affreux obiet du monde. Leur
couleur bleüatre, entre meſlée de
rouge, de iaune, & de vert (qui
s'entortilloient enſemble de cent
bizarres manieres) rendoient la
veuë de ces Flames ſi affreu-
ſe, que tout autre cœur que
celuy d'Aronce auroit ſuccombé

en vne pareille rencontre. Car cét Abiſme qui s'eſtoit entreouuert entre Clelie & luy, & qui les auoit ſeparez auec tant de violence ; auoit quelque choſe de ſi terrible à voir, que l'imagination ne ſçauroit ſe le figurer. En effet vne fumée eſpaiſſe & noire, ayant preſques en vn moment caché le Soleil & obſcurci l'air, comme s'il euſt eſté nuit, on voyoit quelquesfois ſortir de ce Gouffre vne abondance eſtrange de Flames tumultueuſes ; qui ſe dilatant apres dans l'air, eſtoient emportées comme des Tourbillons de feu, par les Vents qui ſe leuerent alors de diuers coſtez. Ce qu'il y auoit encore d'eſtonnant, eſtoit que dans le meſme temps que la Foudre faiſoit retentir tous les lieux d'alentour d'vn espouuentable bruit ; on entendoit mille Tonnerres soûterrains, qui par des secousses terribles, qui faisoient encore de nouuelles ouuertures à la Terre; sembloient auoir esbranlé le Centre du Monde ; & vouloit remettre la Nature en sa premiere confusion. Mille Pierres embrasées, sortant de ce Gouffre enflamé, estoient eslancées en haut auec des sifflemens effroyables ; & retomboient en suite dans la Campagne, ou pres ou loing, selon que l'impetuosité qui les poussoit, ou leur propre poids les faisoit retomber. En quelques endroits de la Plaine on voyoit des Flames boüillonner, comme des sources de feu : & il s'exhalloit de ces terribles Feux,

LIVRE I.

vne odeur de Souffre & de Bitume, si incommode, qu'on en estoit presque suffoqué. Ce qu'il y auoit encore de surprenant, estoit qu'au milieu de tant de Feux, où il y auoit des endroits d'où il sortoit des Torrens : qui en quelques lieux esteignoient la flame, & augmentoient la fumée : & qui en quelques autres estoient eux mesmes consumez par les feux qu'ils rencontroient. Mais ce qu'il y eut de plus terrible, fut qu'il sortit tout d'vn coup de cét Abisme, vne si prodigieuse quantité de Cendres embrasées, que l'Air, la Terre, & le Fleuue en furent presques entierement ou remplis ou couuerts. Cependant comme de moment en moment la Terre s'esbranloit tousiours dauantage, la Maison où les Nopces d'Aronce & de Clelie se deuoient faire fut abatuë, le Bourg tout entier où elle estoit scituée fut enseueli sous ses propres ruines ; plusieurs Troupeaux dans la Campagne furent estouffez ; grand nombre de Gens perirent ; & on n'a iamais entendu parler d'vn tel desordre. Car ceux qui estoient sur la Terre, cherchoient de petits Batteaux pour se mettre sur le Fleuue pensant y estre plus seurement ; & ceux qui estoient sur le Fleuue, abordoient en diligence, s'imaginant qu'ils seroient moins en peril sur la Terre. Ceux des Plaines, fuyoient aux Montagnes : & ceux des Montagnes descendoient dans les Plaines. Ceux qui estoient dans les Bois, taschoient de gagner la Campagne : & ceux de la Campagne, faifoient ce qu'ils pouuoient pour fe fauuer dans les Bois : chacun s'imaginant que la place où il n'eſtoit pas, eſtoit plus feure que celle où il eſtoit. Cependant au milieu de ce tremblement de Terre ſi eſpouuentable de ces Flames ſi terribles; de ces effroyables Tonnerres, Celeſtes, & fouſterrains ; de ces Torrens impetueux ; de cette eſpaiſſe fumée ; de cette odeur de Souffre & de Bitume ; de ces Pierres enflammées ; & de cette Nuë de Cendres embraſées, qui fit perir tant de Gens & tant de Troupeaux aux lieux meſmes où la Terre ne trembla point. Au milieu, dis-je, d'vn ſi grand peril, Aronce qui ne voyoit rien de viuant que luy, ne fongeoit qu'à son aimable Clelie : & apréhendant pour elle, tout ce qu'il n'aprehendoit pas pour luy mesme, il auoit fait tout ce qu'il auoit pû, pour tascher de la reioindre. Mais il n'auoit pas esté Maistre de ses actions : car lors qu'il auoit voulu aller d'vn costé, l'esbranlement de la Terre l'auoit ietté de l'autre : de sorte qu'il auoit esté contraint de se laisser conduire à la fortune, qui le sauua d'vn si grand peril. Cependant lors que ce grand desordre fut passé ; que ces flames ensouffrées se furent esteintes ; que la Terre se fut raffermie en cét endroit; que le bruit fut cessé ; que les Tenebres furent dissipées, apres auoir duré le reste du iour & toute la nuit ; Aronce se trouua au leuer du Soleil, sur vn grand

monceau

monceau de Cendres & de Cailloux, d'où il pouuoit defcouurir ce funefte Païfage. Mais il fut bien eftonné de ne voir plus ny la Maifon où il auoit couché, ny le Bourg où elle eftoit; & de voir vne partie d'vn Bois qui eftoit proche de là renuersé, & toute la Campagne couuerte de Gens ou de Troupeaux morts. De forte que la crainte eftant alors plus forte en fon efprit que l'efperance, il defcendit de deffus cette Coline de Cendres; mais dés qu'il en fut defcendu, il vit fortir d'vn de ces Tombeaux que le Fleuue débordé auoit defcouuerts, Clelius, & Sulpicie, qui s'y eftoient retirez: car par vn cas fortuit eftrange, le tremblement de la Terre n'acheua pas de les deftruire. D'abord Aronce eut vne ioye extréme de les voir : il efpera mefme que Clelie les auroit fuiuis, & fortiroit auffi de ce Tombeau : mais il n'en vit sortir que deux de leurs Amis, & trois de leurs Amies, si bien que s'auançant diligemment vers Sulpicie, de qui il estoit le plus proche ; eh de grace, luy dit-il, dittes moy où est l'aimable Clelie? Helas, luy respondit cette Mere affligée, ie m'auançois vers vous pour vous demander si vous ne sçauiez point ce qu'elle est deuenuë : car enfin tout ce que i'en sçay est que dans le mesme temps qu'elle vous a eu quitté pour s'auancer vers son Pere, i'ay veû Horace suiuy de ceux qui l'accompagnoient qui venoit vers elle : & ie n'ay plus veû vn moment apres que des Tourbillons de flames, qui nous ont forcez Clelius & moy, de nous sauuer dans vn de ces Tombeaux, auec ceux qui estoient le plus prés de nous. A peine Sulpicie eut-elle acheué de prononcer ces paroles, qu'Aronce sans regarder ny Clelius, ny Sulpicie, ny ceux qui estoient auec eux, se mit à chercher parmy ces grands monceaux de Cendres, sans sçauoir luy mesme bien precisement ce qu'il cherchoit : & Clelius, Sulpicie, & ceux qui les suiuoient, se mirent à chercher aussi bien que luy, s'ils ne trouueroient nulles marques de la vie ou de la mort de Clelie. Mais plus ils chercherent, plus leur douleur augmenta: car ils trouuerent vne Amie de cette admirable Fille, estouffée dans ces Cendres bruslantes qui estoient tombées sur elle : & ils virent aupres de son corps celuy d'vn Amant qu'elle auoit, qui auoit eu le mesme destin. Ce lamentable obiet, tout funeste qu'il estoit, obligea pourtant Aronce à porter enuie à ce malheureux Amant; puis que du moins il auoit eu l'auantage de mourir auprés de sa Maistresse. Mais comme ces deux personnes n'estoient plus en estat d'auoir besoin d'aucun secours, ils ne s'y arresterent pas : & Clelius ordonna seulement à deux de ses Domestiques qu'il retrouua, de desgager ces corps de dedans ces Cendres, & de demeurer auprés, iusques à ce qu'on pûst les enuoyer querir : en suite dequoy il continua de chercher comme les autres, mais ils chercherent tous inutilement. Cependant on voyoit alors de par tout des Gens qui sortoient ou des Bois qui estoient proches ; ou des ruines de ces Maisons qui estoient abatuës ; ou qui se releuant de Terre, alloient chercher ou leurs Parens, ou leurs Amis : car cét accident auoit dispersé toutes les Familles. Ainsi on en voyoit qui pleuroient pour leurs Peres ; d'autres pour leurs Enfans ; d'autres pour leurs Maisons ruinées ; d'autres pour leurs Troupeaux estouffez ; & d'autres pour la seule crainte d'auoir perdu ce qu'ils cherchoient : car encore que les tremblemens de Terre ayent tousiours esté assez frequens en cét aimable Païs ; la douleur de ceux qui s'estoient trouuez engagez en celuy-cy, n'en estoit pas moins grande. Mais entre tant de malheureux dont ce funeste Païsage estoit tout couuert, Aronce, l'infortuné Aronce, estoit le plus desesperé; son affliction estoit si forte, qu'il n'auoit pas la liberté de s'en pleindre, & ce fut veritablement en cette rencontre qu'il fut aisé de discorner la difference qu'il y a de la douleur d'vn Pere & d'vne Mere à celle d'vn Amant. Car encore que Clelius & Sulpicie fussent en vne peine extréme de leur Fille, il estoit aisé de voir qu'Aronce souffroit incomparablement plus qu'eux, quoy qu'ils fouffriffent beaucoup. Mais à la fin voyant qu'ils n'aprenoient rien de ce qu'ils cherchoient, ils iugerent que comme ils eftoient efchapez, Clelie pourroit auffi eftre efchapée ; ainfi ils creurent qu'il eftoit à propos de s'en retourner à Capouë, afin de voir fi quelqu'vn ne luy auroit point ramenée. Si bien que cette legere efperance ayant paffé du cœur de Clelius dans celuy d'Aronce, le rendit capable de fonger à chercher les voyes d'y retourner. Il eft vray que le hazard leur en fournit vne ; car ils trouuerent vn Chariot vuide, que le tremblement de Terre n'auoit fait que renuerfer, & qu'engager fous des Cendres comme on le remenoit à Capouë. De forte que l'ayant defgagé, & s'eftant trouué vn homme qui le fçauoit conduire, ils fe mirent dedans, apres que les moins affligez de cette Troupe, eurent donné ordre pour faire porter à Capouë les corps de ces deux Amans : & qu'ils eurent obligé ceux auec qui ils estoient, à faire vn leger repas à la premiere Habitation qu'ils trouuerent. Car ce qu'il y eut de remarquable en ce tremblement de Terre, fut qu'il ne s'estendit que depuis le bourg où les Nopces d'Aronce se deuoient faire, iusques à Nole : & que depuis là iusques à Capouë, il n'y eut autre mal que celuy que la chûte de ces Cendres embrasées y fit en quelques endroits. La douleur d'Aronce redoubla pourtant en y arriuant, lors qu'il vit qu'il n'y apprenoit nulle nouuelle de sa chere Clelie, ni de son Riual. Il est vray qu'il ne fut pas long-temps sans sçauoir qu'Horace n'estoit point mort : parce qu'il fut aduerty par vn homme de sa connoissance, qu'vn Amy particulier d'Horace qui se nommoit Stenius, en auoit receu vne lettre le matin. De sorte que poussé par vne curiosité que l'excés de sa passion rendoit infiniment forte, il fut le chercher chez luy, où il ne le trouua pas : mais comme on luy eut dit qu'il s'estoit allé promener dans vne grande Place qui estoit derriere vn Temple de Diane qui estoit à Capouë, il fut l'y trouuer. Comme Stenius connoissoit extremement Aronce, il le receut auec ciuilité, quoy qu'il fust Riual de son Amy: si bien qu'Aronce esperant qu'il ne luy refuseroit pas ce qu'il vouloit luy demander, l'aborda aussi fort ciuilement. Ie n'ignore pas Stenius, luy dit-il, que vous estes plus Amy d'Horace que de moy : aussi ne veux-ie pas vous proposer de trahir le secret qu'il vous a confié : mais sçachant d'vne certitude infaillible, que vous en auez aujourd'huy receu vne Lettre, ie viens vous coniurer, & vous coniurer auec ardeur, de me vouloir dire seulement s'il ne vous apprend pas que Clelie soit viuante. Ie ne vous demande pas adiousta-t'il, que vous me disiez ny où il va, ny où il est presentement: car comme ie sçay bien que l'honneur ne vous permet pas de me le dire, ie croy qu'il ne me permet pas aussi de vous le demander: & i'ay mesme si bonne opinion de vous, que ie suis persuadé que ie vous le demanderois inutilement : c'est pourquoy ie ne veux pas que la force de mon amour, m'oblige à vous faire vne iniuste proposition. Mais Stenius, tout ce que ie veux de vous, est qu'en faueur d'vn Amant affligé, vous me disiez seulement, Clelie est viuante, sans me dire en quel lieu de la terre Horace la mene : & pour vous y obliger, pour-suiuit-il, i'ay à vous dire que quand vous ne me le direz pas, ie ne laisseray pas d'agir comme si ie sçauois auec certitude que Clelie n'est pas morte, & que mon Riual la tient sous sa puissance: c'est pourquoy ie croy que sans choquer la fidelité que vous deuez à Horace, vous pouuez ne me refuser pas. Ie ne vous nieray point, repliqua Stenius, que i'ay receu auiourd'huy vne lettre d'Horace, puisque vous le sçauez ; & ie vous aduoüeray mesme que ie l'ay presentement sur moy ; mais en mesme temps ie vous diray que ie suis estrangement surpris, que vous me demandiez vne chose que ie ne dois pas faire; & que ie veux mesme croire que vous ne feriez pas si vous estiez en ma place. Si ie vous demandois quelque chose qui pust nuire à vostre Amy, repliqua Aronce, vous auriez raiſon de parler comme vous faites; mais ie ne vous demande que ce qui peut conſoler vn malheureux Amant, ſans que cette conſolation puiſſe nuire à ſon Riual; & ſi vous auiez aimé, vous ne me refuſeriez ſans doute pas. Ie ne ſçay ce que ie ferois comme Amant, reprit fierement Stenius, mais ie ſçay bien que comme Amy d'Horace, ie ne vous dois rien dire où il ait intereſt; & que ie dois trouuer fort eſtrange que vous m'ayez demandé vne choſe que ie ne pourrois faire ſans laſcheté. Pour vous la faire faire auec honneur, (reprit Aronce, en mettant l'eſpée à la main) il faut que vous ſoûteniez auſſi bien voſtre opinion par voſtre valeur, que par voſtre opiniaſtreté; & que vous deffendiez meſme la Lettre d'Horace, puis que vous ne voulez pas que ie ſçache ſi Clelie eſt viuante ou morte. A ces mots, Stenius se reculant de quelques pas, mit l'espée à la main, aussi bien qu'Aronce; & deuant que des Gens qui les voyoient faire de loing, pussent estre à eux, Aronce eut non seulement desarmé & vaincu Stenius, mais il luy eut mesme arraché la lettre d'Horace; apres quoy il se retira diligemment chez Clelius, où il ouurit cette lettre de son Riual qui estoit telle.

HORACE,
A STENIVS.

VN tremblement de Terre ayant mis la rigoureuse Clelie en ma puissance, ie m'en vay chercher vn asile à Perouse, où vous m'enuoyerez toutes les choses que celuy qui vous rend ma lettre vous dira, & où vous me manderez, pour augmenter ma satisfaction, quel aura esté le desespoir de mon Riual.

La lecture de cette Lettre donna vne si sensible ioye à Aronce, qu'on ne la sçauroit exprimer ; car non seulement il apprenoit que Clelie estoit viuante; mais il sçauoit en mesme temps que son Riual la menoit en vn lieu, où l'honneur & la Nature l'obligeoient d'aller, & où il n'eust peut-estre pas esté, s'il eust sceu que sa Maistresse eust esté ailleurs. Si bien que disant promptement la chose à Clelius, & à Sulpicie, il se resolut de partir dés le lendemain; & en effet il partit auec vn Esquipage qui n'auoit rien de plus magnifique qu'vn Gendre de Clelius le deuoit auoir, n'ayant que trois ou quatre esclaues auecque luy. Il est vray qu'il obligea vn Amy qu'il auoit fait à Capouë, & qui sçauoit tout le secret de sa fortune, de faire ce voyage; afin que s'il luy reüssissoit heureusement, il pust luy faire partager son bonheur. Cét agreable Amy, qui se nommoit Celere, estant donc toute la consolation d'Aronce, ils partirent de Capouë : laissant ordre à Clelius, & à Sulpicie, de leur enuoyer par vne voye seure toutes les choses qu'ils sçauoient estre necessaires, pour faire que le voyage d'Aronce eust le succés qu'il souhaitoit : apres quoy ces deux Amis le commencerent & le poursuiuirent sans aucun obstacle, quoy que le chemin soit assez long : iusques à ce qu'estant arriuez vn soir au bord du Lac de Thrasymene, ils s'arresterent pour en regarder la beauté. Et en effet il estoit digne de la beauté de deux hommes aussi pleins d'esprit qu'Aronce & Celere : car comme il a trois belles & agreables Isles, elles auoient alors chacune vn assez beau Chasteau : & tout à l'entour du Lac il y auoit plusieurs Vilages, & plusieurs Hameaux, qui rendoient ce Païsage vn des plus beaux du Monde. Mais à peine Aronce & Celere eurent-ils eu le loisir de considerer la grandeur & la beauté de ce Lac qu'ils virent sortir de la Pointe d'vne de ces Isles deux petites Barques dans vne desquelles Aronce vit sa chere Clelie & Horace, auec six hommes l'Espée à la main, qui se deffendoient contre dix qui estoient dans l'autre. Cette veuë le surprit d'vne telle sorte, que d'abord il ne vouloit pas croire ses yeux ; mais Celere luy ayant confirmé qu'ils ne le trompoient pas, il creût en effet qu'il voyoit & sa Maistresse, & son Riual : & il luy sembla mesme que celuy qui estoit à la Prouë de la seconde Barque, estoit le Prince de Numidie qu'il aimoit fort. En cét instant Aronce se trouua bien embarassé ; car il n'y auoit point de Bateau proche du lieu où il estoit, & il falloit faire prés de deux Mille pour en trouuer, à ce que luy dit

vn

un Guide du Païs qui le deuoit mener iusques à Perouse. Cependant il fallut qu'il se resolust à aller iusques là: car comme les deux Barques s'esloignoient tousiours de luy en combatant, comme si elles eussent voulu prendre la route de la seconde Isle du Lac, il iugeoit bien que quand il auroit entrepris de forcer son cheual à nâger, il n'auroit iamais pû les ioindre: car Horace faisoit ramer auec vne diligence estrange. De sorte que voyant encore plus d'aparence de pouuoir secourir sa Maistresse en allant au lieu où on luy disoit qu'il trouueroit des Bateaux, il poussa son cheual à toute bride vers vn endroit où le Lac s'enfonçoit dans vn grand Bois dont il falloit trauerser vn coin pour aller à vne Habitation où ce Guide d'Artonce assuroit qu'il y auoit tousiours des Bateaux. Mais en y allant il re-

1. Part. C

gardoit continuellement vers les Barques qui combatoient, & voyoit à son grand regret qu'elles s'esloignoient tousiours de luy: & qu'il falloit mesme qu'il s'en esloignast encore pour se mettre en estat de s'en pouuoir approcher. Comme il estoit donc occupé par vne si fâcheuse pensée, & qu'il alloit auec vne diligence incroyable vers le lieu où il pensoit trouuer des Bateaux; son Amy qui n'auoit pas l'esprit si occupé que luy, entendit vn bruit d'armes & de cheuaux, qui luy fit tourner la teste pour voir si leurs Gens les suiuoient: mais il ne vit ny leurs Gens ny leur Guide : car comme Aronce & luy auoient poussé leurs cheuaux à toute bride, le Bois les desroboit à leur veuë: si bien qu'apellant Aronce, afin qu'il songeast à luy, & qu'il ne s'engageast pas legeremét; il luy dit ce qu'il oyoit: voyant bien que sa resverie l'épeschoit de l'entendre. Mais à peine le luy eut-il dit, qu'vn Esclaue tout couuert de sang, sortant d'entre ces Arbres, s'auança vers eux : & leur adressant la parole ; eh de grace, leur dit-il qui que vous soyez, venez secourir le Prince de Perouse, que des Traistres veulent assassiner. A ces mots, Aronce leua les yeux au Ciel, comme pour luy demander ce qu'il deuoit faire, en vne occasion où tant de puissantes raisons deuoient mettre de l'irresolution dans son cœur. Mais il ne fut pas vn moment en cét estat : car il vit effectiuement vn vieillard de bonne mine, que cét esclaue qui luy auoit parlé, luy dit estre Mezence Prince de Perouse, qui se reculoit en se deffendant contre six hommes qui le poursuiuoient : vn desquels qui paroissoit estre le Chef des autres, le pressoit si viuement, qu'il estoit prest de luy passer son Espée au trauers du corps : car encore que Mezence fust braue, il n'estoit plus en estat de pouuoir resister à ceux qui l'attaquoient, parce qu'il estoit blessé en deux endroits, & qu'il ne paroit plus leurs coups qu'auec le tronçon de son Espée qui luy estoit demeuré à la main apres auoir esté rompuë, par la pesanteur des coups qu'il auoit parez. Vn obiet si touchant, ne laissant alors nulle irresolution dans l'ame d'Aronce, il fit ce que son grand cœur luy suggera : & fut auec vne valeur incroyable se mettre entre le Prince de Perouse & son ennemy, qui estoit prest de luy trauerser le cœur. Celere de son costé seconda puissamment la valeur d'Aronce : qui dés le second coup qu'il porta au Chef de ces Assassins, teignit son Espée dans son sang. Mezence regardant alors ces deux Estrangers comme des Protecteurs que les Dieux luy enuoyoïent; & ne sçachant pas qu'ils sceussent qui il estoit, leur dit pour les encourager encore à mieux faire, qu'ils seruoient vn Prince qui sçauroit bien les recompenser: mais ils n'auoient que faire d'estre excitez à faire de grandes actions, puisque leur propre valeur faisoit qu'ils n'en pouuoient faire d'autres, quand ils auoient les armes à la main. Cependant comme ces six hommes qui auoient attaqué Mezence, estoient tous déterminez, & que le principal d'entr'eux estoit vn des plus vaillans hommes du monde, Aronce & Celere se trouuerent en fort grand peril: mais à la fin Aronce après en auoir tué vn, & blessé deux, s'attacha principalement à vouloir vaincre celuy qui paroissoit estre le maistre des autres; & en effet, il l'attaqua si vigoureusement; il para si bien les coups que l'autre luy porta; & il mes-

C iij

nagea si adroitement tous ses auantages, durant que Celere & leurs Gens qui estoient arriuez, soustenoient les autres, qu'il le força à lascher le pied; & vn moment apres il le poursuiuit si ardemment, qu'il le poussa contre de grands Arbres que le vent auoit abbatus. De sorte que ne pouuant plus reculer, il acheua de le vaincre; & luy passant son Espée au trauers du corps, il le vit tomber mort à ses pieds: mais comme il estoit en cét estat vn de ceux qui fuyoient deuant Celere, qui les poursuiuoit, donna vn coup à Aronce, dont il luy trauersa la cuisse, en pensant luy trauerser le corps. Il est vray qu'il en fut puny par celuy qui le receut; car en se retournant, il luy deschargea vn si pesant coup sur la teste, qu'il le renuersa mort à ses pieds. Cependant Mezence qui estoit desia fort auancé en âge, s'affoiblit tellement des blessures qu'il auoit receuës, qu'il fut contraint de descendre de cheual, & de s'apuyer contre vn Arbre, souftenu par ce fidele Esclaue qui auoit parlé à Aronce & à son Amy. D'autre part le Protecteur de ce Prince n'eftant pas en eftat de pouuoir fouffrir long-temps l'agitation du cheual, à caufe de la bleffure qu'il auoit receuë à la cuiffe, eftoit en vn defefpoir eftrange, de fentir qu'il ne pouuoit plus aller où fon amour l'appelloit. Neantmoins efperant que le feruice qu'il venoit de rendre à Mezence, luy donnoit lieu d'attendre d'eftre protegé par luy, il s'auança quoy qu'auec beaucoup de peine, vers ce Prince: auprés de qui plufieurs hommes de qualité qui tout d'vn coup eftoient venus de diuers coftez du Bois, s'eftoient rendus. Mais comme il voulut luy parler pour le fuplier d'enuoyer quelques-vns des fiens pour

C iiij

secourir vne Fille de tres-illustre naissance qu'on enleuoit; ce Prince s'affoiblissant tout d'vn coup, perdit la veuë, & la parole: si bien qu'Aronce n'estant pas alors escouté par ceux qui estoient aupres de ce Prince, parce qu'ils ne songeoient qu'à le secourir, se vit en vn pitoyable estat. De sorte que pour faire du moins tout ce qu'il pouuoit sans considerer qu'il estoit blessé, & sans se soucier de la douleur qu'il sentoit, il fut au pas suiuy de son Amy & des siens iusques au Lac, pour voir s'il verroit encore les Barques qu'il auoit veuës. Mais comme le soir approchoit, il s'estoit leué vn broüillards si espais sur ce grand Lac, qu'à peine voyoit on les Isles qui y sont, bien loin de pouuoir voir deux petites Barques. Si bien que ce malheureux Amant desesperé, ne sçachant que faire, ne vouloit pas mes-

me fonger à aller faire penfer la bleffure qu'il auoit receuë: lors qu'il vit
tout contre luy vn homme de qualité
conduit par cét efclaue de Mezence,
qui luy dit que ce Prince eftant reuenu à luy vn moment apres qu'il l'a-
uoit eu quitté, auoit commandé
qu'on euft autant de foin de celuy à
qui il deuoit la vie, que de fa propre
perfonne, & que c'eftoit pour cela
qu'il le cherchoit: cét homme, qui fe
nommoit Sicanus, adiouftant qu'il le
prioit de fe laiffer donc conduire dans
vn Bateau qui n'eftoit qu'à cinquante
pas de là, afin de pouuoir eftre porté
à l'Ifle la plus proche, où il trouueroit
toute forte d'affiftance. Car enfin,
pourfuiuit Sicanus, comme il ne s'eft
trouué qu'vn Chariot pour reporter
le Prince de Mezence à Peroufe, &
qu'il eft trop tard pour que vous fon-
giez à y aller à cheual en l'eftat où

vous estes, vous serez mieux dans le Chasteau qui est dans cette Isle : où ie vous offre de la part du Prince, tout le pouuoir que i'y ay, comme en estant le maistre. Aronce entendant la proposition qu'on luy faisoit, accepta auecque ioye le party qu'on luy proposoit d'aller dans vn Bateau : mais il pria Sicanus, au lieu d'aller droit à l'Isle, de luy permettre d'aller chercher sur ce Lac s'il ne trouueroit point, deux Barques qu'il auoit veuës vn peu deuant, que d'auoir rencontré Mezence : luy faisant entendre qu'il luy importoit fort de secourir vne Fille de qualité qui estoit dans vne de ces Barques. Cependant Sicanus pour faire les choses auec ordre, luy dit qu'il n'estoit pas en estat de cela : que durant qu'il iroit à l'Isle, il se mettroit dans vn autre Bateau auec son Amy, pour aller tascher d'aprendre des nouuelles de ce qu'il vouloit sçauoir, quoy qu'auec peu d'esperance: veu la grandeur du Lac; le temps qu'il y auoit qu'il n'auoit veu ces deux Barques; le broüillards qu'il faisoit ; & la nuit qui estoit fort proche. Mais à cela Aronce respondit qu'il sçauoit par des Mariniers, qu'on voyoit plus clair la nuit sur l'eau, quand il faisoit broüillars, que quand il n'en faisoit point, & en effet, il fallut que le Bateau où il entra ertast plus de trois heures sur ce Lac, auant qu'il consentist qu'on abordast à l'Isle où il deuoit estre pensé. Mais à la fin connoissant que ce que son amour luy faisoit faire n'estoit pas raisonnable ; & Celere luy disant tout bas qu'il falloit qu'il songeast à viure pour deliurer Clelie, & pour se vanger de son Riual : il souffrit que Sicanus commandast qu'on abordast à l'Isle des Saules : c'est ainsi qu'on apelloit alors celle où Sicanus auoit vn Chasteau: à la distinction des deux autres qui sont dans le lac de Thrasimene. Comme Sicanus estoit vn admirablement honneste homme, & qu'il auoit vne femme dont le merite & la vertu estoient dignes de luy; Aronce & Celere furent receus dans ce Chasteau auec autant de ciuilité que de magnificence. Aronce mesme y fut aussi bien pensé qu'il l'eust pû estre à Perouse: car comme cette Isle estoit fort habitée, & que Sicanus y faisoit son plus ordinaire seiour, il y auoit des Chirurgiens fort habiles; & l'on y trouuoit enfin toutes les choses necessaires, & delicieuses. L'Apartement où l'on mit Aronce estoit tres magnifique: car comme Perouse estoit alors vne des plus riches Villes d'Italie, de celles qui n'estoient pas Maritimes; & que Sicanus estoit aussi d'vne des plus

LIVRE I.

grandes & des plus riches Maisons de Perouse, ce Chasteau n'estoit pas seulement agreable pour sa scituation, il l'estoit encore par ses ornemens. La Chambre où l'on logea Aronce, auoit mesme cét auantage pour luy, qu'on en descouuroit presques tout le Lac: & qu'ainsi il pouuoit voir du moins le lieu où il auoit vû Clelie, s'il ne la pouuoit plus voir elle mesme. Cependant il ne fut pas le seul qui trouua du secours dans cette Isle: car à peine auoit il esté pensé, que Sicanus fut aduerty qu'il venoit d'y aborder vne Barque, dans laquelle il y auoit vn homme de fort bonne mine qui estoit fort blessé, & qui demandoit pour grace de pouuoir passer la nuit dans quelque Cabane de Pescheur, & de s'y pouuoir faire penser. Mais comme Sicanus estoit trop genereux pour n'assister pas tous les malheureux quand il le pouuoit, il fut luy mesme offrir à cét Inconnu tout le secours dont il auoit besoin; & il le luy offrit de si bonne grace, qu'il l'accepta : ainsi il fut conduit au Chasteau, & logé dans vn Apartement assez esloigné de celuy où l'on auoit mis Aronce. De sorte que comme Celere estoit aupres de luy, pour tascher de la consoler, il ne sceut que le lendemain au matin, qu'il estoit arriué vn Estranger blessé à ce Chasteau : encore ne le sceut-il que plus de trois heures apres que le Soleil fut leué : car il l'aprit de la bouche de la femme de Sicanus, qui se nommoit Aurelie : & qui le luy dit en allant luy faire vne visite, pour sçauoir s'il n'estoit point incommodé à l'Apartement qu'on luy auoit donné, parce qu'il donnoit sur vn petit Pont, où il y auoit tousiours quelque bruit. Car enfin, luy dit-elle obligeamment, comme le Protecteur du Prince Mezence, doit auoir quelque priuilege particulier, si vous estiez incommodé au lieu où vous estes, on vous donneroit vn autre Apartement, quand mesme il faudroit desloger cét autre Estranger que les Dieux ont conduit icy pour y estre secouru aussi bien que vous. Quoy Madame, reprit brusquement Aronce, il est arriué icy quelque autre malheureux que moy ? ouy genereux Inconnu, reprit Aurelie, & il est mesme plus malheureux que vous, car il est plus blessé que vous ne l'estes. Ha! Madame, reprit Aronce, il peut estre plus blessé que ie ne suis, mais il ne sçauroit estre si malheureux. Comme Aronce disoit cela Celere entra dans sa chambre, pour luy apprendre que le Prince de Numidie estoit dans ce Chasteau : & qu'il auoit sceu par vn des siens qu'il auoit esté blessé en combattant contre Horace qui enleuoit Clelie. Eh de grace Madame (s'escria alors Aronce, en adressant la parole à Aurelie, souffrez

qui ie vous coniure de me priuer de l'honneur de vostre presence, afin que ie puisse me faire porter à l'heure mesme à la chambre du Prince de Numidie, à qui i'ay mille obligations, & de qui ie puis apprendre des choses qui m'importent plus que vous ne sçauriez vous l'imaginer. Vous estes si peu en estat de pouuoir marcher, reprit Aurelie, que ie ne croy pas que vous le deuiez entreprendre, sans la permission des Chirurgiens qui vous traitent. Ha Madame, repliqua Aronce, si vous sçauiez l'interest que i'ay de voir le Prince de Numidie, vous verriez bien que ie ne dois consulter que mon cœur en cette rencontre. A pres cela, Aurelie reconnoissant bien qu'Aronce vouloit effectiuement aller à l'Apartement du Prince de Numidie, passa à celuy de la Princesse des Leontins, que diuers interests retenoient
alors

alors dans ce Chasteau ; mais elle n'y passa qu'apres auoir dit à Celere, que c'estoit à luy à persuader à Aronce de ne rien faire qui pûst destruire les soins qu'elle estoit resoluë d'auoir de la santé d'vn homme qui auoit sauué la vie du Prince Mezence, & qui meritoit par luy mesme, qu'on s'interessast extrémement à la sienne. Et en effet Celere voulut alors obliger Aronce à se contenter de l'enuoyer de sa part vers le Prince de Numidie qui se nommoit Adherbal, pour luy demander ce qu'il sçauoit de Clelie ; mais il n'y eut pas moyen ; & quoy qu'il luy pûst dire, il se fist habiller, & fut en se soustenant sur deux de ses Gens à l'Apartement d'Adherbal ; apres l'en auoir fait aduertir. Mais à peine Aronce fut-il dans la Chambre du Prince de Numidie, que prenant la parole ; ie vous demande pardon Seigneur, luy dit il, si deuant que de vous dire que ie suis autant à vous que ie l'estois à Carthage, ie vous prie de m'aprendre ce qu'est deuenuë Clelie, & ce qu'est deuenu son Rauisseur, contre qui ie vous vy hier sur ce Lac l'Espée à la main? Helas! mon cher Aronce, reprit Adherbal en soûpirant, le Rauisseur de Clelie, apres m'auoir mis en l'estat où vous me voyez, fit ramer si diligemment, qu'il se desroba bien-tost à ma veuë: car comme mes Gens me virent blessé, ils ne voulurent point m'obeïr, lors que ie leur commanday de ne laisser pas de faire ramer auecque force pour suiure Horace : & ils aimerent mieux songer à la conseruation de ma vie qu'à me satisfaire, quoy qu'ils l'ayent peut-estre plus exposée qu'ils ne pensent en ne m'obeïssant pas. Car enfin mon cher Aronce, auiourd'huy que ie suis en lieu où ie n'ay point de raisons qui m'obligent à desguiser mes sentimens,

LIVRE I.

j'ay aimé Clelie depuis le premier moment que ie la vy à Carthage : & vous deuez le commencement de l'amitié que i'ay pour vous, à l'amour que i'ay euë pour elle : puis qu'il est vray que ie ne cherchay d'abord à vous connoistre, que parce que ie iugeois que si ie pouuois aquerir vostre estime, vous luy diriez du bien de moy, & me rendriez office auprès d'elle. Aronce entendant parler Adherbal de cette sorte, fut si surpris de trouuer vn nouueau Riual en la personne d'vn Prince qu'il croyoit n'estre que son Amy, qu'il ne pût s'empescher qu'il ne parût quelque changement sur son visage. De sorte qu'Adherbal qui ne sçauoit point qu'Aronce aimoit Clelie, crût qu'il estoit fasché de ce qu'il attribuoit l'amitié qu'il auoit pour luy, à l'amour qu'il auoit pour cette admirable Fille : si bien que reprenant obligeamment la parole ; ce n'est pas, poursuiuit-il,

D ij

que vous ne deuiez me tenir conte de toute l'amitié que i'ay pour vous; puis qu'il est vray qu'apres vous auoir connu, ie suis contraint d'auoüer, que quand ie n'aurois iamais aimé Clelie, ie n'aurois pas laissé d'aimer infiniment Aronce; de qui le grand merite ne peut estre connu sans faire naistre l'amitié dans le cœur de ceux qui le connoissent. Il paroist bien, Seigneur, par ce que vous dittes, reprit froidement Aronce, que vous ne me connoissez pas bien; & ie suis persuadé que quand vous me connoistrez mieux, vous changerez de sentimens pour moy. Mais comme nous sommes tous deux en vn estat où l'on ne peut se donner de grands tesmoignages d'amitié ny de haine, quelques sentimens qu'on ait dans l'ame, ie pense qu'il vaut mieux que ie vous laisse en repos, & que ie me retire. Et en effet, Aronce apres auoir falüé Adherbal auec vne ciuilité plus froide que celle qu'il auoit euë pour luy en l'abordant, s'en retourna à fa Chambre ; mais il s'y en retourna auec vn defefpoir fi grand, qu'il ne s'eftoit iamais trouué fi malheureux qu'il fe le trouuoit alors. Il fallut pourtant qu'il fe contraigniſt ; car dés qu'il fe fut remiſt au lit, Sicanus luy amena vn homme de qualité apellé Cibicie, que Mezence luy enuoyoit, pour luy faire compliment de fa part, & de celle de la Princeffe Aretale fa Femme. De forte qu'Aronce eſtant neceſſairement obligé de cacher vne partie de fa douleur, & à Sicanus, & à Cibicie, s'informa alors quels eſtoient les ennemis qui auoient voulu affaſſiner Mezence. Quoy que vous foyez Eſtranger, reprit l'Enuoyé du Prince de Peroufe, il n'eſt pas poſſible

D iij

que vous soyez venu iusques au Lac de Thrasymene, sans sçauoir que Porsenna Roy de Clusium, est tenu prisonnier il y a vingt-trois ans accomplis, par le Prince Mezence son beau Pere : aussi bien que la Reine sa Femme : c'est pourquoy sans vous particulariser les causes de cette longue prison, ie vous diray seulement qu'vn homme de qualité nommé Tharchon, nay suiet de ce Grand & malheureux Roy prisonnier, estant persuadé qu'il estoit permis de faire toutes sortes de crimes pour deliurer vn Prince innocent, auoit dressé vne embuscade dans le Bois, où il obligea Mezence d'aller à la Chasse : l'escartant luy mesme adroitement de tous les siens, iusques à ce qu'il fust arriué à l'endroit où il auoit mis ceux qui deuoient attaquer ce Prince : qui se trouua estrangement surpris, lors qu'il vit celuy qu'il pensoit le devoir deffendre, se mettre à la teste de ces assassins, & l'attaquer le premier. Mais ce qu'il y a auiourd'huy de fascheux, c'est que Mezence croit, quoy que personne ne le pense, que cette coniuration qui s'est faite contre luy, a esté sceuë de Porsenna: de sorte que tous ceux qui s'interessent à la vie de ce grand Prince, craignent estrangement pour luy. Ce seroit bien mal reconnoistre le soin que les Dieux ont eu de la conseruation de la vie de Mezence, repliqua Aronce, s'il faisoit perir vn innocent: & si i'estois en estat d'aller luy demander quelque recompense du seruice que ie luy ay rendu, ie le prierois de donner des bornes à son ressentiment ; & de me faire aussi la grace de commander qu'on s'informast exactement par ses ordres en toute l'estenduë de son Estat, si vn homme qui s'apelle Horace, & qui a enleué vne Fille de qualité nommée Clelie, ne s'y trouue pas, afin de l'obliger à remettre en liberté cette admirable Personne. En attendant que vous puissiez agir par vous mesme, reprit Sicanus, il faut que Cibicie luy dise de vostre part, ce que vous desirez de luy ; puis que ie suis persuadé qu'il n'est rien qu'on ne puisse demander à vn Prince, quand on luy a sauué la vie d'vne maniere aussi genereuse que vous luy auez conserué la sienne. Pour moy, reprit Cibicie, quand le genereux Aronce ne me l'ordonneroit pas, ie ferois sçauoir ce qu'il desire au Prince qui m'enuoye vers luy ; car ie sçay qu'il souhaite si ardemment de le pouuoir recompenser du seruice qu'il luy a rendu, que ie luy donneray beaucoup de joye de luy en donner les moyens. En suite de cela Aronce dit à cét obligeant Enuoyé, tout ce que les divers interests qu'il auoit luy deuoient faire dire, & pour le salut de Porsenna, & pour la liberté de Clelie ; apres quoy ne pouuant plus souffrir la contrainte, il parut si inquiet, & à Sicanus, & à Cibicie, qu'ils creurent que sa blesseure luy faisoit tant de douleur, que leur presence l'incommodoit ; si bien qu'ils le laisserent dans la liberté de se pleindre auec son Amy. En effet, ils ne furent pas plustost hors de sa chambre, que le regardant auec des yeux à inspirer de la pitié à l'ame la plus dure; & bien mon cher Celere, luy dit-il, que dittes vous de la cruauté de ma destinée; vous qui sçauez toutes mes disgraces, & toutes mes auantures ; & qui deuez estre accoustumé à me voir malheureux ? N'est-il pas vray, poursuiuit-il, que vous n'auez pû preuoir ce qui m'arriue auiourd'huy ? car sans parler de mille choses fascheuses & surprenantes, qui me sont arriuées depuis le premier moment que ie vy la lumiere, iusques à celuy où ie creûs deuoir estre heureux en espousant l'incomparable Clelie; y a-t'il rien de plus terrible que de voir que lors que tous mes Riuaux ne sont plus en estat de me nuire, la Terre tremble, pour renuerser toute ma felicité; pour m'arracher Clelie d'entre les bras; & pour la mettre entre ceux d'vn de mes Riuaux? Mais pour acheuer la bizarrerie de mon destin, ie sauue la vie à vn Prince qui veut la faire perdre à vn autre en qui ie dois m'interesser comme à la mienne: ie donne la mort à celuy qui auoit fait vne coniuration pour sa liberté; ie voy Clelie de mes propres yeux en la puissance d'Horace; & ie trouue vn nouueau Riual en la personne d'vn Prince que ie croyois estre mon Amy, & que ie n'aurois iamais soupçonné d'estre Amant de Clelie. Cependant ie ne puis rien faire que souffrir : puis que ie ne suis pas en estat ny d'aller apres le Rauisseur de Clelie, ny d'aller proteger Porsenna, ny de me descouurir à Adherbal pour ce que ie suis ; car il n'y auroit nulle raison de luy aprendre que ie suis son Riual, tant que luy & moy serons en estat de ne pouuoir nous estre redoutables, en cas que nous soyons ennemis, comme il y a grande aparence que nous le serons. Aronce se seroit bien pleint plus long-temps, n'eust esté que Sicanus r'entra dans sa Chambre, pour luy amener deux personnes qui luy estoient infiniment cheres ; puis que c'estoit veritablement de Nicius & de Martia sa Femme, qu'il luy presenta, qu'il deuoit attendre le plus grand secours aux termes où estoient alors ses affaires ; aussi les receut-il auec toute la ioye dont il pouuoit estre capable. Pour Sicanus il luy demanda pardon de ne luy auoir pas rendu autant de respect qu'il luy en deuoit. Quoy Nicius (dit alors Aronce en le regardant) vous auez creu qu'il estoit à propos d'obliger le genereux Sicanus à garder vn secret qui m'importe tant, en luy aprenant qui ie suis. Oüy Seigneur, reprit Nicius, & ie suis si asseuré de sa fidelité, que c'est dans ce Chasteau que tous les Amis du Roy Porsenna doiuent s'assembler, pour aduiser ce qu'on doit faire pour la liberté de ce Prince, & pour vostre reconnoissance. De grace Seigneur (dit alors Sicanus à Aronce) ne faites pas ce tort à l'homme du monde qui a le plus de passion de vous seruir, de le soupçonner d'estre capable de trahir le secret qu'on luy a confiés car comme ie suis persuadé que c'est seruir importemment le Prince de Perouse, que de seruir le Roy Porsenna; ie le fais sans scrupule aucun ; iugez donc ce que ie dois faire pour vous qui luy auez sauué la vie. En mon particulier, dit Martia à Aronce, ie puis vous asseurer que Sicanus a plus d'vn interest de souhaiter que vous soyez heureux? & l'on peut dire enfin que le bonheur de deux Estats, est si inseparablement attaché au vostre, qu'ils seront asseurement tous deux destruits, si vous ne les sauuez en vous sauuant vous mesme. Apres cela Aronce ayant dit beaucoup de choses obligeantes à ceux qui luy parloient, ils commencerent de songer ce qu'il estoit à propos de faire pour la liberté de Porsenna ; pour celle de la Reine sa Femme; & pour la reconnoissance d'Aronce. Ils trouuerent pourtant qu'il estoit à propos d'attendre à prendre vne resolution decisiue, iusques à ce que trois hommes de tres-grande consideration dans cét estat là, & qui estoient fort attachez aux interests de Porsenna, fussent arriuez à ce Chasteau ; car aussi bien l'estat où estoit Aronce, ne luy permettoit-il pas d'agir. Cependant Sicanus dit alors à Aronce qu'il y auoit vne Princesse dans sa Maison dont il seroit à propos de se seruir, parce qu'elle auoit beaucoup de pouuoir sur l'esprit d'vn homme qui en auoit vn fort grand sur celuy du Prince Mezence. Mais, repliqua Aronce, peut-on se confier à cette Princesse, puis qu'elle a quelque commerce auec vn Fauory du Prince de Perouse ? Oüy, Seigneur, reprit Sicanus, on le peut ; car la Princesse des-Leontins a vne auersion si forte pour celuy sur qui elle a vn si grand credit, que quand elle seroit moins genereuſe qu'elle n'eſt, elle ſeroit touſiours tres-fidelle à ceux qui la prieroient de ne dire pas ce qu'on luy auroit dit, à vn homme à qui elle voudroit ne parler iamais. Et puis à dire vray, cette Princeſſe ayant autant de vertu que de beauté, n'auroit garde de vouloir vous nuire; ioint qu'Aurelie a vne ſi grande part à ſon affection, qu'elle s'en peut tout promettre; & en effet ſans ſçauoir rien de voſtre naiſſance, la ſeule action genereuſe que vous auez faite en ſauuant la vie du Prince Mezence, luy a donné tant de diſpoſition à vous ſeruir, qu'elle a fait promettre à Aurelie qu'elle obtiendroit de vous que vous endureriez qu'elle vous fiſt vne viſite. Si i'eſtois en eſtat de la preuenir, reprit Aronce, ie vous prierois de me mener à ſon Apartement à l'heure meſme; mais comme cela n'eſt pas, il faut laiſſer conduire la chose à vostre discretion, & à celle de la genereuse Aurelie. Aprés cela Sicanus, Martia & Nicius, laisserent Aronce entre les mains de ses Chirurgiens, qui vinrent alors pour le penser. D'autre part le Prince de Numidie qui aimoit effectiuement Aronce, & pour son grand merite qu'il connoissoit bien, & parce qu'il le regardoit comme vn frere adoptif de Clelie, dont il estoit amoureux, enuoyoit continuellement sçauoir de ses nouuelles; & il luy fit mesme proposer par vn sentiment d'amitié, de faire mettre son lit dans sa chambre, afin d'auoir la consolation de l'entretenir sans l'incommoder; mais Aronce se deffendit sur le pretexte de ne vouloir pas l'importuner, quoy que ce fust par vn sentiment ialoux, dont il ne pouuoit estre le Maistre. Cependant Sicanus ayant fait sçauoir à la Princesse des Leontins qu'Aronce

receuoit

receuroit sa visite auec beaucoup de satisfaction, elle se resolut de l'aller voir vers le soir, accompagnée d'Aurelie, & de Martia : mais en attendant l'heure où elle deuoit faire cette obligeante visite, elle s'entretenoit auec Aurelie, Martia, & Celere, que Sicanus luy auoit mené : & elle s'entretenoit auec eux, de la force de cette inclination qui fait que l'esprit ne peut iamais demeurer en vne assiette si egale, qu'il ne panche de nul costé, entre les choses du monde qui ont le plus d'esgalité entre elles. Car enfin, disoit-elle à Aurelie, i'en fais auiourd'huy vne experience qui fortifie extremement toutes les raisons qu'on peut apporter pour prouuer la force de l'inclination ; puisqu'il est vray que ie ne puis douter que l'enuie que i'ay de voir Aronce, ne soit vn effet de cette puissante inclination, qui est aussi inconnuë, que le sont les Vents dont on ignore la veritable cause, & qui est aussi forte qu'eux en beaucoup d'occasions. Et en effet, adiousta-t'elle, pour faire voir ce que ie dis, il ne faut que considerer que le Prince de Numidie, & Aronce, sont arriuez presques tous deux en mesme temps icy, & qu'on m'en a presques dit les mesmes choses. Car Sicanus m'a dit que le Prince de Numidie est grand, & de belle taille ; qu'il est fort agreable, tout brun qu'il est, & qu'il a la mine fort haute : & vne Fille qui est à moy, & qui sçait admirablement despeindre les Gens, quand elle les a veûs, m'a dit qu'Aronce est de la plus belle taille du monde ; qu'il a l'air grand, & noble, les cheueux cendrez, les yeux bleus, tous les traits agreables, & la mine tout à fait Heroïque. De plus, si i'ay sceu qu'Aronce auoit fait vne belle action en sauuant la vie du Prince de Perouse, i'ay sceu aussi que le Prince de Numidie, en auoit fait vne fort genereuse, en combattant sur ce Lac contre vn homme qui enleuoit vne Fille de qualité. Ils sont mesme tous deux blessez ; on m'a dit qu'ils ont tous deux beaucoup d'esprit ; ils me sont esgallement estrangers, & esgallement inconnus : & on croit mesme qu'ils sont tous deux malheureux, parce qu'ils paroissent tous deux fort melancoliques. Ainsi s'il y a quelque difference entre eux dans mon esprit, c'est que ie sçay qu'Aderbal est Prince, & que ie ne sçay point la naissance d'Aronce. Cependant ie n'ay nulle intention d'aller voir le Prince de Numidie : & i'ay vne impatience estrange d'aller voir Aronce : & ie suis tellement preoccupé en sa faueur, que ie ne doute

E ij

point du tout, qu'il ne soit beaucoup plus honneste homme que le Prince Aderbal. Comme ie ne connois pas assez le Prince de Numidie, reprit Celere, pour estre Iuge equitable de son merite, ie n'ay garde d'oser porter nul iugement de luy. Mais, Madame, ie puis vous asseurer que pour Aronce, vous ne sçauriez vous empescher de dire quand vous le connoistrez bien, que vous n'auez iamais connu vn plus honneste homme que luy. En effet, Madame, il a tout ce qu'on peut desirer en vn homme accomply ; & ie deffie ceux qui le connoissent le mieux, de trouuer vn deffaut en luy, & de pouuoir faire vn souhait à son auantage. Car premierement Aronce a infiniment de l'esprit ; il l'a grand, ferme, agreable, & naturel tout ensemble ; il sçait plus qu'vn homme de sa naissance & de la profession qu'il, a faite toute sa vie ne doit sçauoir ; mais il sçait en homme de grande qualité, & en homme qui sçait le monde. Pour de cœur, Aronce en a autant qu'on en peut auoir; mais i'entends de ce cœur qui rend le Lion digne d'estre nommé le Roy des Animaux ; c'est à dire de celuy qui pardonne aux foibles, & qui tient autant de la generosité, que de ce qu'on apelle precisément courage & valeur. De plus, Aronce a l'ame tendre, le cœur sensible ; il aime ses Amis comme luy mesme ; il les sert auec ardeur ; il croit que la probité doit estre dans le cœur de tous les hommes ; & que les Princes ne doiuent point se dispenser d'auoir toutes les vertus des particuliers, quoy qu'ils soient obligez d'en auoir d'autres qui leur sont particuliers. Il a de la douceur, de la bonté, & vn charme inexplicable dans sa conuersation, qui le rend Maistre du cœur de tous ceux qui l'approchent: & pour le définir en peu de mots, Aronce pouuoit estre admirablement honneste homme, de quelque condition qu'il fust né : car il a toutes les vertus qu'on pourroit desirer en tous les hommes. Apres cela, dit la Princesse des Leontins, on peut dire que l'inclination que i'ay pour Aronce que ie ne connois pas, n'est pas vne inclination mal fondée, toute aueugle qu'elle me paroist : mais le mal est qu'on en a quelquesfois qui ne se trouuent pas tousiours d'accord auec la raison. Pour moy, dit Aurelie, ie suis persuadée que ce qu'on appelle bien souuent inclination, ne l'est pas : & que la raison pour laquelle on panche tousiours plus d'vn costé que d'autre, est qu'il ne se peut iamais trouuer vne si grande esgalité entre les Personnes qu'on connoiſt, ou dont l'on entend parler, qu'il ne s'y trouue quelque difference. De ſorte que comme c'eſt le propre de l'eſprit de diſcerner, & de choiſir, il cherche effectiuement touſiours à faire choix, de ce que le cœur doit aimer : ainſi on donne tres-ſouuent à vne inclination aueugle, ce qui eſt le veritable effet d'vne lumiere fort clair-voyante. Il y a ſans doute beaucoup d'eſprit à ce que vous dittes, reprit Celere, mais cela n'empeſche pas que ie ne ſois perſuadé, que l'inclination eſt vne choſe effectiue, où la raiſon n'a point de part : car il ſe trouue quelquesfois que la raiſon veut vne choſe, & noſtre inclination vne autre : & qu'encore que nous connoiſſions que ce que nous aimons ſoit moins aimable que ce que nous n'aimons pas, nous ne laiſſons pas de l'aimer. Comme i'ay plus d'experience du monde, adiousta Martial, que tous ceux deuant qui ie parle, parce que ie l'ay veû plus long-temps ; i'ay remarqué cent & cent fois des effets si prodigieux de cette inclination aueugle, que ie ne puis douter de sa force ; car i'ay quelquesfois veû des Hommes de grand esprit, aimer des Femmes qui n'en auoient presques point, & qui n'auoient mesme guere de beauté ; i'ay veû aussi des Femmes de beaucoup de merite, fauoriser des Hommes qui estoient mesprisez de tout le monde, & en mespriser d'autres qui estoient dignes d'estime ; & i'ay mesme connu auec certitude, que i'ay esté portée à auoir de l'amitié pour quelques personnes plustost que pour d'autres, sans que ie pusse dire la raison. En effet ie discernois si bien, qu'encore qu'elles eussent du merite, ce n'estoit point cela seulement qui faisoit l'affection que i'auois pour elles, qu'il s'en falloit peu que ie ne creusse que quand elles n'en auroient point eu, ie n'aurois pas laissé de les aimer; tant il est vray que i'ay tousiours bien sceu distinguer ce que i'ay aimé par choix, de ce que i'ay aimé par inclination. On croit quelquesfois qu'on ne choisit point, reprit Sicanus, qu'on ne laisse pas de choisir; car ceux qui ont l'imagination viue, & l'esprit penetrant, se determinent si promptement à ce que qu'ils veulent estimer, qu'eux mesmes ne s'aperçoiuent pas des propres operations de leur esprit; ainsi ils donnent à leur inclination, ce qui ne luy appartient pas; ioint aussi qu'vne des choses qui authorise le plus ceux qui donnent tout à l'inclination, est qu'ils se trouue tant de Gens qui choisissent mal, & qui aiment ce qui n'est pas aimable, que chacun ne pouuant comprendre que la raison soit capable de si grandes erreurs, aime mieux dire qu'elle se laisse conduire par vne inclination aueugle, que d'aduoüer qu'elle est quelquesfois aueugle elle mesme. De cette sorte on cherche vne excuse à tous les mauuais choix qu'on fait; car pour la plus grande partie des Gens, ils croyent que c'est estre à moitié iustifiez, que de dire qu'ils n'ont pû resister à leur inclination. Pour moy, reprit Aurelie, quoy que ie sois fortement persuadée que l'inclination est quelque chose de bien puissant, ie ne croirois pas estre iustifiée si elle me faisoit faire vn mauuais choix; mais ie croirois du moins meriter plus d'estre excusée, si ie faisois vne faute par la force de mon inclination, que par deffaut de connoissance. Apres cela la Princesse des Leontins se leua pour aller à l'Apartement d'Aronce, où elle fut conduite par Celere, & suiuie par Sicanus, par Martia, & par Aurelie. Cette entre-veuë se fit de part & d'autre de la plus spirituelle maniere du monde ; car encore que les personnes qui ont le plus d'esprit, ne sçachent presques iamais que se dire la premiere fois qu'elles se voyent, il n'en fut pas de mesme de la Princesse des Leontins & d'Aronce. En effet la conuersation fut aussi libre que s'ils se fussent veûs toute leur vie ; & ils connurent si bien dés le premier moment qu'ils se virent, qu'ils meritoient l'estime l'vn de l'autre, qu'ils agirent comme s'ils eussent desia eu quelque amitié ensemble. La Princesse des Leontins loüa hautement la grande action qu'il auoit faite en sauuant la vie au Prince de Perouse ; & il loüa auec beaucoup d'exageration, la bonté qu'elle auoit de le venir voir. Ce furent pourtant des loüanges sans affection ; & qui ne tenant rien de la flatterie, n'embarassoient pas ceux qui les receuoient. Mais ce qui leur donna encore plus d'inclination l'vn pour l'autre, fut qu'ils connurent malgré la contrainte qu'ils se faisoient, qu'ils auoient tous deux quelque grand suiet d'inquietude ? & ils penserent mesme que leurs chagrins pouuoient venir d'vne mesme cause. De sorte que trouuant en eux diuerses choses propres à faire qu'ils eussent vne grande disposition à lier amitié ensemble ; on peut dire que si la Princesse des Leontins se separa d'Aronce auec beaucoup d'estime pour luy, il demeura auec beaucoup d'admiration pour elle. Il est vray que comme il auoit alors des choses dans l'esprit qui l'occupoient, & qui l'affligeoient estrangement, il ne songea plus qu'à sa douleur dés qu'il l'eut perduë de veuë, & qu'aux remedes qu'il pourroit trouuer aux maux qu'il sentoit. Mais pour la Princesse des Leontins, quòy qu'elle eust aussi de la douleur, comme elle n'estoit pas si pressante que celle d'Aronce, elle eut vne si forte curiosité de sçauoir sa naissance, & ses Auantures, qu'elle pria instamment Aurelie de luy vouloir dire ce qu'elle en sçauoit, dés qu'elle fut retournée à sa Chambre. Ce que vous me demandez, Madame, luy repliqua-t'elle, est d'vne si grande consequence, que ie n'oserois vous dire ce que i'en sçay, sans la permission d'Aronce, quoy qu'il luy importe beaucoup que vous le sçachiez. Ioint aussi que ne sçachant qu'vne partie de ses Auantures, ie ne pourrois pas vous donner toute la satisfaction que vous desirez ; mais ie vous promets de prier Sicanus d'obliger Aronce à souffrir que vous les sçachiez ; & en effet Aurelie tint sa parole à la Princesse des Leontins, car elle pressa fort son Mary de faire en sorte qu'Aronce endurast que cette Princesse sceust toute son Histoire. Il est vray qu'elle n'eut pas grande peine à le luy persuader ; car comme il iugeoit qu'elle pouuoit seruir importamment Aronce, il pensa qu'il estoit necessaire qu'elle le connust ; si bien que communiquant son sentiment à Nicius, à Martia, & à Celere, qui le trouuerent raisonnable, ils furent tous ensemble trouuer Aronce, pour luy persuader d'endurer que la Princesse des Leontins sceust tout le secret de sa vie. D'abord il eut quelque peine à s'y resoudre, parce que naturellement il n'aimoit point à faire sçauoir ses Auantures ; mais apres que Sicanus luy eut fait comprendre combien il luy

LIVRE I. 79

importoit d'obliger la Princesse des Leontins, il consentit à ce qu'on desiroit de luy. Il est vray que la curiosité de cette Princesse ne pût estre si tost satisfaite qu'elle l'eust desiré ; car on sceut que le Prince de Perouse pour faire plus d'honneur à celuy qui luy auoit sauué la vie, auoit voulu que la Princesse sa Femme le visitast ; qu'elle arriueroit dans vne heure ; & que Tiberinus qui estoit alors le plus en faueur en cette Cour, & qui estoit amoureux de la Princesse des Leontins, venoit aussi à l'Isle des Saules; de sorte qu'il falut remettre la chose à vne autre fois. Il falut mesme que Sicanus fist cacher Nicius & Martia ; parce qu'il importoit trop à Aronce qu'on ne sceust pas qu'ils estoient dans L'Estat du Prince de Perouse, iusques à ce qu'il en fust temps. Ainsi on les mit dans vn Apartement, où l'on

donna ordre que personne ne pûst entrer ; auec vne deffence expresse à tous les Domestiques de Sicanus, de dire à qui que ce soit qu'il y eust d'autres Estrangers dans ce Chasteau, qu'Aronce & le Prince de Numidie ; & en effet la Princesse de Perouse suiuie de cinq ou six Femmes de qualité, & conduite par Tiberinus, fit sa visite sans que nul de ceux qui l'accompagnoient sceust que Nicius & Martia estoient dans ce Chasteau. Cependant comme Sicanus n'auoit pas manqué d'aduertir le Prince de Perouse, qu'Aderbal estoit arriué chez luy, la Princesse sa Femme creût que la qualité de ce Prince vouloit qu'elle luy fist la premiere visite. Mais ce qu'il y eut de remarquable, fut que le Prince de Numidie, qui ne sçauoit pas qu'Aronce fust son Riual, ne luy parla que de luy, tant que
leur

leur conuerſation dura ; exagerant toutes les belles choſes, qu'il auoit faites, du temps qu'il eſtoit à Carthage où il l'auoit connu. Mais apres m'auoir dit mille biens du genereux Aronce, luy dit alors la Princeſſe de Perouſe, il faut que vous me diſiez encore ſa condition ; afin que le Prince à qui il a ſauué la vie, ſçache mieux comment il le faut traiter. Aronce eſt ſi illuſtre par luy meſme, reprit le Prince de Numidie, que quand il ne ſeroit pas d'vne fort grande qualité, il meriteroit d'eſtre traité comme s'il eſtoit Fils de Roy ; mais ce qu'il y a de vray, eſt qu'on n'a iamais ſceu à Carthage ce qu'il eſt nay ; & l'on en a parlé ſi diuerſement, que ie ne puis vous en rien dire d'aſſuré. Ce que ie ſçay auec certitude, eſt qu'il a eſté eſleué par vn homme de qualité de Rome, qui en ayant eſté exilé par Tarquin, vint se refugier à Carthage, où ie l'ay connu. Cependant ie ne laisse pas d'estre persuadé, qu'il faut qu'Aronce soit d'vn Sang fort noble : car il a tous les sentimens si grands, qu'il n'est pas possible de s'imaginer que sa naissance ne soit pas illustre. Ie m'imagine, luy dit alors la Princesse de Perouse, que i'entendray vostre Eloge de la bouche d'Aronce, comme ie viens d'entendre le sien de la vostre : c'est pourquoy dans l'esperance de vous connoistre par luy, comme ie viens de le connoistre par vous, ie vous quitte plustost que ie ne ferois : ce ne sera pourtant, adiouste-t'elle, qu'apres vous auoir offert toutes les choses, dont vous pouuez auoir besoin. Le Prince de Numidie respondit au compliment de cette Princesse auec beaucoup de ciuilité : la coniurant par modestie de ne croire pas tout ce qu'Aronce diroit de luy : car comme il ne sçauoit pas les sentimens qu'il auoit alors dans l'ame, il presuposoit que suiuant son humeur bien-faisante, il en parleroit auec exageration. De sorte que la Princesse de Perouse apres auoir encore esté vn quart d'heure auec le Prince de Numidie, à qui Tiberinus offrit aussi toutes choses, fut pour aller à l'Apartement de la Princesse des Leontins ; mais elle la trouua qui la venoit ioindre : si bien qu'apres les premiers complimens, elle la mena à la Chambre d'Aronce, qui receut la visite de cette Princesse auec autant de ciuilité, que s'il n'eust pas sceu que selon toutes les apparences elle feroit de grands obstacles à tous les desseins qu'il auoit. D'abord elle luy fit mille remerciemens de ce qu'il auoit sauué la vie au Prince son Mary ; en suite elle l'assura de la reconnoissance qu'il en vouloit

F ij

auoira, & elle luy dit aussi qu'il auoit donné des ordres si exprés pour faire chercher dans tout son Estat, si on n'aprendroit point ce qu'estoit deuenuë la Personne dont il desiroit de sçauoir des nouuelles, qu'il auoit lieu d'esperer qu'on en descouuriroit quelque chose. Aronce remercia alors cette Princesse auec vne ciuilité pleine de ioye, qui faisoit bien connoistre qu'il prenoit vn grand interest en la Personne dont il souhaitoit la liberté. En suite la Princesse de Rerouse luy parla du Prince de Numidie; & luy dit qu'il luy auoit tant dit de choses à son auantage, qu'il falloit de necessité qu'elle creust qu'il estoit fort de ses Amis; car enfin, adiousta-t'elle, quoy que vous meritiez toutes les loüanges qu'il vous a données, ie ne laisse pas de croire que i'ay raison d'en tirer la consequence que i'en tire; puis qu'il est vray qu'il se trouue peu de personnes qui loüent auec excés, si l'amitié ne les y oblige. I'ay sans doute receu beaucoup de marques de celle du Prince de Numidie, du temps que i'estois à Carthage, repliqua-t'il, mais ie suis persuadé qu'il s'en repentira quelque iour, quand il me connoistra mieux ; & qu'ainsi ie ne dois pas tirer vanité des loüanges qu'il me donne. Cependant bien que ie sois fortement persuadé de ce que ie dis, ie ne laisse pas de vous assurer que c'est vn Prince d'vn grand merite ; & qui a des qualitez qui le distinguent autant du commun des hommes, que sa naissance l'en separe. Apres cela, Aronce se teut ; car dans les sentimens cachez qu'il auoit dans l'ame, s'il eust esté moins genereux, il n'eust pas parlé si auantageusement de ce nouueau Riual qu'il auoit descouuert depuis peu, &

F iij

qui augmentoit encore son inquietude, luy semblant qu'il auoit quelque suiet de se pleindre de Clelie, qui luy auoit fait vn secret de cette conqueste. Mais pendant que la Princesse de Perouse entretenoit Aronce, Tiberinus parloit à la Princesse des Leontins : qui dans l'auersion qu'elle auoit pour luy, auoit vne peine estrange à se contraindre, pour ne luy montrer pas tout ce qu'elle auoit dans l'ame. Pour Aurelie, elle parloit auec les Dames qui auoient accompagné la Princesse de Perouse : & Sicanus entretenoit Celere. Mais à la fin la visite de la Princesse de Perouse estant faite, elle s'en retourna apres auoir fait vne magnifique Colation à l'Apartement d'Aurelie ; qui la fut conduire iusques dans le Bateau qui l'auoit amenée : & qui la ramena iusques au bord du Lac, où ses Chariots l'attendoient:

Mais à peine fut-elle partie, que Nicius & Martia sortirent du lieu où ils estoient cachez : & que la Princesse des Leontins parla à Aurelie, pour la soliciter de se souuenir de la promesse qu'elle luy auoit faite ; si bien qu'Aurelie en ayant parlé à Sicanus, & Sicanus à Aronce, il fut resolu pour de puissantes raisons, que le lendemain aussi tost apres disner, Celere iroit à la Chambre de la Princesse des Leontins, pour luy raconter tout ce qu'elle vouloit sçauoir de la fortune d'Aronce; de qui il sçauoit toutes les auantures iusques aux moindres circonstances. Mais afin qu'il les pûst encore mieux dire, le hazard fit qu'estant allé le soir chez le Prince de Numidie, il aprit de sa bouche qu'elle estoit l'amour qu'il auoit pour Clelie, & tout ce qui s'y estoit passé ; ce Prince le luy disant ; afin qu'il l'aprit à Aronce, puis
F iiij

qu'il ne le pouuoir voir pour le luy dire; si bien que soit par Aroncce, par le Prince de Numidie, ou par luy mesme, Celere estoit pleinement instruit de tout ce qui pouuoit contenter la curiosité de la Princesse des Leontins; aussi ne manqua-t'il pas d'aller le lendemain à sa Chambre où elle estoit seule auec Sicanus & Aurelie, pour luy aprendre ce qu'elle vouloit sçauoir; & à peine y fut-il, qu'il se vit obligé par les prieres de cette Princesse, de commencer son discours de cette sorte.

HISTOIRE D'ARONCE ET DE CLELIE,

JE ne sçay Madame, si en vous disant seulement que ie m'en vay vous aprendre les Auantures d'Aronce, & de Clelie, ie parle comme il faut parler : puis qu'il est vray qu'il n'est pas possible de vous faire bien comprendre l'estat present de la Fortune de ce Grand Prince, sans vous dire beaucoup de particularitez de celle du Roy son Pere.

Quoy, interrompit la Princesse des Leontins, Aronce est Fils de Roy ? ouy Madame, repliqua Célere, Aronce est Fils du plus illustre Prince de toute l'Etrurie; & du plus malheureux Roy de la Terre, puis que le Roy Porsenna est son Pere. Eh de grace (reprit la Princesse des Leontins) s'il est en vostre pouuoir de m'aprendre les auantures de Porsenna, aussi bien que celles d'Aronce, ne m'en cachez rien s'il vous plaist; car encore qu'il y ait desia quelque temps que ie sois en ce Païs, ie ne les sçay que fort confusément: parce que i'ay tant eu de choses fâcheuses qui m'ont occupé l'esprit, que ie n'ay pas eu la curiosité de m'informer des malheurs des autres, en vne saison où ie n'auois pas la force de suporter constamment les miens.

Puis que vous me l'ordonnez Madame, reprit Celere, & que ce que vous souhaitez de moy est mesme si necessaire à vous bien instruire du pitoyable estat où se trouue le Prin-

LIVRE I.

ce Aronce, que vous ne pourriez le sçauoir sans cela, il faut que ie reprenne les choses d'assez loin; & que ie vous die que le feu Roy de Clusium, Pere de Porsenna, ayant Guerre contre le Prince de Perouse qui regne presentement, gagna vne fameuse Bataille contre luy. Mais il faut en suite que vous sçachiez qu'en la gagnant il eut le malheur que le Prince son Fils qui la luy auoit fait gagner fut fait prisonnier, en poursuiuant trop loin ceux qu'il auoit vaincus; de sorte que Mezence croyant auoir eu autant d'auantage en cette occasion que son ennemy, la victoire ne produisit point la Paix entre ces deux Princes, qui continuerent de se faire la guerre comme auparauant. Cependant Porsenna qui estoit alors vn des plus beaux Princes du monde, & qui est encore auiourd'huy vn des plus illustres Rois de la Terre, fut traité auec toute la ciuilité qu'on deuoit à sa condition; quoy qu'il fust gardé auec autant d'exactitude, que si au lieu d'estre vn Prisonnier de guerre, il eust esté vn Prisonnier d'Estat. Pour cét effet on le mit dans vn Chasteau qui n'est qu'à six mille de Perouse ; & qui est en vne assiette si auangeuse, que cent hommes le deffendroient contre cent mille. Mais pour son bonheur, ou pour son malheur (car ie ne sçay pas bien comme il faut parler en cette rencontre) la Princesse Nicetale, premiere Femme du Prince de Perouse, ayant esté fort malade, on luy ordonna d'aller tascher de recouurer sa santé en vn air moins subit que celuy de Perouse : de sorte que ses Medecins n'en trouuant point qui luy fust plus propre que celuy du Chasteau où l'on gardoit le Prince Porsenna, elle y fut ; car comme il est extrémement grand, & qu'il y a mesme vne Tour qui en est séparée, elle y pouuoit estre sans que la Garde de cét illustre Prisonnier en fust moins exacte. Mais en y allant, elle y mena la Princesse Galerite, sa Fille vnique, qui n'auoit alors que quinze ans ; & qui estoit d'vne beauté si esclatante, & si prodigieuse, qu'on ne la pouuoit voir sans admiration. Aussi le Prince Porsenna, que Nicetale visita plusieurs fois dans la Tour où il estoit gardé, ne la pût-il voir sans en auoir le cœur touché si sensiblement, qu'il deuint plus Captif de la Fille, par l'amour qu'elle luy donna, qu'il ne l'estoit du Pere par les Loix de la Guerre. Comme Nicetale estoit vne Princesse de grand esprit, elle s'aperceut plustost que la ieune Galerite, de la passion de Porsenna ; mais elle s'en aperceut auecque ioye ; car comme elle aimoit la paix, elle regarda cette amour naissante, comme l'vnique moyen qui la pouuoit restablir entre le Roy de Clusium, & le Prince de Perouse son Mary. Ainsi bien loin de s'opposer à son accroissement, elle contribua beaucoup à son progrés, par les frequentes visites qu'elle fit à cét illustre Captif; qui voyant l'extréme ieunesse de la Personne qu'il aimoit, & ne la voyant iamais sans la Princesse Nicetale, iugea bien que pour aquerir l'amour de Galerite, il falloit aquerir l'amitié de la Mere; & en effet il se mit si admirablement bien dans son esprit, qu'elle vint à l'aimer comme s'il eust esté son Fils. Cependant il ne laissa pas d'agir si adroitement, que la ieune Princesse de Perouse connut qu'il auoit pour elle, ce qu'elle auoit oüy nommer amour; & elle sentit mesme bien tost, qu'elle auoit pour luy ie ne sçay quelle sorte de tendresse, qu'elle n'auoit iamais euë pour personne. Mais enfin sans m'arrester à vous dire exactement auec quelle galanterie, auec quelle adresse, cét Amant prisonnier persuada son amour à celle qui l'auoit fait naistre; ie vous diray seulement qu'il en vint au point de luy en escrire, & d'obtenir la permission d'en parler à Nicetale; qui dans la haute estime qu'elle auoit pour luy, receut ce qu'il luy dit de son amour pour la Princesse sa Fille, de la plus obligeante maniere du monde ; car elle luy confia alors tout le secret de son cœur. Elle luy dit donc, qu'elle connoissoit bien qu'vnissant l'Estat du Roy de Clusium, & celuy du Prince de Perouse ; c'estoit sans doute le mettre en termes de pouuoir vn iour donner la Loy à toute l'Etrurie ; & se voir mesme en puissance de disputer de force auec la fameuse Volterre, & mesme auec la superbe Rome. Mais que connoissant les sentimens que Mezence auoit pour le Roy de Clusium son Pere, elle estoit fortement persuadée, qu'il ne consentiroit iamais à entendre à la Paix, tant qu'il seroit dans ses Fers; ou que s'il y entendoit, ce ne seroit pas à condition de donner sa Fille à son Prisonnier. C'est pourquoy, luy dit-elle, alors, il faut imaginer vn expedient par lequel on puisse vous rendre heureux, & redonner la Paix, à deux Estats, qui ne peuuent subsister en Guerre. Helas! Madame, luy dit-il, quel expedient peut trouuer vn Prince accablé de tant de Chaines differentes? comme l'ay conceu vne fort haute estime de vostre vertu, reprit-elle, ie veux vous faire vne proposition, qui selon toutes les apparences, fera reüssir vostre dessein fort heureusement;

reufément, fi on fuit mon aduis: mais genereux Porfenna, pourfuiuit-elle, auant que de vous la faire, il faut que vous me iuriez folemnellement, que vous ne me promettez, que ce que vous me voudrez tenir. Ie vous promets, Madame, luy dit-il, que ie ne manqueray iamais à la parole que ie vous donneray ; & que ie ne me feruiray iamais du Priuilege que les Prifonniers peuuent auoir de ne tenir point leur parole ; mais promettez-moy auffi, que vous ne me commanderez pas de ceffer de vous refpecter, & d'aimer l'admirable Galerite. Au contraire, reprit Nicetale, ie pretens vous mettre en eftat de l'aimer toufiours, & de luy permettre mefme de vous aimer innocemment toute fa vie. Mais pour faire reüffir vn fi grand deffein, il faut que ie faffe en forte que vous fortiez de prifon, fans qu'on foupçonne que ie vous en ay fait sortir. Il ne faudra pourtant pas, dit-elle, que vous alliez à Clusium, de peur de n'estre pas Maistre de vous mesme en ce lieu-là; c'est pourquoy il faudra que vous alliez auprés du Roy de Cere, qui estant demeuré neutre pendant cette Guerre, est fort propre à estre Mediateur entre le Roy de Clusium, & le Prince mon Mary. Mais auant que la chose s'execute, il faut que vous me promettiez qu'en cas que vos soins, & par vostre adresse, vous ne puissiez porter ces deux Princes à faire la Paix, & à consentir que vous espousiez Galerite, vous reuiendrez reprendre vos Fers; car il ne seroit pas iuste, sçachant quelle est vostre valeur, & vostre bonne fortune à la Guerre, que i'allasse remettre vn aussi vaillant homme que vous à la Teste d'vn armée, qui deuroit combattre contre Mezence. Car enfin, quoy qu'il soit tres-violent,

& mesme quelquefois iniuste, ie ne laisse pas d'estre sa Femme, de deuoir entrer dans ses interests, contre tout le reste du monde : c'est pourquoy songez bien si vous estes capable de faire ce que ie desire de vous. Comme Porsenna estoit fort amoureux, & que ce que luy proposoit Nicetale, estoit equitable, il luy promit auecque ioye tout ce qu'elle vouloit : à condition qu'elle luy promettoit aussi de n'oublier rien pour faire qu'il espousast la Princesse sa Fille ; de sorte qu'estāt tombez d'accord de toutes choses, ils resolurent que dés que cette Princesse seroit retournée à Perouse, celuy qui commandoit dans ce Chasteau, qui despendoit absolument de Nicetale, luy donneroit lieu de s'eschaper. Ainsi par vn interest d'amour, Porsenna se trouua obligé de souhaiter que la Personne qu'il aimoit, s'esloignast de luy ; comme en effet Nicetale desirant passionnément que la Paix se fist, deuant que la Campagne recommençast, hasta son retour, pour haster l'execution du dessein qu'elle auoit. Mais comme elle regardoit alors Porsenna, comme vn Prince qui deuoit estre Mary de la Princesse sa Fille, elle souffrit le iour qui preceda son départ qu'il luy parlast quelque temps en particulier, durant qu'elle entretenoit bas vne Femme de qualité, qui estoit alors aupres d'elle ; & qui n'y estoit arriuée que le matin seulement. Si bien que de cette sorte, Porsenna fut dire adieu à cette ieune & belle Personne ; de qui le grand esprit esgallant la grande beauté, luy fist dire les choses du monde les plus iudicieuses, & les plus obligeantes, au Prince qu'elle alloit quitter. Car apres qu'il luy eut fait mille protestations de fidelité, elle luy dit qu'elle ne vouloit pas l'obliger à tant de choses que la Princesse sa Mere; puis qu'en cas qu'il ne peust faire la Paix entre le Roy de Clusium, & le Prince de Perouse, elle se contenteroit qu'il ne portast point les armes contre le Prince son Pere. Mais Porsenna luy ayant respondu, que s'il estoit libre, l'honneur voudroit qu'il côbatist pour le sien; il luy dit en suite, que l'honneur & l'amour le rapellant esgalement auprés d'elle, s'il ne pouuoit faire la Paix, il ne manqueroit pas de venir reprendre les Fers qu'il quittoit, qui luy sembloient beaucoup plus legers, que ceux dont l'amour l'auoit accablé. Enfin, Madame, cette separation fut tendre, & touchante; & ceux qui ont raconté cette auanture, disent qu'il n'estoit pas croyable qu'vne aussi ieune Personne que Galerite, eust pû se tirer d'vne conuersation de cette nature auec autant de iugement & autant d'adresse; aussi assure-t'on que cét entretien particulier, augmenta de beaucoup l'amour que ce Prince auoit pour elle. Cependant Nicetale apres luy auoir reconfirmé ses promesses, & qu'il luy eut aussi renouuelé les siennes, s'en retourna à Perouse : laissant vn ordre secret à celuy qui commandoit dans ce Chasteau, qui estoit Fils de la Gouuernante de la Princesse Galerite, de laisser eschaper Porsenna dans quatre ou cinq iours, mais de le faire si adroitement qu'il n'en parust pas coupable. En effet cét homme sur qui sa Mere auoit autant de pouuoir par son adresse que par celuy que la Nature luy donnoit, se disposa à hazarder sa fortune, par l'esperance de la rendre meilleure. Desorte que la chose s'executant fort heureusement quelques iours aprés que la Princesse Nicetale fut retournée à Perouse; Porsenna se sauua comme s'il eust suborné quelques-vns de ses Gardes, qui disparurent aussi bien que luy : sans que Mezence sceust rien alors, ny de l'amour de Porsenna pour Galerite, ny de l'intelligence de Nicetale auec Porsenna. Cependant ce Prince suiuant la parole, fut à Cere, d'où il enuoya vers le Roy de Clusium pour le coniurer de tascher de faire la Paix auec le Prince de Perouse, en luy proposant son Mariage auec la Princesse sa Fille : mais comme celuy qui fut chargé de cét employ, estoit vn homme de qualité fort adroit, que le Roy de Cere à qui Porsenna s'estoit fait connoistre, luy auoit donné, il l'instruisit pleinement de toutes les raisons qui doiuent obliger le Roy son Pere à faire ce qu'il vouloit le chargeant s'il ne pouuoit l'y porter, de luy dire qu'il n'estoit libre qu'en aparence, & qu'il retourneroit dans les Prisons du Prince de Perouse, dés qu'il auroit perdu l'es-

G iiij

pefance d'estre Mary de la Princesse Galerite, & de donner la Paix à deux des plus considerables Estats de toute l'Etrurie. D'abord le Roy de Clusium fut estrangement irrité, de ce que le Prince son Fils estoit plustost allé à Cere, qu'auprés de luy ; & plus irrité encore de la proposition qu'il luy faisoit faire. Mais comme Porsenna auoit escrit secretement à tous ceux qui auoient quelque credit sur l'esprit du Roy son Pere, afin qu'ils le portassent à la Paix ; ils sceurent si bien luy representer que son Peuple estoit las de la Guerre, l'auantage que le Mariage de son Fils auec la ieune Princesse de Perouse luy aporteroit, qu'enfin il se resolut d'enuoyer offrir la Paix à Mezence, à qui la suite de Porsenna auoit estrangement abbatu le courage ; car il ne sçauoit pas les conditions auec lesquelles il estoit sorty de ses Fers.

Neantmoins comme il a le cœur fier, & l'ame vindicatiue, il ne pouuoit se resoudre à escouter nulle proposition de Paix ny d'Alliance auec vn Prince qu'il haïssoit ; & ce qui l'entretenoit en cette humeur, estoit que la Princesse Galerite, estoit esperduëment aimée d'vn Prince de cette Cour là, qui s'appelle Bianor ; qui n'oublioit rien de tout ce qui pouuoit empescher que la Paix ne luy coutast sa Maistresse. Ce qui rendoit son credit fort grand, estoit que Mezence estoit amoureux de sa Sœur qui est auiourd'huy Femme de ce Prince, & qui estoit alors tres-belle, & tres-ambitieuse ; de sorte que ce ne fut pas sans peine que Nicetale vint à bout de le porter à ce qu'elle vouloit. Elle ne l'auroit mesme iamais pû, si ayant adroitement fait semer le bruit de l'auantageuse proposition de Paix que faisoit faire le Roy de Clusium, le

Peuple ne fuſt aduiſé de luy meſme de murmurer : & de teſmoigner ſi hautement qu'il eſtoit las de la Guerre, que Mezence connut bien qu'il ne pourroit ſans danger d'exciter vne reuolte dans ſon Eſtat, entreprendre de côtinuer de la faire. Si bien qu'ayant donné vne grande Charge à Bianor, afin d'apaiſer la Perſonne qu'il aimoit, il conſentit enfin qu'on traitaſt auec le Roy de Cluſium. Cependant il ſe paſſoit peu de iours que Porſenna n'eſcriuiſt à Nicetale, & à Galerite : pour prier la premiere de ſe ſouuenir de ſes promeſſes, & pour donner mille marques d'amour à la derniere. Mais à la fin apres vne aſſez longue negociation, la Paix fut concluë ; & le Mariage de Porſenna & de Galerite reſolu : à condition que Porſenna demeureroit à Perouſe, tant que le Roy ſon Pere viuroit ; Mezence s'imaginant que ce

Roy luy referoit la Guerre malgré leur Alliance, s'il ne retenoit le Prince son Fils auprés de luy comme en Ostage. Il est vray que cét article fut aisé à accorder; car encore que le Roy de Clusium aimast fort le Prince son Fils, il ne fut pas marry de cette auantageuse absence, qui reünissoit en sa personne toute l'obeïssance de ses Sujets; de sorte que ce Mariage fut heureusement accomply, malgré toutes les brigues de Bianor, & la propre auersion de Mezence. Mais à peine Porsenna & Galerite eurent-ils le loisir de connoistre leur bonheut, qu'ils eurent vne douleur extréme : car la sage & prudente Nicerale mourut peu de temps apres cette grande Feste; & elle mourut auec d'autant plus de regret, qu'elle connoissoit bien que la Sœur de Bianor entretenoit dans le cœur du Prince de Perouse vne secrete auersion pour Porsenna;

& qu'il l'auoit principalement, parce qu'il le voyoit adoré de toute la Cour, & fort aimé de tout le Peuple. Cependant la mort de Nicetale mit vne si grande consternation dans toute sa Maison, & dans celle de la Princesse sa Fille, qu'il y eut peu de personnes dans l'vne ny dans l'autre, qui s'abandonnassent à la douleur ; si bien que dans ce grand desordre, il arriua malheureusement qu'vne des Femmes de cette Reine, qui auoit tousiours esté fauorable au Riual de Porsenna, trouua toutes les Lettres que ce Prince auoit escrites à Nicetale durant qu'il estoit à Cere ; par où il la coniuroit de luy tenir exactement la parole qu'elle luy auoit donnée ; & d'obliger la Princesse sa Fille, à luy tenir la promesse qu'elle luy auoit faite, de ne se marier iamais qu'à luy. Si bien que cette Personne se saisit de ces Lettres, pour faire voir à Bianor que si elle n'auoit pû autrefois le seruir vtilement auprès de Galerite, ce n'auoit pas esté manque d'adresse; mais parce qu'il s'estoit rencontré vn obstacle inuincible, qui s'estoit opposé à ses soins. En effet, elle executa son dessein ; mais en montrant toutes ses Lettres à Bianor, elle excita vn trouble fort grand dans son esprit, qui y fit naistre en suitte la resolution de se vanger, & de Porsenna & de Galerite. Car comme il connoissoit que Mezence estoit ialoux de son authorité; qu'il estoit violent, & vindicatif; & qu'il auoit remarqué qu'il n'aimoit pas trop Porsenna; il creut bien que lors qu'il sçauroit le commerce qui auoit esté entre luy & la Princesse sa Fille, il en auroit l'esprit fort irrité. Ioint qu'ayant consulté sa Sœur là dessus, elle le confirma dans le dessein qu'il auoit; car ne voyant plus alors qu'il fust impossible que Mezence l'espousast, puis qu'il estoit veuf, & qu'il estoit toûjours fort amoureux d'elle ; elle s'imagina qu'il luy seroit tre-sauantageux pour faire reüssir son Mariage auec ce Prince, qu'il haït & Porsenna, & la Princesse Galerite. Si bien que cette Fille resonnant comme vne personne ambitieuse, & Bianor comme vn Amant vindicatif, & vn Riual ambitieux tout ensemble, ils resolurent qu'il faloit absolument que le Prince de Perouse vist toutes les Lettres de Porsenna. Mais comme ils n'estoient pas absolument asseurez de l'effet qu'elles feroient dans l'esprit de Mezence, quand il les auroit veuës, ils ne voulurent pas les luy donner de leur main : Si bien qu'ils firent en sorte par leur adresse, que Mezence les trouua sur la Table de son Cabinet, sans qu'il sceust qui les y auoit mises. Ainsi il fut estrangement eftonné de les voir; car comme il connoiffoit fort bien l'efcriture de Porfenna, il comprit aifément tout ce qu'elles contenoient; neantmoins il ne fit pourtant pas paroiftre ny fon eftonnement, ny fa colere, parce qu'il voulut en fçauoir dauantage; quoy que ces Lettres luy apriffent prefques tout ce qui s'eftoit paffé, à la referue de l'article qui euft pû iuftifier Nicetale, car il ne s'eftoit pas rencontré que Porfenna euft mis pofitiuement dans les Lettres qu'il auoit efcrites, qu'il retourneroit prendre fes Fers, fi la Paix ne fe faifoit point; parce que comme il iugeoit que Nicetale l'entendroit bien; il s'eftoit contenté de luy dire en general, qu'il ne manqueroit à rien de ce qu'il luy auoit promis. Mezence voulant donc eftre encore mieux inftruit qu'il ne l'eftoit, enuoya querir cette Dame qui auoit efté Gouuernante de la

Princesse sa Fille, iusques à ce qu'elle eust esté mariée; iugeant bien qu'elle deuoit auoir eu part à ce secret, parce qu'elle en auoit tousiours beaucoup eu à l'amitié de Nicetale. Mais pour faire mieux reüssir son dessein, il luy montra toutes les Lettres de Porsenna à Nicetale, sans luy tesmoigner d'estre en colere d'auoir apris qu'il y eust vne intelligence entre la Ptincesse sa Fille & Porsenna, durant sa prison. Au contraire, il luy dit, pour la mieux tromper, qu'il n'auoit la curiosité de sçauoir particulierement tout ce qui s'estoit passé entre eux, & qui estoient ceux qui auoient côtribué à lier leur affection, qu'afin de sçauoir à qui il auoit l'obligation de la Paix dont son Peuple ioüissoit par le Mariage de ces deux Personnes. Mezence parlant donc auec vne dissimulation qui n'a iamais eu d'esgale; & cette Dame croyant qu'en l'estat où estoiét
alors

alors les choses, ce Prince ne pouuoit en effet auoir d'autre dessein que celuy qu'il disoit, elle ne luy desguisa rien, & luy conta comme tout s'estoit passé. Mais encore qu'elle luy dist que Porsenna n'estoit sorty de prison, qu'à condition de s'y venir remettre, s'il ne pouuoit espouser Galerite en faisant la Paix, il ne le creût pas : & il creût que c'estoit vne chose que cette Dame inuentoit, parce qu'il iugea alors que c'auoit esté son Fils qui auoit facilité la fuyte de ce Prince, quoy qu'elle ne luy dist pas, & qu'elle se contentast de luy dire que Nicetale auoit suborné quelques-vns de ses Gardes. Mais elle s'estendit principalement à exagerer la grandeur de l'amour de Porsenna pour Galerite, & la puissante inclination de Galerite pour Porsenna; luy semblant que rien n'estoit plus propre à attendrir le cœur d'vn Prince qui estoit luy mesme capable d'auoir beaucoup d'amour: Mais à peine cette Dame eut-elle cessé de parler, que Mezence cessant de cacher sa colere; (quoy luy dit-il en la regardant auec vne fereté à faire trembler la personne la plus ferme) ie vous auois donc mise aupres de ma Fille, pour luy aprendre à auoir de l'amour pour més ennemis, & pour ceux que ma valeur auoit mis dans mes Fers? quoy c'estoit pour luy inspirer de si lasches sentimens, que ie vous auois preferée à tant d'autres pour auoir soin de son education! Mais, Seigneur, luy dit-elle alors, ie n'ay fait qu'obeïr à la Princesse Nicetale : & ie ne voy pas mesme que cette obeïssance ait eu vn mauuais succés, puis que vous auez pour Gendre le Fils d'vn Grand Roy, & qui merite plus encore de l'estre par les grandes qualitez qu'il possede, que par sa

haute naiſſance. Si ie pouuois reſſuſ-
citer Nicetale pour la punir de ſa laſcheté, & de ſa perfidie, pourſuiuit-
il, ie le ferois de tout mon cœur;
mais puiſque cela n'eſt pas poſſible,
vous me reſpondrez pour elle de la
faute qu'elle a faite : & ie vous pu-
niray ſi ſeuerement de voſtre trahi-
ſon, que vous ſouhaiterez tout le
reſte de voſtre vie, la mort que vous
meritez. Cette Dame voulut alors
taſcher de remettre la raiſon dans
l'eſprit de ce Prince violent : mais
plus elle parla, plus il luy parut irrité. Comme il en eſtoit là, on vint
l'aduertir que Bianor diſoit auoir
quelque choſe de conſequence à luy
dire : de ſorte qu'apres auoir commandé à quelques-vns des ſiens de
remener cette Dame à ſa Chambre, & de ne la laiſſer parler à
perſonne ſans nulle exception, il
eſcouta Bianor, qui venoit l'aſſu-

H ij

rer qu'il auoit eu nouuelle que le Roy de Clufium eſtoit à l'extremité ; adiouſtant qu'il ne doutoit pas que Porſenna ne le ſceuſt, & qu'il ne luy cachaſt, afin de ſe pouuoir peut-eſtre deſrober de ſa Cour, de peur d'y eſtre retenu par le Peuple qui n'aimoit pas trop, diſoit-il, à s'imaginer qu'il ſeroit quelque iour ſans Prince qui demeuraſt à Perouſe. Mais à peine Bianor eut-il apris à Mezéce l'eſtat où eſtoit le Roy de Cluſium, qu'il prit la reſolution de ſatisfaire trois paſſions au lieu d'vne ; car il pretendit ſatisfaire ſa vangeance, en faiſant arreſter Porſenna, & en faiſant declarer ſon Mariage nul ; il pretendit ſatisfaire aiſément ſon ambition, en vſurpant ſes Eſtats apres la mort du Roy ſon Pere ; & il pretendit encore ſatisfaire l'amour qu'il auoit dans l'ame, en eſpouſant la Sœur de Bianor, ſur le pretexte de se vouloir vanger de Galerite, & la desheriter, parce qu'elle auoit eu vne amour secrette auec le Prince qu'elle auoit espousé, & qu'elle l'auoit euë du temps qu'il auoit Guerre auec le Roy son Pere. De sorte que raisonnant en tumulte, & auec toute la preoccupation d'vn homme qui auoit de l'amour, & de l'ambition, & de la colere ; il ne considera ny la iustice ; ny les sentimens que la Nature luy deuoit donner ; ny les suites que la resolutiou qu'il vouloit prendre pourroit auoir ; & il ne songea alors à autre chose, qu'à executer le plus iniuste dessein du monde. Pour cét effet, il apprit à Bianor tout ce qu'il venoit d'aprendre ; & luy communiqua en suite ce qu'il vouloit faire & contre Porsenna, & pour Sextile sa Sœur. De sorte que comme Bianor a infiniment de l'esprit, & de l'esprit artificieux, il irrita en core Mezence : & s'offrit à executer ses volontez, quelles qu'elles pussent estre. Si bien que le Prince de Perouse sans differer vn moment, donna tous les ordres necessaires pour faire arrester en mesme temps Porsenna & Galerite : & la chose fut si promptement resoluë & si diligemment executée, que Porsenna estoit desia retourné à la prison où il auoit desia esté ; & Galerite & son ancienne Gouuernante, estoient desia à la plus grande des Isles de ce Lac, que vous pouuez voir de vos fenestres, qu'on ne sçauoit pas encore bien dans la ville s'ils estoient arrestez, ou s'ils ne l'estoient pas : & Mezence fut si heureux d'abord dans son iniuste dessein, que tout luy reüssit comme il auoit pensé. En effet, il se vangea cruellement de Porsenna & de Galerite ; il se vit en estat de posseder la Personne qu'il aimoit ; & il espera mesme que

Clusium luy obeïroit bien toft ; car il sceut dés le lendemain que le Pere de Porsenna estoit mort, & que les Grands de son Royaume estoient diuisez. Il eut mesme le bonheur qu'encore que le Peuple de Perouse aimast fort Galerite & Porsenna, il ne se souleua point ; parce que Bianor aporta vn si grand soin à faire publier cent choses desauantageuses à ces deux illustres Personnes ; que ne pouuant d'abord desmesler la verité d'auec le mensonge, il ne s'oposa point à l'iniustice de Mezence ; qui peu de iours apres espousa Sextile ; dans l'esperance d'auoir bien tost vn Successeur, qui osteroit à Galerite, celle de pouuoir vn iour regner à sa place. Mais pour ne songer pas moins à satisfaire son ambition que sa vangeance, il promit protection à vn des Partis qui se formoient dans Clusium ; afin de tascher d'opprimer l'autre ; & il enuoya mesme dans ce Royaume-là, vn Manifeste remply d'impostures ; & de fausses raisons, pour pretexter la prison de Porsenna. Cependant comme Bianor estoit tousiours amoureux de Galerite, il solicita puissamment sa Sœur, de porter le Roy à faire rompre le Mariage de Porsenna & de cette Princesse, afin de la pouuoir espouser; car on dit que par vn sentiment d'amour, il s'imagina alors, que Nicetale auoit eu plus de part au Mariage de Galerite, que Galerite elle mesme ; si bien que conseruant encore quelque esperance, il ne donnoit aucun repos à Sextile ; qui pour satisfaire son frere, n'oublia rien de toutes les choses possibles, pour tascher de faire rompre le Mariage de Porsenna. Pour cét effet, elle fit que Mezence fut en personne pour persuader à sa Fille de quitter ce Prince,

& de dire qu'elle auoit autrefois esté forcée par la Princesse sa Mere, à luy tesmoigner de l'affection, quoy qu'elle n'en eust pas. Elle fit mesme qu'il ioignit les menaces aux persuasions, & aux commandemens; & qu'il dit à cette Princesse non seulement qu'il feroit mourir Porsenna, mais qu'il la feroit mourir elle mesme, si elle ne luy obeïssoit. D'ailleurs il fit faire à Porsenna les plus iniustes propositions du monde; car il luy fit offrir la liberté, pourueû qu'il voulust luy ceder la moitié de son estat, & consentir de n'estre plus Mary de sa Fille; luy faisant entendre qu'il estoit en lieu où il ne seroit pas trop prudent de refuser quelque chose. Mais quoy qu'il pûst faire dire à ce Prince, ny dire luy mesme à la Princesse sa Fille, il ne pût esbranler leur constance; & ils dirent tousiours tous deux qu'ils ne s'abandonneroient iamais. De sorte que Mezence se contentant alors de les faire garder tres-soigneusement, dans l'esperance que le temps les feroit changer d'auis, s'occupa tout entier à tascher d'vsurper l'Estat de ce malheureux Roy prisonnier : qui tout malheureux qu'il estoit, ne l'estoit pourtant pas tant que la Reine sa Femme. Car, Madame, il faut que vous sçachiez, que deux mois apres sa prison, elle commença de craindre d'estre grosse : par diuerses incommoditez qu'elle sentoit. D'abord elle s'imagina que les maux qu'elle auoit, estoient vn simple effet de sa melancolie : mais comme elle auoit son ancienne Gouuernante auprés d'elle, cette Dame qui estoit desia assez auancée en âge, luy assura tellement qu'elle ne deuoit pas douter qu'elle ne fust en l'estat où elle craignoit d'estre, qu'elle n'en douta effectiuement plus, De sorte qu'elle se trouua alors aux plus pitoyables termes du monde: car veu les horribles menaces que Mezence luy auoit faites, elle ne croyoit pas qu'il pûst y auoir de seureté pour la vie d'vn Enfant de Porsenna. Il y auoit pourtant des instans où elle s'imaginoit, comme sa Gouuernante l'a redit apres, que peut-estre si Mezence sçauoit l'estat où elle estoit, n'insisteroit-il plus sur la rupture de son Mariage : mais venant à considerer en suitte, qu'il luy auoit dit qu'il feroit mourir Porsenna, & qu'il la feroit mourir elle mesme; elle n'espera pas qu'vn Prince qui auoit la cruauté de menacer sa propre Fille de la mort, pûst espargner la vie d'vn Enfant qu'il regarderoit comme l'Enfant d'vn Prince qu'il vouloit regarder comme son ennemy. Ioint aussi que cete Dame qui estoit son vnique consolation, comprit bien qu'apres que Mezence auoit porté les choses au point où elles estoient, ils ne seroit pas capable de se laisser attendrir par la consideration d'vn Enfant qui ne voyoit pas encore la lumiere ; & qui n'auroit que des larmes pour le flechir quand mesme il seroit desia au monde. De sorte qu'elles conclurent qu'il estoit à propos, s'il estoit possible, de cacher la cause des incommoditez qui faisoient leur crainte. Mais la chose leur parut d'abord si difficile, que leur conuersation finit par des pleurs; neantmoins apres y auoir bien pensé, elles crurent que pourueu que la Femme de celuy qui commandoit alors dans ce Chasteau, peust estre gagnée, il ne seroit pas impossible de cacher vn si grand secret ; car comme elle estoit la seule personne qui eust la liberté de voir cette ieune

Reine, excepté deux Efclaues qui la feruoient, il n'y auoit prefques rien à craindre, pourueu qu'elle pûft eftre de l'intelligence. De forte que tous les foins de Galerite n'allerent plus qu'à s'aquerir entierement cette Dame, qui fe nomme Flauie, & qui eft Sœur de Nicius, qui eft prefentement icy. Mais à dire le vray, il ne fut pas difficile à cette Princeffe, de l'obliger à la feruir & à luy eftre fidelle ; car outre qu'elle eft naturellement tendre & pitoyable, elle auoit encore vne inclination particuliere, qui la portoit à aimer cherement Galerite. Ioint que celle qui auoit eu foin de fa conduite, eftoit fi adroite, & fçauoit fi admirablement mefnager l'efprit de ceux dont elle vouloit obtenir quelque chofe; qu'il euft efté tres-difficile à Flauie, de refifter au merite de l'vne, à l'adreffe de l'autre, & à la compaffion qu'elle auoit pour les malheurs d'vne si belle & si vertueuse Reine. Galerite attendit pourtant le plus long-temps qui luy fut possible à se descouurir, pour voir si le Prince de Perouse ne se lasseroit point de son iniustice : mais aprenant au contraire par quelques-vns de ses Gardes, qu'il parroissoit tousiours plus irrité contre Porsenna ; qu'il n'oublioit rien de tout ce qui pouuoit le rendre Maistre de son Estat ? & qu'il couroit bruit que si Clusium se soumettoit à luy, il feroit assurément mourir ce Prince ; elle acheua de se determiner à se confier à Flauie ; à qui elle aprit l'estat où elle se trouuoit, & la peur où elle estoit que Mezence ne le sceust. Mais elle luy aprit auec des paroles si touchantes, & des coniurations si tendres, de vouloir luy estre fidelle, & de luy vouloir aider à sauuer la vie à vn innocent,

Enfant, qui ne iouïssoit pas encore de la lumiere; que cette vertueuse Femme, en ayant le cœur attendry, mesla ses larmes auec celles de Galerite, & put luy promettre sans soupirer, de faire sans exception tout ce qu'elle desireroit d'elle. De sorte que depuis cela, il ne parut pas impossible de pouuoir cacher ce qu'on ne vouloit pas qui fut sceu: mais sans m'amuser à vous redire des particularitez peu necessaires, & peu agreables; ie vous diray en peu de paroles, que Galerite feignit d'estre plus malade qu'elle n'estoit, afin d'obtenir que ses Gardes ne fussent plus dans sa Chambre. Ie vous diray encore que Flauie (dont le Mary estoit tousiours fort amoureux d'elle) fut entierement gagné par sa Femme; qu'ils s'aquirent entierement le Medecin qui voyoit Galerite; & que la chose fut enfin conduite auec tant de precaution, tant de iugement, & tant de bonheur, qu'il ne s'espandit aucun bruit de la veritable cause des incommoditez de Galerite ; & elle eut mesme l'auantage de faire voir la lumiere à vn Successeur de Porsenna, sans qu'on en dist rien alors. En effet la genereuse Flauie fit ce bien, que le Fils de la Reine de Chambre sans monde sans qu'on le sceust, & qu'on l'osta mesme de sa Clusium vint ou qu'on le descouurit. Il est vray qu'ayant preueu de loin ce qu'il faudroit faire pour cela, elle auoit fait il y auoit desia quelque temps, que la Reine de Clusium ayant veu par les Fenestres de sa Chambre, vn ieune Enfant qu'elle auoit, qui estoit extrémement beau, & qu'vne de ses esclaues tenoit entre ses bras ; elle auoit, dis-ie, fait que cette Reine auoit demandé à le voir ; si bien qu'insensiblement elle auoit accoustumé

stumé les Gardes de cette Princesse, à voir presques tous les iours entrer & sortir cette Esclaue, qui portoit le ieune Fils de Flauie dans la Chambre de Galerite : & qui l'y portoit tantost descouuert, & tantost enuelopé dans des Langes magnifiques, comme s'il eust dormy entre ses bras, afin de se seruir de cét artifice, quand il en seroit temps. Ioint que comme Flauie estoit Femme de celuy qui commandoit dans ce Chasteau, rien de ce qui estoit à elle n'estoit suspect aux Gardes de Galerite. De sorte que lors que cette Reine fut en estat d'auoir besoin de l'adresse de Flauie, elle fit que l'Esclaue qui auoit accoustumé de porter le Fils de cette Dame à la Chambre de cette Princesse, y vint auec les mesmes Langes dont elle auoit aussi accoustumé de l'enueloper, quand elle le portoit endormy ; ayant

1. Partie. I

pris vn gros faiſſeau de Fleurs, en trauerſant vn Iardin, dont elle s'eſtoit chargée : comme ſi c'euſt eſté effectiuement l'Enfant qu'elle auoit accouſtumé de porter entre ſes bras. Si bien qu'eſtant entrée de cette ſorte dans la Chambre de Galerite auec Flauie, qui la ſuiuoit : & y ayant tardé iuſques à ce que cette Princeſſe euſt donné vn Fils à Porſenna, elle en reſortit apres auec l'Enfant de cette Reine, dont le viſage eſtoit couuert, de peur qu'ils ne s'aperceuſſent que ce n'eſtoit pas le meſme Enfant qu'ils eſtoient accouſtumez de voir. Ainſi ce ieune Prince fut porté à l'Apartement de Flauie ; d'où elle le fit partir dés la meſme nuit, pour le remettre entre les mains de Martia ſa belle Sœur, à qui on confia ce ſecret ſans aucune crainte, parce qu'elle auoit touſiours eu vn attachement ſi grand au ſertice de la feuë Princesse de Perouse, qu'il n'y auoit rien à aprehender. Mais comme il falut de necessité que cét Enfant fust porté dans vne Barque iusques à l'autre bord du Lac, afin de le pouuoir apres porter à la Maison de Martia, qui n'estoit qu'à dix mille de là ; il s'espandit peu de iours apres quelque bruit, de la chose du monde que Galerite craignoit le plus qui fust sceuë : & ce bruit deuint mesme bien-tost si grand, que Bianor ayant sceu ce qu'on disoit, & l'ayant fait sçauoir à Mezence, ce Prince fit arrester le Medecin qui auoit assisté la Reine de Clusium : & par les menaces qu'il luy fit, il l'obligea à luy confesser la verité. Mais à peine la sceut-il, que la fureur s'emparant de son esprit, il commanda qu'on fit vne exacte recherche de l'Enfant de Galerite : il fit arrester Flauie, & son Mary ; il fit changer tous les Gardes de la Reine sa Fille; & on traita si rigoureusement cette Princesse, qu'elle eut lieu de croire que Mezence feroit mourir son Fils s'il tomboit en sa puissance. Il est vray qu'elle n'aprehenda pas long-temps que ce malheur luy arriuast : car comme elle sçauoit qu'elle estoit l'humeur de Mezence, dés qu'elle sceut par Flauie, qu'il s'espandoit quelque bruit de la naissance de ce ieune Prince, elle l'obligea de commander de sa part à Nicius, & à Martia, de chercher promptement vn pretexte pour faire vn voyage : afin de pouuoir oster ce ieune Enfant de l'Estat d'vn Prince dont elle craignoit esgallement l'iniustice & la violence. Elle donna mesmé à Flauie des Pietreries d'vn prix tres-considerable, pour les faire remettre entre les mains de Martia ; afin de s'en seruir selon l'occasion durant l'exil de son Fils. En effet Flauie fut elle mesme instruire Nicius, & Martia, des intentions de Galerite ; & elle retourna à l'Isle où elle estoit gardée, qu'aprés les auoir veû partir pour aller chercher vn Asile pour le successeur de Porsenna. D'abord ils eurent dessein d'aller se mettre sous la protection de ceux qui tenoient encore le Party de ce malheureux Roy dans son Estat ; mais Nicius qui est fort sage, aprenant combien cét Estat estoit diuisé, & que la faction que Mezence protegeoit estoit la plus forte, iugea qu'il seroit dangereux d'aller confier ce ieune Prince à des Gens qui dans la foiblesse où ils estoient, ne s'en seruiroient peut-estre que pour faire leur accommodement auec Mezence, au lieu de le deffendre contre luy, comme le Fils de leur Roy. De sorte que pour le mettre tout à fait en feureté, Nicius & fa Femme laiffant Clufium à droit, furent s'embarquer à vn port qui n'eft qu'à fix mille de la celebre Ville de Cere, auec intention de paffer à Siracufe, où Nicius auoit autrefois fait vn affez long feiour; leur femblant que l'Ifle de Sicile eftoit vn Afile plus affeuré pour le ieune Prince dont ils auoient la conduite, que nul autre lieu qu'ils euffent pû choifir : car Rome eftoit en ce temps là fous la domination d'vn Prince fi violent, qu'on n'y parloit que d'exils. Voltere n'eftoit pas affez loin: Tarente eftoit alors diuifé; Capouë eftoit vn feiour trop delicieux pour des malheureux ; & Siracufe enfin leur fembloit vne Ville telle qu'il la faloit pour y pouuoir demeurer, fans qu'on s'informaft qu'ils eftoient, à caufe de ce grand abord d'Eftrangers qui y viennent de par tout, parce que cette Ville fait presentement la liaison du commerce d'Affrique, & d'Italie : aussi bien que celuy de Grece, de Tarente, & d'vne grande partie de l'Etrurie. Mais enfin de cacher mieux vn si grand secret, Nicius & Martia resolurent de dire que ce ieune Prince estoit leur Fils; ainsi sans auoir auec eux que celle qui le nourrissoit, & deux Esclaues tres-fidelles, qui s'embarquerent comme ie l'ay desia dit, auec l'intention de s'en aller à Siracuse. Mais, Madame, auant que de vous dire le succez de leur voyage, ie vous diray en deux mots, que Mezence non seulement fit tout ce que ie vous ay desia dit, apres auoir sceu que Galerite auoit vn Fils; mais qu'il iura, qu'il declareroit la Guerre à tous les Princes, & à toutes les Republiques, qui luy donneroient retraite : & que le Party de Porsenna dans Clusium, s'estant trouué tout à fait opprimé par l'autre, Mezence se vit en pouuoir de persecuter impunément ce malheureux Roy : & ceux qui sçauent bien les choses sont persuadez, que s'il n'eust point eu de Fils, sa vie estoit alors en grand danger. Mais comme Mezence voyoit qu'en le faisant mourir, il donneroit plus tost le pretexte d'vne nouuelle Guerre, qu'il ne l'osteroit, puis que ceux qui auoient ce ieune Prince en leur puissance, se seruiroient de son nom, pour vanger la mort de ce Roy, il le laissa viure ; & ne se vit pas mesme tout à fait Maistre de Clusium, comme il l'auoit esperé : car ceux qu'il auoit protegez contre les fidelles suiets de Porsenna, y eurent tousiours la plus grande authorité. Cependant Bianor taschoit de se consoler par le grand credit qu'il auoit auprès de Mezence, & par l'esperance où il estoit que

LIVRE I.

l'Enfant de Galerite periroit ; que Porsenna mourroit en prison ; & qu'il pourroit vn iour posseder sa Maistresse. Mais pour en reuenir à Nicius, & à Martia, ils ne furent pas plustost embarquez, que le vent qu'ils auoient eu d'abord tres-fauorable se changea : & deuint si fort, que de peur de faire naufrage, il falut quitter la route qu'ils deuoient tenir ; & s'abandonner au vent, qui estoit plus fort que l'art du Pilote qui les conduisoit. En effet la Mer estoit si irritée, que les Vagues passoient tres-souuent d'vn bord du Vaisseau à l'autre auec vne telle impetuosité, qu'elles renuersoient presques tous ceux qui y estoient : & ces onde s'entrepoussoient quelquesfois d'vne telle maniere, qu'elles formoient au milieu d'elles de grosses Montagnes d'escume, que d'autres Vagues emportoient en tournoyant : ainsi on voyoit vne espece de combat entre elles, qui menaçoit de naufrage tous les Vaisseaux qui se trouuoient alors sur cette Mer. Cette Tempeste deuint mesme d'autant plus dangereuse pour celuy dans quoy estoient Nicius, & Martia, que le vent apres les auoir balotez de cent façons differentes, les poussa enfin vers le Cap de Lylibée ; de sorte que comme il n'y a pas de plus grand danger pour les Vaisseaux, quand la Mer est fort irritée, que d'estre prés de la Terre, Nicius & Martia eurent aueque raison beaucoup de peur de la perte de leur Vaisseau. Mais ce qui acheua de leur donner vne aprehension extréme, fut qu'ils virent que le Pilote qui estoit fort experimenté, apres auoir fait inutilement tout ce que son Art luy enseignoit pour resister à l'impetuosité des Vents, & à toutes les bourrasques de la Mer ; auoit abandonné le Timon, & s'eſtoit mis à genoux pour faire des vœux à Neptune ; declarant aſſez par cette action, qu'il n'eſperoit plus qu'en l'aſſiſtance des Dieux : encore paroiſſoit-il ſur ſon viſage qu'il n'eſperoit meſme guere d'obtenir ce qu'il demandoit : car il auoit toutes les marques de deſeſpoir dans les yeux. Cependant au milieu de cette Tempeſte, ce ieune Prince qui faiſoit la principale crainte de Nicius, & de Martia, dormoit paiſiblement dans ſon Berceau, ſans ſçauoir que ſa vie eſtoit en peril. Mais durant qu'il ne craignoit pas ce que Martia & Nicius craignoient pour luy, il y auoit encore d'autres Vaiſſeaux en cét endroit, qui eſtoient auſſi expoſez à perir que celuy de Nicius. En effet, par vn caprice de la Fortune, la Tempeſte auoit raſſemblé en vn fort petit eſpace pluſieurs Nauires qui tenoient des routes differentes quand elle auoit commencé : car il y en auoit vn de Carthage, qui estant party de Siracuse pour s'en retourner en son Païs, auoit esté contraint de relascher. Il y en auoit aussi vn autre de Tarente : deux d'Ostie, & vn de Corinthe ; de sorte que le Vent sembloit n'auoir formé cette petite Flotte que pour la faire perir. Ces Vaisseaux craignant donc de s'estre des escueils les vns aux autres, & de se briser en s'entrechoquant, faisoient ce qu'ils pouuoient pour se separer, mais quoy que pour l'ordinaire, la Mer irritée disperse les Flottes ; il sembloit qu'apres auoir ramassé ces Nauires, elle ne vouloit plus les separer, qu'ils ne fussent fracassez, & qu'ils n'eussent couuert ses riues d'vn funeste débris. Mais, Madame, pour vous faire mieux comprendre la merueille de cette auanture, il faut que vous sçachiez qu'il y auoit dans ce Vaisseau qui s'en retournoit à Carthage, vne illustre Famille de Rome; qui pour fuir la persecution de Tarquin le superbe qui reigne encore auiourd'huy dans cette fameuse Ville, auoit pris la resolution d'aller chercher vn Asile en Afrique, parce qu'il n'y a pas grand commerce entre l'Italie & elle; si ce n'est indirectement, par le moyen de la Sicile. Ainsi Clelius qui en estoit le Chef, se voyoit aussi malheureux que Nicius, & mesme dauantage; car il auoit vn Fils vnique au Berceau, qu'il voyoit exposé à perir aussi bien que luy. Ce n'est pas que Clelius aprehendast la mort, par vn sentiment de foiblesse; mais c'est qu'ayant toute la generosité dont les veritables Romains font profession, il regardoit plus en sa perte & en celle de son Fils, le gain qu'y feroit Tarquin, dont il eſtoit ennemy, qu'il ne conſideroit la perte de la vie de toute ſa Famille, & la ſienne propre. Sa Femme, qui ſe nomme Sulpicie, n'eſtoit pas meſme ſi troublée par la crainte de la mort, qu'elle n'euſt vn ſentiment de gloire, qui luy fit deſirer que s'ils auoient à perir, leur ennemy ne ſceuſt du moins pas leur naufrage : de ſorte que Clelius & Sulpicie ſans ſe cacher pendant la Tempeſte, comme font d'ordinaire tous les Paſſagers qui ſont dans des Vaiſſeaux, ſe tinrent ſur la Poupe, à regarder cette effroyable agitation de Vagues, qui de moment en moment les expoſoit à perir. Du moins iuſtes Dieux (dit alors ce genereux Romain, en leuant les yeux au Ciel) ſi vous auez reſolu que ie periſſe, ſauuez ma Patrie ; & ſouffrez que pour mourir en veritable Romain, ie face

LIVRE I. 141

pluſtoſt des vœux pour elle que pour moy. Faites donc iuſtes Dieux, ie vous en coniure, que le ſuperbe Tarquin ſoit opprimé par ſa propre tirannie ; qu'il ſoit accablé ſous le Throſne où ſes crimes l'ont porté ; que la cruelle Tullie, qui paſſa ſur le corps de ſon Pere, pour monter ſur ce meſme Throſne, meure de quelque cruelle maniere ; que toute ſa Famille ſoit exterminée; que le nom des Tarquins ſoit en horreur ; & puis que Rome n'a plus de Rois legitimes, faites, dis-ie, qu'elle ſoit libre, & qu'elle n'ait iamais de Tirans. Comme Clelius diſoit cela, & que Sulpicie par vne action ſupliante, ſembloit ioindre ſes vœux à ceux de ſon Mary ; vn coup de Vent eſpouuentable, ayant porté le Vaiſſeau de Nicius ſur le leur ; ils ſe briſerent tous deux en vn inſtant; & couurirent toute la Mer de leur débris. Ainsi on voyoit les Carthaginois meslez auec les Romains, & les Romains auec les Siciliens: qui tous ensemble faisoient chacun en particulier tout ce qu'ils pouuoient pour ne perir pas. Mais entre les autres Clelius, qui nâgeoit admirablement, & qui auoit le cœur ferme, & incapable de se troubler par la veuë d'vne mort certaine, taschoit en nâgeant de descouurir sa Femme, ou son Fils, entre ce grand amas de Planches qui flottoient, & de Gens qui s'y attachoient pour se sauuer. Mais comme la violence des Vagues dispersa bien tost tout le débris de ce naufrage, Clelius sans pouuoir trouuer ny son Fils, ny sa Femme, fut contraint de ne penser qu'à sa propre seureté. Pour cét effet, ayant descouuert vne Pointe de Rocher, qui s'esleuoit dans la Mer où il pouuoit trouuer vn Asile, dans vn peril

si

si pressant, il tascha malgré l'impetuosité des Vagues, d'aller jusques là, dans l'esperance que peut-estre tous les Vaisseaux qu'il auoit veûs au commencement de la Tempeste, n'auroit pas pery ; & qu'il y en auroit quelqu'vn qui le pourroit prendre sur ce Rocher, quand la Mer seroit vn peu plus calme. Mais comme Clelius nâgeoit auec force, pour gagner cét Escueil, il vit à sa droite vn Berceau qui flottoit, & vn ieune Enfant, qui sans paroistre effrayé de l'horrible peril où il estoit, se mit à sourire dés qu'il l'aperceut. Ce pitoyable obiet toucha sensiblement le cœur de ce genereux Romain : & dans le premier instant ne pouuant pas comprendre que le hazard eust fait qu'il y eust vn autre Enfant que le sien dans vn des Vaisseaux qui auoient fait naufrage, il creût que c'estoit son Fils : & nâ-

1. Partie   K

gea auec plus de vîtesse pour aller soutenir ce Berceau que les Vagues agitoient si rudement. Mais en s'en aprochant il connut distinctement que cét Enfant n'estoit pas le sien : car il auoit des Langes differens, & fort remarquables qui ne luy permirent pas d'en douter. Neantmoins Clelius poussé par vn sentiment de pitié, & souhaitant que si son Enfant estoit en mesme estat, il pûst trouuer qui le secourust, comme il alloit secourir celuy-là, il continua de nâger vers le Berceau du ieune Prince de Clusium: car enfin, Madame, c'estoit veritablement le Fils de Porsenna, que Clelius voyoit en vn si grand danger; & qui auroit infailliblement pery sans son assistance. Cét illustre Romain nâgea donc auec adresse, & auec force, pour pouuoir prendre vn coin du Berceau de ce ieune Enfant qu'il ne connoissoit pas : mais ce qu'il y auoit de cruel estoit, que les Vagues qui le poussoient l'esloignoient de cette Pointe d'Escueil qu'il regardoit comme son Asile; toutesfois à la fin ayant ioint ce Berceau il le soutint d'vne main, & nâgeant de l'autre, il tourna la teste vers cette Roche, où il arriua apres beaucoup de peine. Dés qu'il y fut, il posa le Berceau de ce ieune Prince sur le plus haut de ce Rocher, & se mit apres à regarder de là, le lieu où il auoit fait naufrage. Mais en le regardant, il vit son propre Fils dans son Berceau qui flottoit, & qui estant engagé entre des Planches que la Mer agitoit d'vne estrange sorte, luy paroissoit tout prest à estre renuersé: si bien que ne pouuant resister à la pitié Paternelle, quelque las qu'il fust, il quitta ce ieune Enfant qu'il auoit sauué, & se reiettant dans la Mer il fut pour tas-

K ij

cher de sauuer le sien. Mais en allant il eut la douleur de remarquer qu'vn tourbillon de Vent ayant poussé la Proüe d'vn de ces Nauires fracassez entre son Fils & luy, iustement comme ce Berceau auoit esté desgagé d'entre les Planches qui le soutenoient, l'empeschoit de plus voir ny le Berceau, ny les Planches : car dans ce mesme temps, il tomba vne Pluye si grosse, & si abondante, qu'à peine Clelius pût-il aperceuoir le Rocher, où il auoit laissé le Fils de Porsenna, lors qu'apres auoir creû voir perir son propre Enfant, il voulut retourner vers celuy que le Ciel luy auoit donné. Cependant n'ayant autre chose à faire, il regagna cét Asile : mais lors qu'il y fut, il creût durant long-temps qu'il y mourroit, & ce ieune Enfant aussi : car apres que cette effroyable Pluye fut cessée, il vit que deux Vaisseaux qui n'auoient pas fait naufrage, au lieu de s'aprocher du lieu où il estoit, faisoient tout ce qu'ils pouuoient pour s'en esloigner : car comme les Pilotes connoissoient cét Escueil, ils faisoient tout ce qu'il leur estoit possible pour ne s'en aprocher pas: de sorte que Clelius se trouuoit en vn pitoyable estat. Il iugeoit bien que peut-estre s'il entreprenoit de nâ-ger pour gagner ces Vaisseaux, il ne luy seroit pas absolument impossible de le faire, pourueû qu'il allast seul, sans entreprendre de soustenir ce Ber-ceau : mais comme il ne l'eust pû faire sans abandonner cét Enfant que le Ciel sembloit auoir mis sous sa garde, il ne pouuoit s'y resoudre : car depuis qu'il estoit sur ce Rocher le Vent s'estoit changé, & y poussoit vne si grande abondance d'Escume, que si Clelius n'eust tenu le Berceau de ce ieune Prince entre ses bras, il

K iij

eust esté noyé, & renuersé dans la Mer. Clelius estoit donc en vn estat bien pitoyable : car il croyoit auoir veû perir son propre Fils : il ne doutoit pas que sa Femme ne fust morte: sa generosité l'empeschoit de songer à sauuer sa propre vie : & il voyoit peu d'apparence de pouuoir conseruer celle de ce mal-heureux Enfant. Mais à la fin vn de ces Vaisseaux Carthaginois qui n'auoit pas pery, ayant esté poussé malgré luy vers cét Escueil, & Clelius ayant fait diuers signes, fut enfin aperceu par celuy qui y commandoit : qui se trouuant capable d'humanité, auoit pris vn soin particulier de sauuer le plus de Gens qu'il auoit pû, de ceux qui auoient fait naufrage : ioint que le Vent ayant presque cessé tout d'vn coup, il luy fut plus aisé d'aprocher de cette Roche sans peril. Il falut pourtant que Clelius se remist encore dans l'eau, chargé du Berceau du Fils de Porsenna pour gagner le bord de ce Vaisseau: où il eut la ioye de retrouuer sa chere Sulpicie, qu'vn fidelle Esclaue auoit sauuée en la soutenant sur l'eau, & en la faisant aborder au Nauire où il la trouua. Cette entre-veuë eut quelque chose de fort doux: car Clelius fut extrémement consolé de retrouuer sa Femme; & Sulpicie eut beaucoup de ioye de reuoir son Mary. Elle creût mesme d'abord auoir recouuré son Fils, lors qu'il vit Clelius auoir vn Enfant entre ses bras; mais elle en fut bien-tost desabusée, & il falut enfin qu'ils se consolassent tous deux de la perte de leur Enfant par celuy que la Fortune leur auoit donné; & par la consolation qu'ils auoient de se reuoir, apres auoir creû ne se voir iamais. Il se trouua mesme que dans ce naufrage où ils auoient creû tout perdre, ils sauuerent ce qu'ils auoient de plus precieux : car ils retrouuerent vne partie de leur Vaisseaux eschoüé sur vn Banc de Sable, où ce qu'ils auoient de plus riche estoit encore : ioint que Sulpicie en se debatant dans l'eau, s'estoit saisie d'vne Planche d'vn autre Vaisseau brisé, sur laquelle estoit vne Cassette qui estoit attachée à cette Planche par diuers cordages, dont elle s'estoit entortillée, dans ce bouleuersement qui s'estoit fait à l'instant que ce funeste naufrage estoit arriué. De sorte que ce fidelle Esclaue de Clelius qui sauua Sulpicie, l'ayant trouuée qui se soustenoit à cette Planche, qui estoit preste de s'enfoncer à cause du poids de cette Cassette la soutint, & la mena au Vaisseau où Clelius la trouua, car il en estoit assez proche : luy remettant aussi entre les mains la Cassette qui estoit sur cette Planche ; s'imaginant, sans examiner la chose, qu'elle estoit à elle. Si bien qu'apres que Clelius & Sulpicie eurent eu loisir de se remettre de l'accident qui leur estoit arriué, ils trouuerent qu'ils auoient moins perdu qu'ils ne pensoient en cette occasion: car ils auoient retrouué vn Enfant au lieu du leur : & ils trouuerent des Pierreries d'vn prix inestimable dans cette Cassette. Cependant Clelius croyant qu'il ne pouuoit mieux reconnoistre la grace que les Dieux luy auoient faite de le sauuer, qu'en ayant vn soin tout particulier de cét Enfant qu'il auoit trouué, pria Sulpicie de le vouloir nourrir au lieu du sien, & de l'aimer comme tel: ainsi comme ils sentoient tous deux, quelle estoit la douleur qu'ils auoient de la perte du leur, ils eussent bien voulou pouuoir redonner cét Enfant à ceux qui l'auoient perdu, s'ils n'estoient pas perdus eux-mesmes, mais ils ne peurent en rien aprendre : car le hazard fit que ceux de ce Vaisseau Carthaginois ne sauuerent que de ceux qui estoient dans celuy de Clelius ; & que les autres Vaisseaux qui s'estoient trouuez plus prés de celuy dans quoy le Fils de Porsenna auoit fait naufrage, secoururent ceux qui en eschaperent. Mais comme la tempeste les separa, & que leurs Routes mesme se trouuerent differentes, Clelius ne pût rien aprendre de la naissance de l'Enfant qu'il auoit trouué, ny seulement de quel Païs il estoit. Cependant comme le hazard fit que le Vaisseau qui l'auoit sauué alloit où il auoit eu dessein d'aller, il obligea le Capitaine à qui il deuoit la vie, de le mener à Carthage où il auoit dessein de passer le temps de son exil ; afin, disoit-il, de n'auoir pas mesme l'esprit troublé par le recit des tirannies de Tarquin. Mais pour faire que Sulpicie aimast encore mieux cét Enfant que les Dieux luy auoient donné, il voulut qu'il portaft le nom d'Aronce, que le Fils qu'il auoit perdu portoit ; il ne voulut pourtant pas en abordant à Carthage dire que le ieune Aronce eftoit fon Fils, quoy qu'il euft pour luy toute la tendreffe d'vn Pere, de peur que cela ne nuifift en vain à fa reconnoiffance ; ioint que ne fçachant pas s'il n'auroit point d'autres Enfans, il ne voulut pas defguifer la verité. Mais il voulut qu'on gardaft foigneufement, & le Berceau, & les Langes dans quoy cét Enfant auoit efté trouué ; il s'imagina mefme que les Pierreries qu'on auoit trouuées dans cette Caffette, pourroient encore feruir à cette reconnoiffance ; & il eut enfin pour cét Enfant qui luy eftoit inconnu, tous les foins dont fa haute naiffance le rendoit digne. Mais durant que Clelius luy rendoit tous les offices d'vn veritable Pere, Nicius & Martia qui auoient esté sauuez par vn Vaisseau de Siracuse, furent en vn desespoir si estrange de la perte de ce ieune Prince, qu'on leur auoit confié, qu'ils n'oserent iamais mander sa mort aux Amis particuliers de Galerite, quoy qu'ils fussent fortement persuadez qu'il auoit pery; car comme les choses n'estoient pas alors en estat, quand ce ieune Prince eust esté en leur puissance, d'oser le faire paroistre pour ce qu'il estoit, ils n'en escriuirent rien; & ils demeurerent à Siracuse, où ils aprirent que Porsenna estoit tousiours plus estroitement gardé; que Bianor persecutoit tousiours Galerite; & que Sextilie n'auoit point d'Enfans. Mais pour en reuenir à Clelius & à Sulpicie, vous sçaurez Madame, qu'ils s'habituerent à Carthage, où leur vertu leur fit bien-tost aquerir beau-

LIVRE I. 157

coup d'Amis : le ieune Aronce les consola mesme si bien de la perte de leur Fils, que s'il eust falu le perdre pour ressusciter l'autre, ils n'eussent pû s'y resoudre. En effet ie leur ay oüy dire qu'il fut aymable dés le Berceau : & qu'il parut tousiours y auoir quelque chose de si grand en luy, tout petit qu'il estoit, qu'il estoit aisé de s'imaginer dés lors, qu'il seroit ce qu'il est deuenu depuis. Il estoit mesme d'autant plus cher à Clelius, & à Sulpicie, qu'ils furent quatre ans sans auoir d'enfans : mais à la fin Sulpicie eut vne Fille qui fut appellée Clelie : mais vne Fille si belle, qu'on parla de sa beauté dés qu'on parla de sa vie. Ie ne m'amuseray pourtant pas Madame, à vous en exagerer toutes les premieres graces, quoy que i'ay oüy dire à Aronce, qu'elle auoit tesmoigné auoir de l'esprit, mesme deuant que d'auoir sceu parler ; car comme i'ay des choses plus importantes à vous aprendre, ie ne veux pas lasser vostre patience par vn recit de cette nature; & ie me contenteray de vous assurer, que si Clelius n'oublia rien pour bien esleuer le ieune Aronce, Sulpicie n'oublia rien aussi pour bien esleuer la ieune Clelie. Ie ne m'amuseray point non plus, Madame, à vous dire mille particularitez de la grandeur, & de la magnificence de Carthage, afin de vous faire comprendre que ces deux Personnes ne pouuoient estre mieux en nul autre lieu de la Terre; puis qu'il est vray qu'on trouue en celuy-là tout ce qu'on peut trouuer dans les Republiques les mieux policées, & dans les Monarchies les plus florissantes. Mais comme ce n'est pas de cela dont il s'agit, puis que ce n'est que la vie de l'illustre Aronce que vous voulez sçauoir, ie vous diray seulement en deux mots, que Carthage est vne des plus riches, & des plus belles Villes du monde: & que comme tous les Africains ont vne inclination naturelle qui les porte à la ioye, quoy que ce soit vn peuple Guerrier, tous les plaisirs se trouuent en cette magnifique Ville autant qu'en aucun autre lieu de la Terre. De plus, comme Carthage est redoutable à tous ses voisins, elle n'est iamais sans qu'il y ait des Gens de qualité de tous les Estats qui touchent celuy là; ioint qu'il y a mesme dans son voisinage vn Prince (qui s'apelle le Prince de Carthage, parce qu'il se dit descendu d'vne Tante de Didon) qui y demeuroit assez souuent, auant qu'il fust broüillé auec cette Republique. Le Prince de Numidie qui est presentement icy, y estoit alors; & il n'y auoit point de Prince en Afrique qui ne fust bien aise d'enuoyer ses Enfans à Carthage. Ainsi Aronce vit dés son Enfance des Gens de condition proportionnée à la sienne ; car comme Clelius s'estoit rendu tres-considerable en ce lieu-là, & qu'Aronce estoit infiniment aimable dés les premieres années de sa vie, il eut d'abord la familiarité du Prince de Carthage, & du Prince de Numidie; parce que comme il estoit de mesme âge qu'eux ; qu'il estoit extremement adroit, & infiniment spirituel ; il estoit meslé à tous leurs diuertissemens. Le Prince de Carthage le menoit mesme tousiours aueque luy, lors qu'il alloit à vne Ville dont il est le Maistre, qui s'appelle Vtique, & qui n'est pas fort loin de Carthage ; de sorte que par ce moyen Aronce n'estoit presques iamais auec Clelie, qu'il ne consideroit alors que parce qu'elle estoit Fille de Clelius, à qui il deuoit toutes choses. Il trouuoit pourtant

tant bien qu'elle estoit la plus aimable Enfant du monde : mais comme il auoit quatre ans plus qu'elle, & qu'il est naturel à quinze ou seize ans, de chercher plus les Gens qui ont plus d'âge que soy, que ceux qui en ont moins, Aronce ne s'y arrestoit pas : & le plaisir qu'il trouuoit auprés du Prince de Carthage, & auprés du Prince de Numidie, faisoit qu'il n'auoit presques pas le loisir de considerer Clelie. Il viuoit toutesfois si bien auec Clelius, & auec Sulpicie, qu'ils l'aymoient autant que s'il eust esté leur Fils : & ils faisoient pour luy la mesme despence que s'il eust effectiuement esté leur Enfant. Mais, Madame, pour vous faire bien entendre tout ce que i'ay à vous dire, il faut que vous sçachiez que le Prince de Carthage a vn homme de qualité auprés de luy, nommé Amilcar, qu'il aime beaucoup : & qui est vn des hommes du monde le plus agreable & le plus accomply, qui prit Aronce en vne grande amitié, qu'on peut dire qu'Amilcar n'estoit pas plus aimé du Prince de Carthage, qu'Aronce l'estoit d'Amilcar. Si bien que ce ieune Prince ayant pris la resolution de voyager inconnu, Amilcar voulut qu'Aronce fust de ce voyage: desorte que du consentement de Clelius & de Sulpicie, Aronce ayant alors seize ans, & la ieune Clelie douze, il partit auec le Prince de Carthage & Amilcar pour aller voir toute la Grece. Mais ce qu'il y eut de remarquable, fut qu'à leur retour, la tempeste les ayant iettez en Sicile, au lieu de retourner à Carthage, comme ils en auoient eu intention, ils prirent la resolution d'aller voir Rome: & d'aller mesme à vne grande partie des principales Villes de la Toscane. Et en effet, ils executerent leur dessein: de sorte que comme ces deux voyages opposez ne se pouuoient pas faire en peu de temps, ils furent quatre ans sans retourner en Affrique: si bien que par ce moyen Aronce auoit vingt ans, & Clelie seize, lors qu'ils se reuirent. Mais auant que de vous dire ce qui se passa entre eux à cette premiere entreveuë, il faut que vous sçachiez qu'au partir de Rome, où les violences de Tarquin continuoient, le Prince de Carthage qui voyageoit inconnu, rencontra vn illustre Romain apellé Horace que l'iniuste Tarquin auoit exilé: & qui sans sçauoir en quel lieu de la Terre il passeroit le temps de son exil, se mit à faire conuersation auec Aronce, qui sçauoit admirablement la Langue latine : parce que Clelius qui aimoit sa Patrie iusques à vouloir mourir pour elle, auoit voulu qu'Aronce n'en ignorast pas le langage. De sorte qu'Horace qui auoit dessein de s'en aller durant quelque temps

L ij

en vn Païs Eftranger, fut bien aife de trouuer vn homme fi agreable qui parloit fa Langue, & qui aprenant le deffein qu'il auoit, luy propofa d'aller à Carthage : où il l'affura qu'il trouueroit Clelius, dont Horace connoiffoit le nom & la vertu : car fon Pere & le fien auoient toufiours efté Amis, quoy qu'ils euffent efté Riuaux. Si bien qu'Aronce ayant inclination à feruir Horace, non feulement parce qu'il paroiffoit auoir beaucoup d'efprit, mais encore parce qu'il eftoit Romain, & qu'il difoit eftre Fils d'vn Amy de Clelius, pria Amilcar de faire en forte que le Prince de Carthage vouluft bien que cét illuftre exilé le fuiuift, & trouuaft vn Afile auprès de luy. Ainfi Amilcar fuiuant fa generofité naturelle, & voulant fatisfaire Aronce qu'il aimoit, obtint aifément du Prince de Carthage ce qu'il luy demanda pour Horace : qui deuint

Amy particulier d'Aronce, dés ce moment là; ne preuoyant pas alors ce qui les diuiseroit vn iour. Mais, Madame, auant que de faire arriuer cette illustre Troupe à Carthage, il faut que vous sçachiez qu'en passant à Capouë, ie l'augmentay encore: & que ie vous die en suite, que durant les quatre ans de l'absence d'Aronce, Clelie estoit deuenuë si admirablement belle, qu'on ne parloit que de sa beauté à Carthage, quand il y retourna : & qu'elle y auoit donné tant d'amour qu'on ne pouuoit conter les Esclaues de sa beauté. Celuy qui auoit alors la plus grande authorité à Carthage, & qui se nomme Maharbal, en estoit luy mesme deuenu si amoureux, qu'il n'estoit pas trop en estat de faire obseruer les Loix du Païs; n'en reconnoissant pas alors d'autres, que celles que l'amour luy donnoit. Mais comme c'est vn homme violent,

L iij

& puissamment riche, il s'estoit imaginé qu'il n'auoit qu'à demander Clelie à son Pere pour l'obtenir : & en effet si Clelius eust esté Carthaginois, il luy eust facilement donné sa Fille. Mais comme il auoit le cœur tout à fait Romain, & qu'il n'auoit pas renoncé à sa Patrie, il ne pouuoit se resoudre de donner Clelie à vn homme qui n'estoit pas de son Païs. De sorte que sans desguiser ses sentimens, il s'estoit d'abord expliqué nettement, lors qu'on luy auoit proposé ce Mariage pour sa Fille ; quoy qu'il parust luy estre tout à fait auantageux : car il n'y auoit sans doute rien au dessus de Maharbal en ce lieu là. Pour le Prince de Numidie, qui estoit aussi deuenu amoureux de cette belle Personne, il n'osoit tesmoigner son amour ouuertement ; car comme il estoit alors comme en Ostage parmy les Carthaginois, de puis vn Traité que le Prince son Pere auoit fait auec cette Republique, il eut esté bien imprudent, s'il eust osé tesmoigner qu'il estoit Riual de celuy qui le tenoit en sa puissance: & qui eust pû sur diuers pretextes, le faire arrester, ou du moins le faire sortir de Carthage, & l'esloigner de la personne qu'il aimoit. Si bien que ce n'estoit qu'à la seule Clelie, à qui il taschoït de faire paroistre son amour : car encore qu'il sçeust bien que Clelius disoit hautement qu'il ne marieroit iamais sa fille qu'à vn Romain, il ne laissoit pas d'esperer, s'il pouuoit toucher le cœur de Clelie, de luy faire changer de resolution, & d'estre mesme preferé à ce puissant Riual qui s'estoit declaré si hautement : car il croyoit qu'vn Prince de Numidie deuoit estre plus consideré de Clelius, qu'vn homme qui n'auoit qu'vne authorité limi-

tée, & qui ne l'auoit mesme pas pour
tousiours. Voila donc, Madame, l'estat où en estoient les choses, lors
que le Prince de Carthage, Aronce,
Amilcar, & Horace, y arriuerent.
Mais comme le hazard cause les euenemens les plus remarquables, par
de foibles commencemens, la maniere dont Aronce reüit la belle
Clelie, contribua peut-estre à la passion qui a fait depuis tout le tourment de sa vie. Car vous sçaurez, Madame, que comme Carthage a esté
autresfois commencée de bastir par
l'illustre Didon, en vne Place qui luy
fut venduë par des Pheniciens, qui s'y
estoient desia habituez, & qu'elle a
esté acheuée par eux; il est tousiours
demeuré depuis cela, vne marque de
dépendance de cette superbe Ville, à
celle de Tyr : car on y fait tous les ans
construire vn magnifique Vaisseau,
dans lequel on enuoye aux Pheni-

ciens, la dixiesme partie du reuenu de la Republique, auec la dixiesme partie aussi du butin & des Prisonniers que l'on a faits à la Guerre. Il se fait mesme tous les ans vn eschange de deux Filles, que l'on choisit au sort : ainsi ceux qui viennent querir ce Tribut, amenent deux Pheniciennes, & reçoiuent deux Carthaginoises, qui sont tousiours mariées tres-auantageusement, & dans l'vn & dans l'autre Païs. Comme cette Ceremonie est fort celebre il y a vn iour destiné au renouuellement de l'Alliance de ces deux Peuples, qui n'est employé qu'en réjouissances publiques : car il y a tousiours deux Hommes de qualité enuoyez de Phenicie, qui viennent receuoir ce Tribut : & qui pour l'ordinaire font vn Festin magnifique, au principal Magistrat de la Ville, dans ce superbe Vaisseau : apres quoy dés qu'il est retourné sur le Riuage, les Pheniciens font ramer & hausser les Voiles. De sorte que comme Maharbal estoit celuy qui deuoit faire la Ceremonie de ce riche & precieux Tribut, & renouueller l'Alliance entre les Pheniciens, & les Carthaginois ; il voulut pour contenter sa passion, que les Tyriens qui deuoient faire ce superbe festin, y conuiassent les principales Dames de la Ville. Si bien qu'au sortir du fameux Temple de Didon, où cette Alliance s'estoit renouuellée, toutes ces Dames conduites par vne sœur de Maharbal, qui est vne personne de beaucoup de vertu, furent mener les deux Carthaginoises, qui deuoient aller en Phenicie, & receuoir les deux Pheniciennes, qui deuoient demeurer à Carthage. Mais comme cette Feste estoit veritablement faite pour Clelie, elle y estoit auec sa Mere: Clelius n'ayant pas osé l'empescher d'aller en un lieu où tant d'autres Dames estoient, quoy que la passion de Maharbal ne luy plûst pas. De sorte qu'elle s'y trouua plus par raison, que par inclination : car le cœur de cette admirable Fille, estoit encore vn cœur où personne n'auoit de part, & où nul de ses Adorateurs n'auoit fait nulle impression. Ainsi on peut dire qu'elle n'aimoit encore que la gloire, si ce n'est qu'on y adiouste sa propre beauté. Mais à dire les choses comme ie les croy, ie pense mesme qu'elle ne l'aimoit pas trop; du moins n'ay-ie iamais veû de Belle en ma vie, en qui il ait parû moins d'affection. Cependant il se trouua que nous arriuasmes à Carthage, le iour de cette belle Feste: & que nous y arriuasmes auantageusement pour les Pheniciens, & fort glorieusement pour nous : car vous sçaurez que deux iours auparauant, le Vaisseau dans quoy nous estions, en auoit pris deux de l'Isle de Cyrne, auec qui les Carthaginois n'estoient pas en Paix; à cause qu'il y auoit guerre entre la Sicile leur confederée, & ceux de cette Isle. Mais sans m'amuser à vous dire comment cette action se passa, ie vous diray seulement que le Prince de Carthage, Aronce, Amilcar, & Horace, se signalerent hautement en cette Occasion; & que nous prismes enfin ces deux Vaisseaux, que nous trouuasmes chargez d'vn tres-riche Butin, quoy que ceux de l'Isle de Cyrne ne soient pas riches. Mais ce qui faisoit la chose, estoit qu'ils auoient combatu & pris vn Vaisseau Sicilien qui venoit de Corinthe : de sorte que nous fismes en cette occasion vne prise considerable, soit par la richesse des marchandises, ou par le nombre des Esclaues. Mais pour ne desrober rien à la gloire d'Aronce, il est certain que tous ceux qui estoient dans nostre Vaisseau conuinrent qu'il auoit plus contribué à cette grande Action qu'aucun autre. Cependant, comme ie l'ay desia dit, nous arriuasmes fort à propos pour les Pheniciens, à qui la dixiesme partie de nostre Butin apartenoit. Mais nous arriuasmes aussi fort agreablement pour nous mesme : car lors que nostre Vaisseau entra dans le Port, Clelie & trois ou quatre autres Dames, estoient sur la Prouë de ce magnifique Nauire, que les Carthaginois enuoyoient en Phenicie : & elle y estoit alors entretenuë par Maharbal, & par le Prince de Numidie. Dés que nous en aprochasmes, le Prince de Carthage, Aronce, & Amilcar, connurent quelle estoit la Feste qu'on faisoit, & nous le firent entendre : mais lors qu'ils furent plus prés, & qu'ils purent discerner la beauté de Clelie, ils en furent extrémement surpris : & si surpris, qu'Aronce mesme fut quelque temps sans la reconnoistre. Mais, comme il fut d'abord reconnu par Clelie, elle luy fit vn salut si obligeant, qu'il connu bien que cette belle Personne estoit cette chere Sœur d'Alliance, auec qui il auoit passé les premieres années de sa vie. De sorte qu'il prit alors beaucoup de part à toutes les loüanges que le Prince de Carthage, Amilcar, Horace, & moy, donnasmes à sa beauté. Mais si Aronce fut sensible à sa gloire, Clelie le fut aussi à la sienne: lors que le Prince de Carthage, suiuy d'Aronce, d'Amilcar, d'Horace, & de moy fut dans ce Vaisseau de Tribut, où estoient alors toutes les Dames, pour rendre conte à Maharbal de la prise qu'il auoit faite : car comme le Vaisseau qu'il montoit n'estoit pas à luy, & qu'il estoit à la Republique, il ne luy apartenoit que la gloire d'auoir fait cette grande action : encore la vouloit-il donner presques toute entiere à Aronce; à qui il donna tant de loüanges, en parlant à Maharbal en presence de Clelie, qu'il le fit regarder auec admiration de tout ce qu'il y auoit de Gens qui l'entendirent. Mais comme Aronce a sans doute toute la modestie d'vn homme veritablement braue, il s'esloigna du lieu où l'on parloit si auantageusement de luy; & s'approchant de Sulpicie, il luy demanda des nouuelles de Clelius, qui n'estoit pas en ce lieu là; & vn moment apres, ne pouuant plus s'empescher de parler de la beauté de son admirable Fille, il se rejoüit auec elle de la voir telle qu'elle estoit; apres quoy cherchant occasion de luy dire à elle mesme ce qu'il en pensoit, il fit si bien que durant

que Maharbal & le Prince de Numidie parloient au Prince de Carthage, & à Amilcar, il fut luy tefmoi-
gner la ioye qu'il auoit de la reuoir,
& de la reuoir ſi belle. Clelie de ſon
coſté, qui ſçauoit combien ſon Pere
aimoit Aronce, le receut auec autant
de teſmoignages d'amitié, que s'il
euſt eſté ſon Frere: auſſi Clelius auoit-
il voulu qu'elle l'apellaſt ainſi, &
qu'Aronce la nommaſt ſa Sœur. De
ſorte que dés qu'il fut aupres d'elle ;
cette charmante Fille prenant la parole pluſtoſt que luy (parce que l'admiration qu'il auoit pour ſa beauté
l'auoit interdit.) & bien mon Frere,
luy dit elle, l'abſence ne vous a-t'elle
point fait oublier Carthage ? & la
Grece, & l'Italie, ne vous ont-elles
point fait haïr l'Afrique? mais auant
que vous me reſpondiez, adiouſta-
t'elle en ſouriant, ſouuenez-vous de
grace, qu'encore que ie ſois née à
Carthage,

Carthage, ie me vante pourtant d'e-
stre Romaine, de peur que sans y
penser, vous n'allassiez la mettre deuant Rome, & preferer quelque autre Païs à ma veritable Patrie. Ie me
souuiens presentement si peu de tout
ce que i'ay veû pendant mon voyage,
respondit Aronce, que ie ne sçaurois vous en rendre conte : car enfin
ma chere Sœur (s'il est permis à vn
Frere d'Alliance, de vous dire ce qu'il
pense de vous) vous estes la plus belle chose que i'ay iamais veuë : & si
Rome sçauoit quelle est vostre beauté, ie suis persuadé qu'elle feroit vne
plus sanglante Guerre à Carthage,
pour vous en retirer, que celle que la
Grece fit autrefois à Troye, pour re-
conquerir cette belle Princesse dont
le nom durera autant que le Monde:
du moins sçay-ie bien, adiousta-t'il,
que la plus fameuse beauté de Rome,
qui est celle d'vne Personne de gran-

de qualité, qui s'apelle Lucreſſe, n'aproche pas de la voſtre. A ce que ie voy, reprit Clelie en ſouriant, vous eſtes deuenu ſi flatteur, que ie n'oſerois plus vous nommer mon Frere: car ce n'eſt pas trop la couſtume de loüer tant vne Sœur. Mais pour me dire quelque choſe que ie puiſſe eſcouter ſans rougir, pourſuiuit-elle, dittes moy, ie vous en coniure, ſi vous eſtes ſatisfait de Rome : & ſi Tarquin merite touſiours par ſes violences, le nom de ſuperbe qu'on luy a donné ? Rome eſt aſſurément, reprit Aronce, la premiere Ville de toute l'Italie ; & elle merite meſme d'eſtre la premiere Ville du Monde, puis qu'elle ſe peut vanter d'eſtre voſtre veritable Patrie. Mais pour Tarquin, il y eſt ſi abſolu, que quoy que tout le Peuple murmure en ſecret contre luy, il n'y a pas apparence que ſa tirannie finiſſe ſi toſt ; car à peine ſçait-il que quelqu'vn n'eſt pas dans ſes intereſts, qu'il l'exile, ou le fait mourir. Comme Aronce diſoit cela, on vit entrer dans le Vaiſſeau où il eſtoit, la dixieſme partie des Eſclaues, que le Prince de Carthage auoit faits : & qu'il auoit enuoyez querir pour les remettre aux Pheniciens, qui luy donnerent mille loüanges en les receuant. Mais durant que cela ſe paſſoit ainſi, Clelie entendit que le Prince de Carthage diſoit que ces Eſclaues eſtoient plus ceux d'Aronce, que les ſiens; de ſorte qu'elle ſe mit à luy en faire vne guerre obligeante; en luy demandant vn conte exact de ſes conqueſtes. C'eſt pluſtoſt à moy, repliqua-t'il galamment, à vous demander conte des voſtres, qui ſont aſſurément plus illuſtres que les miennes : car ie ne doute point, que ſi ie voyois tous les Eſclaues que vous auez faits depuis mon départ, ie ne les viſſe en plus grand nombre que ceux que le Prince de Carthage m'attribuë : du moins ſçay-ie bien que vous pourriez vaincre le Vainqueur des autres, ſi vous l'auiez entrepris. Apres cela Amilcar s'eſtant aproché d'Aronce, ſe mit à luy demander en riant, & en luy montrant Clelie, s'il ne craignoit point de faire naufrage au port ; ſi bien que la conuerſation eſtant deuenuë generale, ie m'y meſlay auſſi bien qu'Amilcar. Mais, Madame, ie ſuis contraint d'auoüer que ie n'ay iamais rien veû de plus beau que Clelie : car imaginez vous qu'elle n'a pas ſeulement tout ce qui fait la grande beauté, c'eſt à dire les cheueux blonds, les yeux brillans, le tour du viſage agreable, la bouche bien faite, les dents belles, le teint admirable, les mains merueilleuſes, & la phiſionomie ſpirituelle, mais qu'elle a encore tous les charmes de la beauté. Car elle a l'air galant & modeste ; elle a la mine haute & douce: & il ne luy manque rien de tout ce qui peut imprimer du respect, & donner de l'amour à tous ceux qui la voyent. Mais ce qui la rend encore plus aimable, c'est qu'elle a autant d'esprit que de beauté. Sa vertu, quoy qu'extréme, n'a pourtant rien d'altier, ny de rude : au contraire il y a quelque chose de si aisé, & de si galant dans sa conuersation, qu'on est charmé d'estre aupres d'elle ; car encore que Clelie ait l'ame ferme & hardie, & qu'elle l'ait beaucoup au dessus de son Sexe, elle a pourtant vne douceur si engageante, qu'on ne peut luy resister ; & cette grandeur d'ame qui luy fait mespriser les plus grands perils, quand elle s'en voit menacée, n'empesche pas qu'elle n'ait mesme vne certaine modeſtie craintiue ſur le viſage, qui ſert encore à la rendre plus aimable. Cependant quoy qu'elle n'ait rien de fier ny de ſuperbe dans la mine, elle à pourtant l'air noble, la grace aſſurée, & l'action fort belle & fort libre. Clelie eſtant donc auſſi accomplie que ie vous la repreſente, donna tant d'admiration à Aronce, à Horace, & à moy, lors que nous la viſmes dans ce Vaiſſeau qui s'en alloit en Phenicie, que nous ne parlaſmes d'autre choſe le reſte du iour. Il eſt vray que pour Horace, il en parla moins que nous : car outre que naturellement il n'eſt pas grand exagerateur, i'ay ſceu depuis, qu'il ſe ſentit ſi extraordinairement touché de la beauté de Clelie dés cette premiere veuë, qu'il ne puſt s'empeſcher d'auoir l'eſprit entierement occupé de cette belle Perſonne, dont il s'entretenoit luy meſme, ſans en entretenir les autres. Pour Aronce, il fut plus heureux qu'Horace : car comme la Maison de Clelius estoit la sienne, il y passa le reste du iour : & y fut mesme tout le soir, mais il n'y logea pourtant plus, parce que le Prince de Carthage voulut absolument qu'il logeast dans son Palais, & qu'il s'attachast à luy. De sorte que comme Aronce n'auoit nul bien que celuy que Clelius luy donnoit, il ne fut pas marry de trouuer vne si illustre voye de subsister par sa propre vertu, en receuant des bien-faits d'vn si grand Prince. Cependant Clelius apres auoir embrassé Aronce auec vne affection Paternelle, eut aussi beaucoup de ioye de voir Horace, qui estoit Fils d'vn homme qui auoit esté vn de ses plus chers Amis tant qu'il auoit vescu. Aussi pria-t'il Aronce de l'aimer comme s'il eust esté son Frere : & il commanda mesme à Sulpicie, &

à son aimable Fille, de prendre vn soin tout particulier de luy ; car dés que Clelius eut entretenu Horace sur l'estat present de Rome, il trouua qu'il y auoit tant de raport de ses sentimens aux siens, & qu'il auoit vne haine si forte pour Tarquin, & pour la fiere & cruelle Tullie sa Femme, qu'il l'en aima beaucoup dauantage. De sorte que depuis cela, Aronce qui estimoit fort Horace, & qui en estoit aussi fort estimé, fit tout ce qu'il pust pour luy rendre son exil mons rigoureux. Mais comme l'amitié n'est pas tousiours dispensée par l'exacte iustice, quoy que i'eusse moins de merite qu'Horace, i'eus pourtant vne plus grande partie à l'affection d'Aronce ; ou du moins à sa confidence, que i'eus toute entiere, dés que nous fusmes arriuez à Carthage. Cependant nous sceusmes dés le lendemain l'amour de Maharble pour Clelie ; sans que nous sceussions celle du Prince de Numidie, qui comme ie l'ay desia dit, ne la faisoit paroistre qu'à celle qui la causoit. Mais comme il remarqua bien tost quel estoit le credit qu'Aronce auoit aupres de Clelius, de Sulpicie, & de leur incomparable Fille, il fit toutes choses possible pour aquerir son amitié, où il eut sans doute beaucoup de part. De sorte que depuis cela, comme la liberté est peaucoup plus grande à Carthage qu'à Rome, le Prince de Numidie, Aronce, Horace, & moy, estions presques toûjours chez Sulpicie. Nous y auions mesme l'auantage de n'y estre pas souuent importunez de la presence de Maharbal ; parce que comme il auoit presques à soutenir tous le poids de la Republique, il luy estoit impossible de renoncer absolument à son deuoir, pour satisfaire son amour, ioint que se confiant en son authorité, il se dispensoit aisément de tous les petits soins qu'il ne croyoit pas necessaires: & puis comme nul ne s'embarquoit à Carthage sans sa permission, il ne craignoit pas que Clelius s'en allast: & il n'aprehendoit pas mesme qu'il y eust aucun homme de qualité dans la Ville, qui osast estre son Riual. Car pour le Prince de Carthage, il tournoit les yeux d'vn autre costé: Amilcar sembloit alors auoir deux ou trois desseins au lieu d'vn: le Prince de Numidie n'estoit pas en estat d'oser ouuertement s'opposer à luy: il regardoit Aronce comme vn inconnu, qui n'oseroit tourner les yeux vers la Fille d'vn homme à qui il deuoit la vie: & il ne nous consideroit Horace & moy, que comme deux Estrangers, qui ne deuions plus tarder à Carthage, & qui ne voudrions pas nous faire vn ennemy, de celuy qui nous deuions proteger. Si bien que par ce moyen, Clelie en estoit moins importunée, & nous en estions plus heureux; car encore que Maharbal ait de l'esprit, c'est vn esprit incommode parce que c'est vn homme qui a vne eloquence contraire; qui parle auec vne lenteur insuportable ; qui veut qu'on l'escoute tousiours, comme s'il disoit les plus belles choses du monde ; qui croit estre au dessus de tous les Gens qu'il connoist ; qui se pique de grande Maison ; de grand esprit, & de grand cœur ; & qui est de plus le plus violent homme du monde. Cependant malgré toute sa violence, le Prince de Numidie estoit son Riual; il est vray qu'il l'estoit d'vne maniere si adroite, que personne ne s'en aperceuoit que Clelie seulement ; & il auoit mesme persuadé à Maharbal que la principale raisõ qui le faisoit aller si souuét chez Sulpicie, estoit qu'il estoit charmé de son langage ; & en effet ce Prince s'estoit donné la peine d'aprendre la Langue Romaine, seulement pour pouuoir parler de son amour à Clelie. En effet i'ay sceu ce matin par luy mesme qu'il s'estoit seruy de l'estude qu'il en faisoit, pour parler la premiere fois de sa passion à cette belle Personne ; car comme il venoit de quitter vn homme qui estoit à Clelius, qui la luy aprenoit, il feignit en s'entretenant seul auec elle durant que Sulpicie parloit à d'autrés Dames, d'auoir oublié quelques enseignemens qu'il luy auoit donnez. Si bien qu'il se mit à luy faire diuerses questions ; luy disant qu'il luy seroit bien obligé, si elle vouloit estre sa Maistresse. Comme la Langue que vous voulez aprendre, luy dit-elle, m'est presque aussi estrangere qu'à vous (quoy que ie l'aye aprise au Berceau) puis que ce n'est pas celle que ie parle d'ordinaire, ie vous enseignerois mes erreurs, au lieu de vous corriger des voſtres: c'eſt pourquoy ie ne ſuis nullement propre à eſtre voſtre Maiſtreſſe. Comme ie n'aprens principalement cette Langue, luy dit-il, que parce que ie ſçay que uous l'aimez, & que pour la parler auecque vous, ie dois principalement parler cóme vous parlez, puis que ce n'eſt que de vous ſeule, que ie veux eſtre entendu: c'eſt pourquoy ne me refuſez pas la grace de m'eſclaircir de mes doutes, & de m'aider à m'exprimer lors que ie vous entretiens. Car il eſt certain que quelque riche, & quelque belle que ſoit la Langue de voſtre Patrie, ie la trouue pauure, & ſterile, toutes les fois que ie veux vous dire, ie vous aime: auſſi eſt-ce pluſtoſt parce que ie n'ay point trouué de termes aſſez forts pour vous le bien dire, que par deffaut de hardieſſe que ie ne vous l'ay point encore dit. Mais enfin cruelle Clelie, puis que vous ne me voulez pas enseigner à vous le dire mieux, ie vous le dis auiourd'huy : & ie vous le dis auec la resolution de vous le dire toutes les fois que i'en trouueray l'occasion : & auec la resolution aussi de la chercher tres soigneusement. I'aporteray vn soin si particulier à esuiter de me trouuer aupres de vous, repliqua Clelie, que s'il est vray que vous m'aimiez, vous vous repentirez plus d'vne fois de me l'auoir dit. Il y a si long-temps que ie me repens de ne vous auoir pas descouuert mon amour plus tost, reprit le Prince de Numidie, que i'ay peine à croire que ie me puisse iamais repentir de vous auoir dit que ie vous aime : car enfin vous ne me pouuez faire entendre rien de si fâcheux où ie ne me sois preparé; ie vous demande pourtant la grace,

LIVRE I.

adiousta-t'il, de me dire seulement que vous n'auez pas autant d'auersion pour moy, que pour Maharbal. Ce que vous me venez de dire, repliqua-t'elle, m'a si fort irrité l'esprit, que ie ne sçay presentement s'il y a quelque autre personne au monde que vous qui me déplaise. Ha rigoureuse Clelie, s'escria-t'il, vous portez la cruauté trop loin, de ne vouloir pas seulement me dire, que vous me haïssez vn peu moins qu'vn homme, que ie sçay que vous haïssez beaucoup ! & de vouloir mesme que ie croye, que ie suis seul au monde pour qui vous auez de l'auersion. Voila donc, Madame, quelle fut la declaration d'amour du Prince de Numidie ; & de quelle maniere l'admirable Clelie le traita. Elle luy tint mesme la parole qu'elle luy auoit donnée d'éuiter sa couuersation particuliére ; mais elle eut pourtant la generosité d'aporter quelque soin à faire qu'on ne s'en aperceust pas, de peur qu'on n'en deuinast la cause, & que Maharbal ne mal-traitast ce Prince, : du moins le dit-elle ainsi, à vne Amie qu'il auoit : & elle le luy dit afin de luy faire comprendre que si elle ne le mal-traitoit pas ouuertement, ce n'estoit pas qu'il deust en conceuoir plus d'esperance, puis que ce n'estoit que par vne bonté qui estoit entierement détachée de toutes les pretentions qu'il pouuoit auoir. Cependant Aronce en voyant tous les iours l'admirable Clelie ; & la voyant auec beaucoup de familiarité en deuint esperduëment amoureux : & ce qu'il y eut d'estrange dans son amour, fut qu'il n'ignora pas vn moment, la nature de l'affection qu'il auoit pour elle, comme font pour l'ordinaire ceux qui n'ont iamais eu de passion : & il comprit si

bien

bien que cette amour luy donneroit beaucoup de peine, qu'il fut tres-affligé dés qu'il sentit qu'il en auoit : car encore qu'il fut fort estimé de Clelie, & que Sulpicie & Clelius l'aimassent tendrement, il ne iugeoit pas qu'il pust iamais estre heureux. En effet il sçauoit quelle estoit la passion de Clelius pour Rome ; & il n'ignoroit pas qu'il ne sçauoit point quelle estoit sa naissance, & qu'il sembleroit auoir de la presomption, s'il tournoit les yeux vers Clelie. Mais le mal estoit que son cœur n'estoit plus en sa puissance ; il prit pourtant la resolution de n'oublier rien pour tascher de le desgager, quoy qu'il la prist sans esperance. D'autre part Horace auoit esté si puissamment touché de la beauté de Clelie, que ie suis asseuré qu'il l'aima dés qu'il la vit ; il ne s'imagina pourtant pas d'abord, qu'il en fust amoureux;

& au contraire d'Aronce, il apella estime, & admiration, ce qu'il deuoit apeller amour. Mais ce qu'il y auoit de remarquable, estoit que ces deux Riuaux ne se connoissoient pas pour tels, viuoient auec beaucoup d'amitié ; & le Prince de Numidie auec beaucoup de ciuilité pour eux. Ainsi Clelie auoit trois Amans qui ne se connoissoient pas pour estre Riuaux ; & dont elle n'en connoissoit mesme qu'vn pour auoir de l'amour pour elle. Ie ne mets pas Maherbal en ce rang là : car sa passion estoit si generalement connuë, que personne ne l'ignoroit. Cependant on se diuertit alors assez bien à Carthage : car on maria ces deux Pheniciennes qui auoient esté eschangées auec deux Carthaginoises, le iour que nous y arriuasmes : de sorte que comme elles furent mariées par la Republique, ce fut vne Feste celebre,

& durant huit iours ce ne furent que diuertiſſemens. I'auouë toutesfois qu'il n'y en eut point qu'on deuſt preferer à la conuerſation de Clelie: car, Madame, elle a vn certain eſprit qui fait qu'elle le tourne comme bon luy ſemble : & il luy ſemble touſiours à propos de la rendre tres-agreable. Il me ſouuient d'vn iour entre les autres, qu'Aronce, Horace, & moy, eſtions aupres d'elle, auec deux Dames de la Ville, dont l'vne ſe nomme Sozoniſbe, & l'autre Barcé : car il eſt certain qu'on ne peut pas paſſer vne plus agreable Apreſdinée que celle que nous paſſaſmes chez Sulpicie. Ce qui cauſa cette conuerſation, fut qu'on vint à parler de ces deux pheniciennes, qu'on venoit de marier à deux hommes, dont il y en auoit vn qui eſtoit deuenu fort amoureux de celle qu'il auoit eſpouſée, dés le premier inſtant qu'il l'auoit veuë, &

qui auoit cessé de l'estre aussi-tost apres ses Nopces ; & l'autre ayant espousé celle qui luy estoit destinée sans en estre amoureux, sembloit l'estre deuenu depuis son Mariage. De sorte que comme cét euenement auoit quelque chose de singulier, & d'agreable, on examina d'abord cette bizarre auanture. Pour moy, dit alors Clelie, ie n'ay iamais pû comprendre qu'il fust possible d'aimer ce qu'on n'a pas eu le loisir de connoistre : ie conçois aisément, poursuiuit-elle, qu'vne grande beauté plaist dés le premier instant qu'on la voit : mais ie ne conçoy point du tout qu'on la puisse aimer en vn moment : & ie suis fortement persuadée, qu'on ne peut tout au plus la premiere fois qu'on voit vne Personne, quelque aimable qu'elle puisse estre, sentir autre chose dans son cœur, que quelque disposition à l'aimer. Comme vous n'auez iamais eu d'amour, repliqua Horace, il n'eſt pas fort eſtrange que vous ne ſçachiez point comment cette paſſion s'empare du cœur de ceux qu'elle poſſede : mais il eſt pourtant conſtamment vray, qu'on peut auoir de l'amour dés le premier iour qu'on voit vne Perſonne qu'on eſt capable d'aimer. I'auouë toutesfois que ſi on ne la voyoit que ce iour là, que cette amour ne ſeroit peut-eſtre pas aſſez forte pour donner vne longue inquietude : & quelle pourroit meſme finir auſſi promptement qu'elle auroit commencé. Car enfin, comme vne premiere eſtincelle ne peut faire vn grand embrazement, ſi on ne prend ſoin de ne la laiſſer pas eſteindre ; de meſme l'amour a beſoin qu'on l'entretienne pour l'accroiſtre : mais apres tout, comme cette eſtincelle ne laiſſe pas d'eſtre feu, quoy qu'elle n'ait encore ni grande lumiere, ni grande chaleur ; de mesme vn amour d'vn moment, ne laisse pas d'estre amour, quoy qu'elle ne vienne que de naistre. Il est certain, reprit Aronce, que l'amour peut plustost naistre en vn instant que l'amitié ; qui pour l'ordinaire est tousiours precedée par plusieurs bons offices : mais ie suis pourtant persuadé qu'vne amour qui n'a pas vn commencement si subit, & qui est deuancée par vne grande estime, & mesme par beaucoup d'admiration, est plus forte, & plus solide, que celle qui naist en tumulte, sans sçauoir si la personne qu'on aime, a de la vertu, ny mesme de l'esprit : car i'ay oüy dire qu'il s'est trouué des hommes qui sont deuenus amoureux des femmes, à qui ils n'auoient iamais parlé. Il s'en est mesme trouué, dit alors Sozonisbe, qui ont aimé des femmes sans les voir : & qui ont eu de l'amour pour vne Peinture. Pour ceux là, adiousta Barcé, ie pense qu'on les peut pluſtoſt mettre au rang de ceux qui n'ont point de raiſon, qu'au rang de ceux qui ont de l'amour. En verité, repliqua Clelie en riant, ie penſe que ie trouuerois moins bizarre de voir vn homme fort amoureux d'vne fort belle Peinture, que de l'eſtre d'vne femme ſans beauté, ſans eſprit, & ſans vertu, comme il s'en trouue quelques-vns qui le font. En mon particulier, repris-ie, ie trouue que la belle Clelie a raiſon: & que la plus grande des folies, eſt d'aimer ce qui n'eſt point aimable. Ie ſuis de voſtre ſentiment, repliqua Horace, mais ſoyez auſſi du mien: & aduoüez que toutes les grandes paſſions, ont vn commencement violent : & qu'il n'y a rien qui face plus voir qu'vne amour doit eſtre ardente, & durable, que lors qu'elle naiſt en vn inſtant, sans le secours de la raison. Ie tombe bien d'accord, reprit Aronce auec precipitation, qu'on peut commencer d'auoir de l'amour dés la premiere fois qu'on voit vne aimable Personne: mais ie n'aduoüeray pas que ceux qui ont ce premier sentiment de passion plus violent que les autres, ayment dauantage, ny mesme si long-temps: car cela est plustost vn effet de leur temperamment, que de la grandeur de leur passion. De sorte que comme pour l'ordinaire, ceux qui sont d'vn naturel ardent & prompt, n'aiment pas si constamment que les autres, parce qu'ils se lassent de tout, & que ne pouuant demeurer long-temps en vne mesme assiette, il faut de necessité qu'ils changent d'amour comme d'autre chose, il s'en suit de necessité que ceux qui aiment le plus promptement, ne sont pas les plus constans. Mais enfin, dit-

LIVRE I.

Clelie, il ne s'agit pas de sçauoir s'ils changent, ou s'ils ne changent pas, car ce n'est pas de cela dont i'entends parler : puis que ce que ie souftiens est, qu'on ne peut auoir d'amour dés le premier moment qu'on voit vne femme. Ie vous assure, Madame, reprit Horace, que ie connois vn homme, qui dés le premier iour qu'il vit vne des plus admirables Personnes de la Terre, eut ie ne sçay quoy dans le cœur, qu'il l'occupa tout entier : qui luy donna de la ioye, & de l'inquietude : des desirs, de l'esperance, & de la crainte : & qui le rendit enfin si different de luy mesme, que si ce ne fut de l'amour qu'il eut dans le cœur, ce fut quelque chose qui luy ressembla fort. I'en connois vn autre (repliqua Aronce, sans soupçonner rien de la passion d'Horace pour Clelie) qui a eu assez long-temps de l'estime, & de l'admiration, sans auoir de l'amour pour vne merueilleuse Personne : il est vray que ie suis persuadé que la raison qui l'empeschoit alors d'en auoir, estoit qu'il ne croyoit pas qu'il luy fust permis d'aimer ce qu'il adoroit. Mais en commençant d'aimer, repliqua Clelie, a-t'il cessé d'adorer? car si cela est, ie trouue que celle qu'il adoroit, deuroit souhaitter qu'il ne l'aimast pas. Ces deux sentimens ne sont pas incompatibles, Madame, reprit Aronce ; & quoy que l'on puisse adorer des choses qu'on n'aime pas, parce qu'elles passent nostre connoissance, on ne laisse pas d'en aimer qu'on adore. Pour moy, reprit Barcé entre ces deux sentimens, i'aimerois mieux celuy qui conuient à vne Maistresse, que celuy qui n'appartient qu'à vne Deesse : & la tendresse du cœur, est si preferable à l'admiration de l'esprit, que ie ne mets nulle comparaison entre ces deux choses. En effet, adiousta Sozonisbe, la tendresse est vne qualité si necessaire à toutes sortes d'affections, qu'elles ne peuuent estre agreables, ny parfaites si elle ne s'y rencontre. Ie comprends bien, repliqua Clelie, qu'on peut dire vne amitié tendre; & qu'il y a mesme vne notable difference entre vne amitié ordinaire, & vne tendre amitié; mais Sozonisbe, ie n'ay iamais entendu dire vne tendre amour : & ie me suis tousiours figuré, que ce terme affectueux, & significatif, estoit consacré à la parfaite amitié : & que c'estoit seulement en parlant d'elle, qu'on pouuoit employer à propos le mot de tendre. Tant de Gens s'en seruent auiourd'huy, repliquay-ie, qu'on ne sçaura bien tost plus sa veritable signification ; ie voudrois pourtant bien empescher, dit Clelie, que ce mot qui signifie vne chose si douce, si rare, & si agreable, ne fust prophané, cependant comme l'a dit Celere, tout le monde s'en sert auiourd'huy. En mon particulier, repliqua Sozonisbe, ie vous promets de ne m'en seruir iamais si ie ne le dois; pourueu que vous veüilliez bien me faire entendre sa veritable signification. Ie vous promets aussi la mesme chose, adiousta Barcé ; car ie vous auouë ingenûment, qu'encore qu'il ne se passe presques point de iour que ie ne die à quelqu'vne de mes Amies, que ie l'aime tendrement, & à quelqu'vn de mes Amis, que ie veux qu'il m'aime auec tendresse : i'auouë, disie, que peut estre ne m'appartientil pas de m'en seruir. Comme ie suis persuadé, adiousta Aronce, qu'il y a vne espece de tendresse amoureuse, qui met autant de difference entre les amours de ceux qui l'ont, ou qui ne l'ont pas, que la tendresse ordinaire en met à l'amitié ; ie seray infiniment obligé à la belle Clelie, si elle veut nous bien définir la tendresse, & nous bien despeindre à quoy on la peut connoistre, & quel prix elle donne à l'amitié : afin que ie luy face voir en suite, que la tendresse iointe à l'amour, en redouble encore le prix. Comme i'ay naturellement l'ame tendre, reprit Clelie, ie pense qu'il m'appartient en effet plus qu'à vne autre de parler de tendresse : & que Barcé auec tout son esprit, ne le feroit pas si bien que moy. Ie vous ay desia auoüé, repliqua cette belle Personne, que ie ne sçay pas trop bien si ie me sers à propos de ce mot là : & pour vous parler encore auec plus d'ingenuité : ie vous aduoüeray mesme que ie ne sçay pas precisément si i'ay de la tendresse, ou si ie n'en ay point : c'est pourquoy ie vous seray infiniment obligée, si vous me faites voir la veritable difference d'vne amitié ordinaire, à vne tendre amitié. Elle est si considerable, repliqua Clelie, qu'on peut dire hardiment qu'il y en a presques moins entre l'indifference, & l'amitié ordinaire, qu'entre ces deux sortes d'amitiez. Car enfin, celle qui n'a point de tendresse, est vne espece d'amitié tranquille, qui ne donne ny de grandes douceurs, ny de grandes inquietudes, à ceux qui en sont capables. Ils ont presques l'amitié dans le cœur sans la sentir ; ils cherchent leurs Amis, & leur Amies, sans empressement ; ils en sont esloignez sans en estre melancoliques ; ils ne pensent guere à eux s'ils ne les voyent ; ils leur rendent les offices sans grande ioye ; ils en reçoiuent aussi sans grande reconnoissance ; ils negligent tous les petits soins ; les mediocres maux de ceux qu'ils aiment ne les touchent guere ; la generosité & la vanité ont autant de part à tout ce qu'ils font que l'amitié : ils ont mefme vne certaine lethargie de cœur, qui fait qu'ils ne fentent pas la ioye qu'il y a d'eftre aimé de ce qu'on aime : ils ne mettent prefques point de difference entre la conuerfation des autres perfonnes, & celle de ceux à qui ils ont promis amitié : & ils aiment enfin auec tant de tiedeur, qu'à la moindre petite conteftation qu'il y a entre eux & leurs Amis, ils font tout prefts à rompre, & à rompre fans peine. De plus, ils ne font point affez fenfibles ny au mal ny au bien qu'on dit des Gens à qui ils ont promis amitié : car pour l'ordinaire ils s'oppofent foiblement à ceux qui les attaquent, & les loüent eux mefmes fans ardeur, & fans exageration : ainfi l'on peut prefques dire qu'ils aiment comme s'ils n'aimoient pas, tant cette forte d'amitié eft tiede. Auffi pour l'ordinaire leur affection est elle fort interessée; & qui en chercheroit la cause, ne la trouueroit qu'en eux mesmes. En effet on voit tous les iours que ces Amis sans tendresse, abandonnent ceux à qui ils ont promis affection, dés que la Fortune les quitte: il y en a mesme qui ne peuuent souffrir les longues maladies de ceux qu'ils aiment : & qui cessent de les voir auec assiduité, dés qu'ils ne sont plus en estat de les diuertir. Ce que vous dites là m'est arriué vne fois, repliqua Sozonisbe, car i'eus vne maladie languissante qui me fit bien connoistre qu'il n'est guere de tendres Amis. Au commencement que ie tombay malade, poursuiuit cette belle Personne, on eut des soins de moy les plus grands du monde: mais lors que la longueur de mon mal m'eut fait deuenir fort melancolique, & que ie ne demandois plus

que

que des remedes à ceux qui me venoient voir, au lieu de leur demander des nouuelles, ou de leur en dire, ie fus bien tost en vne fort grande solitude ; & ie sceus mesme que ceux que ie croyois estre mes meilleurs Amis en railloient. En effet, comme on demandoit vn iour à vn homme de ma connoissance, s'il y auoit long-temps qu'il ne m'auoit veuë ? il respondit que iusques à ce qu'il fut deuenu assez sçauant en Medecine pour trouuer quelques remedes qui me pussent geurir de ma melancolie, il ne me verroit pas : & la mesme chose ayant esté damandée à vne Dame, qui auoit tousiours parû estre de mes Amies particulieres, elle respondit aussi cruellement, qu'à moins que de sçauoir les vertus de toutes les Herbes, on ne pouuoit plus me faire de visites, qui me fussent agreables : & qu'ainsi il valoit bien mieux me lais-

1. Partie.

ser en repos, que de se venir ennuyer en m'importunant. Il est vray, dit Aronce, que ce que la belle Sozonisbe dit est fort veritable ; & il est vray encore, adiousta Horace, que pour l'ordinaire on se contente de plaindre les malheureux sans les soulager. Iugez donc ie vous en coniure, adiousta Clelie, si l'amitié sans tendresse, est vne fort douce chose: & si ie n'ay pas raison de ne vouloir point d'Amis, ny point d'Amies, qui n'ayent le cœur tendre, de la maniere que ie l'entens ? Car enfin ce n'est que cela seulement qui fait la douceur de l'amitié, & qui la fait constante, & violente tout ensemble. La tendresse a encore cela de particulier: qu'elle luy donne mesme ie ne sçay quel carractere de galanterie qui la rend plus diuertissante ; elle inspire la ciuilité & l'exactitude à ceux qui en sont capables ; & il y a vne si grande différence entre vn tendre Amy, & vn Amy ordinaire, qu'il n'y en a guere dauantage entre vn Amy tendre, & vn Amant. Mais pour bien definir la tendresse, ie pense pouuoir dire, que c'est vne certaine sensibilité de cœur, qui ne se trouue presques iamais souuerainement, qu'en des personnes qui ont l'ame noble, les inclinations vertueuses, & l'esprit bien tourné ; & qui fait que lors qu'elles ont de l'amitié, elles l'ont sincere, & ardente ; & qu'elles sentent si viuement toutes les douleurs, & toutes les ioyes de ceux qu'elles aiment, qu'elles ne sentent pas tant les leurs propres. C'est cette tendresse qui les oblige d'aimer mieux estre auec leurs Amis mal-heureux, que d'estre en vn lieu de diuertissement ; c'est elle qui fait qu'ils excusent leurs fautes, & leurs deffauts ; & qu'ils loüent auec exageration leurs moindres vertus. C'est elle qui fait rendre les grands seruices auec ioye; qui fait qu'on ne neglige pas les petits soins; qui rend les conuersations particulieres plus douces que les generales; qui entretient la confiance; qui fait qu'on s'appaise aisément, quand il arriue quelque petit desordre entre deux Amis; qui vnit toutes leurs volontez; qui fait que la complaisance est vne qualité aussi agreable à ceux qui l'ont, qu'à ceux pour qui on l'a; & qui fait enfin toute la douceur, & toute la perfection de l'amitié. En effet, c'est elle seule qui y met de la ioye; & qui par vn priuilege particulier, fait que sans tenir rien du desreglement de l'amour, elle luy ressemble pourtant en beaucoup de choses. Ceux qui n'ont qu'vne amitié grossiere & commune, ne se donnent pas seulement la peine de garder les plus belles Lettres de leurs Amis;

mais ceux qui ont vne amitié tendre, conseruent auec plaisir iusques à leurs moindres billets ; ils escoutent vne parole obligeante, auec vne ioye qui oblige ceux qui la leur ont dite ; ils sçauent gré des plus petites choses, & content les grandes qu'ils font pour rien ; & par vn charme inexplicable, ceux qui ont vne veritable tendresse dans le cœur, ne s'ennuyent iamais auec ceux pour qui ils ont de l'amitié, quand mesme ils seroient malades, & melancoliques ; iugez donc quelle difference il y a entre des Amis sans tendresse, & de tendres Amis. Ha ! Madame, s'escria Aronce, si ie pouuois aussi bien deffinir la tendresse de l'amour, que vous sçauez bien despeindre celle de l'amitié, ie ferois asseurément aduoüer à toute la Compagnie, qu'il est des Amans sans tendresse, aussi bien que des Amis. Il est vray, adiousta Horace, que la belle Clelie a admirablement representé cette precieuse & delicate partie de l'amitié, que si peu de Gens connoissent. En mon particulier, dit alors Barcé en riant, i'aduoüe que de ma vie ie ne me suis seruie à propos du mot de tendresse ; s'il est vray qu'il faille auoir positiuement dans le cœur, tout ce que Clelie vient de dire, pour auoir droit de dire qu'on aime tendrement. Il n'en est pas de mesme de moy, adiousta Sozonisbe, car il me semble que i'ay le cœur fait de la maniere dont il le faut auoir, pour oser se vanter d'auoir de la tendresse. Pour moy, reptis-ie, qui ay eu plus d'amour que d'amitié en ma vie, il m'importe plus de sçauoir quelle est cette tendresse amoureuse, qui met de la difference entre les Amans, que celle qui en met entre les Amis ; c'est pourquoy ie voudrois bien que la belle Clelie voulust permettre à Aronce, de dire ce qu'il en pense. Quoy que i'aye encore beaucoup moins d'interest à cette espece de tendresse, repliqua-t'elle, que vous n'en auez à celle dont ie viens de parler: ie consens volontiers qu'Aronce vous aprenne à vous connoistre vous mesme, s'il est vray que vous ne vous connoissiez pas assez bien. Puis que vous me le permettez, Madame, dit alors Aronce, ie diray hardiment, que la tendresse est vne qualité encore plus necessaire à l'amour, qu'à l'amitié. Car il est certain que cette affection qui naist presques tousiours auec l'aide de la raison ; & qui se laisse conduire & gouuerner par elle ; pourroit quelquesfois faire agir ceux dans le cœur de qui elle est, comme s'ils auoient de la tendresse, quoy que naturellement ils n'en eussent pas; mais pour l'amour, Madame, qui est presques tousiours incomparable auec la raison, & qui du moins ne luy peut iamais estre assuiettie ; elle a absolument besoin de tendresse pour l'empescher d'estre brutale, grossiere, & inconsiderée. En effet, vne amour sans tendresse, n'a que des desirs impetueux, qui n'ont ny bornes, ny retenuë : & l'Amant qui porte vne semblable passion dans l'ame, ne considere que sa propre satisfaction, sans considerer la gloire de la Personne aimée ; car vn des Principaux effets de la veritable tendresse, c'est qu'elle fait qu'on pense beaucoup plus à l'interest de ce qu'on aime, qu'au sien propre. Aussi vn Amant qui n'en a point, veut tout ce qui luy peut plaire sans reserue ; & il le veut mesme d'vne maniere si brusque, & si inciuile, qu'il demande les plus grandes graces, comme si on les luy deuoit comme vn Tribut. En effet ces Amans fiers qui sont ennemis de la tendreffre, & qui en medifent, fon t ordinairement infolens, inciuils, pleins de vanité, aifez à fafcher, difficiles à apaifer, indifcrets quand on les fauorife, & infuportables quand on les mal-traite. Ils croyent mefme que la plus grande marque d'amour qu'on puiffe donner, foit feulement de fouhaiter d'eftre tout à fait heureux, car fans cela, ils ne connoiffent ny faueurs, ny graces ; ils content pour rien de fauorables regards ; de douces paroles, & toutes ces petites chofes qui donnent de fi grands & de fi fenfibles plaifirs, à ceux qui ont l'ame tendre. Ce font, dis-ie, de ces Amans qui ne lifes qu'vne fois les Lettres de leur Maiftreffe, de qui le cœur n'a nulle agitation quand ils la rencontrent ; qui ne fçauent ny refuer, ny foupirer agreablement ; qui ne connoiffent point vne certaine melancolie douce qui naift de la tendreffe d'vn cœur amoureux ; & qui l'occupe quelquefois plus doucement, que la ioye ne le pourroit faire. Ce font, dis-ie encore vne fois, de ces Amans, de grand bruit qui ne font confifter toutes les preuues de leur amour, qu'en defpenfes exceffiues ; & qui ne fentent rien de toutes les delicateffes que cette paffion infpire. Leur ialoufie mefme eft plus brutale, que celle des Amans qui ont le cœur tendre ; car ils paffent bien fouuent de la haine qu'ils ont pour leurs Riuaux, à haïr mefme leur Maiftreffe. Où au contraire les Amans dont l'amour eft meflée de tendreffe, peuuent quelquefois refpecter fi fort leurs Maiftreffes, qu'ils s'empefchent de nuire à leurs Riuaux en certaines occafions, parce qu'ils ne le pourroient faire fans les irriter Pour moy, dit Horace, ie ne sçay point discerner la tendresse d'auec l'amour, dans vn cœur amoureux ; car cette passion quand elle est violente, occupe si fort ceux dont elle s'empare, que toutes les qualitez de leur ame deuiennent ce qu'elle est, ou prennent du moins quelque impression amoureuse. Il est vray que l'amour occupe entierement le cœur d'vn Amant, reprit Aronce, mais il est vray aussi que si vn Amant a le cœur naturellement tendre, il aimera plus tendrement que celuy qui sera d'vn temperamment plus fier, & plus rude. Ainsi ie souftiens, que pour bien aimer, il faut qu'vn Amant ait de la tendresse naturelle, deuant que d'auoir de l'amour ; & cette precieuse & rare qualité qui est si necessaire à bien aimer, a mesme cét aduantage qu'elle ne s'acquiert point, & que c'est veritablement vn present des Dieux, dont ils ne sont iamais prodigues. On peut en quelque façon aquerir plus d'esprit qu'on n'en a ; on peut presques se corriger de tous les vices, & aquerir toutes les vertus ; mais on ne peut iamais aquerir de la tendresse. On peut sans doute se desguiser quelquesfois ; mais ce ne peut estre pour long-temps : & ceux qui se connoissent en tendresse, ne s'y sçauroient iamais tromper. En effet, toutes les paroles, tous les regards, tous les soins, & toutes les actions d'vn Amant qui n'a point le cœur tendre, sont entierement differentes de celles d'vn Amant qui a de la tendresse ; car il a quelquesfois du respect sans auoir d'vne espece de soumission douce, qui plaist beaucoup dauantage ; de la ciuilité, sans agréement; de l'obeïssance, sans douceur; & de l'amour mesme, sans vne certaine sensibilité delicate, qui seule fait tous les fuplices, & toutes les felicitez de ceux qui aiment ; & qui est enfin la plus veritable marque d'vne amour parfaite. Ie pose mesme pour fondement, qu'vn Amant tendre ne sçauroit estre, ny infidelle, ny fourbe, ny vain, ny insolent, ny indiscret ; & que pour n'estre point trompé, ny en amour, ny en amitié, il faut autant examiner si vn Amant ou vn Amy, ont de la tendresse, que s'ils ont de l'amour ou de l'amitié. Comme Aronce parloit ainsi, le Prince de Numidie entra, & vn moment apres Maharbal: si bien que la conuersation ayant changé d'objet, toute la Compagnie s'en alla peu de temps apres, à la reserue de ce violent Amant de Clelie. Au sortir de là ie fus auec Aronce chez le Prince de Carthage : mais quoy que l'incomparable Amilcar eust ce soir là tout l'eniouëment de sa belle humeur, & que tous ceux qui se trouuerent aupres du Prince de Carthage, aduoüassent qu'ils ne luy auoient iamais entendu dire de plus agreables choses. Aronce parut pourtant estre assez melancolique ; & sa resverie fut si generalement remarquée, qu'Amilcar me demanda si ie n'en sçauois point la cause. De sorte que l'ayant obserué plus soigneusement, ie pris garde qu'en effet Aronce n'estoit pas où il estoit ; & qu'il auoit quelque chose dans l'ame qui l'occupoit extrémement. Si bien que dés que nous fusmes retirez (car nous logions alors ensemble) ie me mis à le presser de me dire la cause de sa resverie. D'abord il voulut me desguiser la verité ; mais à la fin lors que ie ne songeois plus à luy rien demander, parce que ie croyois qu'il ne me vouloit rien dire ; il s'arresta vis à vis de moy, apres s'estre promené quelque temps ; & prenant la parole, vous n'estes guere opiniastre, me dit il, à demander ce que vous voulez sçauoir; & vous n'auez assurément guere d'enuie de me consoler de la melancolie que i'ay, puis que vous ne me pressez pas dauantage de vous en aprendre la cause. Ha! Aronce (m'escriay-ie en le regardant fixement) ie n'ay que faire de vous la demander; puis qu'il faut infailliblement que vous soyez amoureux, pour penser vne aussi bizarre chose que celle que vous venez de me dire. Car enfin ie vous ay prié auec tendresse, de me dire ce qui cause vostre chagrin; & vous me l'auez refusé comme vn homme qui ne me le vouloit iamais accorder. Cependant vn moment apres, vous vous fâchez de ce que ie ne vous demande plus ce que vous venez de me refuser; & ie vous trouue mesme tout disposé à me prier d'entendre ce que vous ne

vouliez iamais dire il n'y a qu'vn inſtant. C'eſt pourquoy ie conclus aueque raiſon, ce-me ſemble, que vous eſtes amoureux ; puis qu'il eſt vray qu'il n'y a que l'amour ſeulement qui puiſſe faire faire vne auſſi bizarre choſe que celle-là. Il eſt vray Celere, me dit-il, ie ſuis amoureux ; & quoy que vous me diſiez preſques des iniures, il faut pourtant que vous ſoyez l'vnique Confident de ma paſſion ; & que ie vous die ce que ne ſçaura peut-eſtre iamais l'admirable Perſonne que i'adore, quoy que ie la voye tous les iours. Vous aimez donc Clelie, luy dis-ie, car il me ſemble que ce n'eſt qu'elle ſeule que vous voyez auec aſſiduité. Ouy, Celere, i'aime Clelie, repliqua-t'il, & ie l'aime ſi ardemment, & ſi tendrement, que ſelon toutes les apparences, ie vay deuenir le plus malheureux homme de la Terre. Il me ſemble pourtant,
luy

CLELIE, 225

luy dis-ie, que si i'estois en vostre place, ie m'estimerois fort heureux: car enfin, comme vous auez esté esleué dans la Maison de Clelius, vous viuez auec Clelie auec la mesme liberté que si elle estoit vostre Sœur: & son Pere & sa Mere vous regardent en effet comme si vous estiez son Frere. Il est vray Celere, reprit-il, mais ils ne me regardent pas comme son Amant: & ie suis fortement persuadé que s'ils me regardoient comme tel, ils me haïroient autant qu'ils m'aiment: & qu'ils penseroient auoir droit de m'accuser d'vne ingratitude effroyable, & d'vne presomption terrible. En effet, ie dois la vie au genereux Clelius, & ie ne sçay à qui ie dois ma naissance: il m'a trouué dans les Flots: il m'a sauué d'vn peril espouuantable : il m'a esleué auec vn soin extréme : ie luy dois tout ce que i'ay de vertu : & ie serois sans doute

I. Partie. P

le plus lafche de tous les hommes, fi ie faifois volontairement vne chofe qui luy doit déplaire. Cependant quoy que ie fois affuré qu'il ne trouueroit nulle-mét bon qu'vn inconnu ofaft tourner les yeux vers fon admirable Fille, ie ne fçaurois m'en empefcher: & ie fens bien que ie ne pourray iamais ceffer de l'aimer. Ainfi me voyant deftiné à aimer fans efperance, ie n'ay qu'à me preparer à des fuplices inimaginables : car ie ne fçache rien de plus cruel, que de ne pouuoir auoir de l'amour fans auoir de l'ingratitude. Vous auez l'ame fi grande, & le cœur fi bien fait, repris-ie, que ie ne tiens pas poffible que Clelius, mette en doute que voftre naiffance ne foit tres-illuftre. Quand il en feroit affuré, repliqua t'il, ie ne ferois pas en droit d'efperer de poffeder Clelie, quand mefme il feroit poffible que cette merueilleufe Fille ne me haïst point ; car puis que Clelius la refuse à Maharbal qui est d'vne naissance tres-haute, qui est tres-riche, & qui a la premiere authorité dans vne des premieres Villes du Monde, il la refuseroit bien à vn malheureux, qu'il regarderoit tousiours comme vn ingrat ; & qui seroit peut-estre mesme regardé de Clelie comme vn homme qui chercheroit autant à s'enrichir en l'espousant, qu'à se rendre heureux par la seule possession de sa personne. Ainsi, mon cher Celere, ie n'ay rien à esperer ; car si Clelius demeure dans les sentimens où il m'a dit qu'il est, il ne donnera iamais sa Fille qu'à vn Romain ; & s'il en change il la donnera apparemment à Maharbal. Mais à vous dire la verité, ie ne crains pas trop cette derniere disgrace ; ie n'en suis pourtant pas moins à pleindre, adiousta-t'il, car estant asseuré que ie ne suis point de Rome, quand ie ferois aſſez heureux pour apprendre que ie ferois d'vne naiſſance proportionnée aux ſentimens que i'ay dans le cœur, Clelius me refuſeroit Clelie, comme il la refuſe à mon Riual. Mais helas ! ie ſuis meſme bien eſloigné de cét eſtat là ! & puis que ie ne ſçay qui ie ſuis, & que ſelon toutes les apparences ie ne le ſçauray iamais. Cependant i'aime Clelie, ie l'aime ſans eſperance, & ie l'aime meſme auec la reſolution de ne luy dire point, & de ne murmurer pas ſi elle s'irrite d'eſtre aimée de moy, en cas qu'elle deuine la paſſion que i'ay pour elle ; iugez donc apres cela mon chere Amy, ſi ie n'ay pas ſuiet d'eſtre melancolique. Pour moy, luy dis ie, ie ſuis perſuadé que la trop grande prudence eſt bien ſouuent inutile en l'amour ; ſans conſiderer tout ce que vous conſiderez ; ie ferois diuerſes choſes ; car ie combatrois ma paſſion autant que ie le pourrois ; & ſi ie ne la pouuois vaincre, ie chercherois à me perſuader tout ce qui la pourroit flatter; & ie n'oublirois rien de tout ce qui me pourroit tromper agreablement. Pour la premiere choſe, repliqua Aronce, ie ſuis reſolu de la faire, quoy que ie ſois perſuadé que ie la feray inutilement ; mais enfin ie dois cela à la generoſité de Clelius ; & il faut s'il a vn iour quelque choſe à me reprocher, que ie n'aye du moins rien à me reprocher à moy meſme. Mais pour la derniere, ie ne ſeray iamais en pouuoir de ſuiure voſtre conſeil ; car bien loin de chercher à me tromper agreablement, ie cherche malgré que i'en aye, à me rendre plus malheureux. En effet il y a des inſtans où ie croy que Clelius ne ſçaura iamais ma naiſſance, non plus que moy ; & il y en a d'autres où ie croy que l'aprendray, & qu'il aprendra, que ie suis Fils de quelque Ennemy de Rome, ou de quelque Amy de Tarquin. Ie pleins estrangement mes Amis des malheurs qui leur arriuent, luy repliquay ie, mais ie ne les sçaurois pleindre de ceux qu'ils se font ; c'est pourquoy ne vous attendez pas d'auoir nulle part à ma passion, lors que vous ne souffrirez que les maux que vous vous ferez à vous mesme. Apres cela comme il estoit déja tard nous nous couchasmes ; mais ie mentirois si ie disois que nous dormismes paisiblement ; car il est vray qu'Aronce ne dormit point du tout, & qu'il me resueilla diuerses fois pour me parler de sa passion. Mais enfin, Madame, comme il a vne generosité merueilleuse, il se mit effectiuement dans la fantaisie, de s'opposer de toute sa force à l'amour qu'il auoit dans l'ame, & il n'oublia rien pour cela ;

car il alloit le moins qu'il pouuoit aux lieux où estoit Clelie ; il cherchoit Clelius en son particulier, sans chercher son admirable Fille ; & il s'attachoit si fort aupres du Prince de Carthage, & auec Amilcar, qu'il n'y auoit personne qui ne creust qu'il auoit plus d'ambition que d'amour. Horace mesme, tout son Amy & tout son Riual qu'il estoit, ne s'aperceut point de l'amour qu'il auoit pour Clelie ; le Prince de Numidie aussi n'en eut aucun soupçon ; & Clelie mesme ne se l'imagina pas. Cependant comme elle vouloit esuiter soigneusement de donner les occasions au Prince de Numidie de luy parler de son amour, elle auoit donné vn ordre si general de ne la laisser iamais seule, que quand Aronce eut esté assez hardy pour luy vouloir dire qu'il l'aimoit, il n'eust pû en trouuer l'occasion. De sorte que comme rien n'augmente dauan-

CLELIE,

tage vne amour naiſſante, que la difficulté de la dire, Horace de ſon côté deuint bientôt auſſi amoureux qu'Aronce. Mais comme il aime naturellement à faire ſecret de toutes choſes, il ne dit rien de ſa paſſion, ny à Aronce, ny à moy ; ainſi ces deux Amis eſtoient Riuaux ſans auoir ſuiet de ſe pleindre l'vn de l'autre, parce qu'ils ignoroient eſgallement leur amour. Pour le Prince de Numidie, comme il regardoit Aronce comme s'il euſt eſté Frere de Clelie, il luy donnoit mille marques d'amitié, ſans luy deſcouurir ſa paſſion ; afin qu'eſtant ſon Amy, il luy fuſt fauorable quand l'occaſion s'en preſenteroit. Pour Maharbal, moins il voyoit de coreſpondance à ſon amour, dans le cœur de Clélie, plus ſa paſſion augmentoit; & plus Clelius luy aportoit de raiſons pour luy prouuer qu'il ne deuoit point ſonger à marier ſa Fille à

Carthage, puis qu'il auoit intention d'aller à Rome dés qu'il pourroit y retourner, plus il s'opiniaſtroit à vouloir faire reüſſir ſon deſſein. De ſorte que Clelius & Sulpicie eſtoient extrémement affligez de ſe voir ſous le pouuoir d'vn homme amoureux; & d'vn homme à qui ils vouloient refuſer tout ce qui pouuoit ſatisfaire ſa paſſion. D'autre part quoy que Sulpicie teſmoignaſt auoir beaucoup d'amitié pour Horace, parce que Clelius le vouloit ainſi, il eſtoit pourtant vray que dans le fonds de ſon cœur elle auoit quelque ſecrette diſpoſition à ne pas rendre iuſtice à ſon merite ; parce qu'il eſtoit Fils d'vne Perſonne dont Clelius auoit eſté fort amoureux, & qu'il auoit penſé autrefois eſpouſer. Si bien que Sulpicie conſeruant encore quelques reſtes de ialouſie, qui luy perſuadoient que ſon Mary n'aimoit Horace que parce qu'il auoit encore quelque agreable souuenir de l'amour qu'il auoit euë pour sa Mere, elle auoit sans doute beaucoup moins de disposition à l'aimer que Clelius ; & elle aimoit bien plus tendrement Aronce qu'Horace. Pour Clelie elle les estimoit tous deux : mais comme elle estoit æquitable, elle voyoit bien que s'il y auoit quelque esgalité entre ces deux hommes, pour ce qui regardoit les qualitez essentiellement necessaires aux honnestes Gens, il n'y en auoit pas autant pour l'agréement de l'humeur, ny pour celuy de la personne : estant certain qu'Aronce est beaucoup au dessus de son Riual, quoy que son Riual soit presques au dessus de tous les autres hommes. Ainsi Clelie penchoit par choix du costé d'Aronce ; Ioint qu'ayant vescu auecque luy dans son Enfance, comme s'il eust esté son Frere, il y auoit entre elle & luy vne familiarité plus grande qu'entre Horace & elle, quoy qu'il fust Romain : & quoy que Clelius luy commandast de viure aueque luy comme si elle eust esté sa Sœur. Les choses estant donc en ces termes, il y eut quelques Factions à Carthage qu'il n'est pas necessaire que ie m'amuse à vous demesler, où l'illustre Prince qui suiuoit Amilcar eut quelque part : si bien que l'interest de ses affaires l'obligeant de se retirer à Vtique qui est à luy, il s'y retira suiuy de toutes ses Creatures. De sorte qu'Aronce trouuant cette occasion de s'esloigner de Clelie, pour tascher de voir si l'absence le pourroit guerir, le suiuit, & ie le suiuis aussi bien que luy. Pour Clelius il consentit volontiers qu'Aronce à qui la Fortune sembloit n'auoir laissé aucun establissement, en cherchast vn auprés d'vn grand Prince;

ainsi Aronce partit de Carthage auec son consentement, sans qu'il s'imaginast qu'il ne s'esloignoit de luy, que pour tascher de n'auoir plus d'amour pour son admirable Fille. Mais ce qu'il y eut de remarquable, fut que le Prince de Numidie, & Horace, qui ne sçauoient pas qu'Aronce fust leur Riual, firent tout ce qu'ils purent pour l'empescher de suiure le Prince de Carthage ; car comme ils sçauoient tous deux qu'il estoit fort leur amy, & qu'ils remarquoient qu'il estoit tres-bien aupres de Clelie, ils s'imaginoient qu'ils perdoient beaucoup en le perdant; & que quand le temps seroit venu, où ils pourroient descouurir la passion qu'ils auoient dans l'ame, ils en receuroient de grands offices. Mais enfin sans que le Prince de Numidie, & Horace, dissent la veritable raison qui les obligeoit à conseiller à Aronce de ne s'attacher pas au Prince de Carthage, & sans qu'Aronce leur dist aussi celle qui faisoit qu'il ne suiuoit pas leurs conseils, nous partismes, cōme ie l'ay déja dit; & nous partismes mesme sans qu'Aronce eust entretenu Clelie en particulier; car il luy dit adieu en presence de Sulpicie, d'Horace & de moy, qui sçauois seul le secret de son cœur. Aussi fus-ie le seul qui remarquay la peine qu'il eut à sortir de chez Clelius; car nous y rentrasmes trois fois sur des pretextes si legers, qu'à la derniere il fut contraint de dire qu'il auoit oublié ce qui l'auoit obligé d'y rentrer, tant il trouua peu de vray-semblance au pretexte qu'il auoit inuenté pour reuoir Clelie encore vn moment. Mais enfin, Madame, nous allasmes à Vtique, où Aronce se trouua bien plus amoureux, & bien plus miserable qu'à Carthage; où il arriua bien des choses depuis vostre départ. Car vous sçaurez Madame, que Maharbal, qui auoit vne passion dans l'ame la plus violente du monde, ne soupçonnant point du tout que le Prince de Numidie qui estoit en Ostage entre ses mains, eust nul dessein pour Clelie, se mit à ne faire plus autre chose que luy parler de l'amour qu'il auoit pour elle, de l'iniustice de Clelius, & de la cruauté de sa Fille : le coniurant de vouloir leur conseiller à tous deux de changer de sentimens : car enfin, disoit-il au Prince Aderbal, n'est-ce pas vne terrible chose, d'entendre dire à Clelius qu'il ne veut point marier sa Fille qu'il ne soit retourné à Rome? luy qui en est exilé depuis vn si long temps : luy qui est ennemy mortel de Tarquin, qui regne auec vne authorité si absoluë, qu'il n'est pas croyable, que nulle puissance puisse le faire tomber du Throsne où sa cruauté l'a si bien affermy. Cependant Clelius pretend ne marier sa Fille, que quand il retournera à Rome ; ou du moins de ne luy faire espouser qu'vn Romain. Si bien que par ce moyen, il faut de necessité qu'il veüille donner la plus belle & la plus parfaite Personne de la Terre, à vn criminel banni : ou tout au plus à vn malheureux exilé. Iugez donc si i'ay suiet de me pleindre de Clelius ; & si ie n'ay pas lieu de croire, qu'il faut que luy, ou Clelie, ayant vne auersion secrette pour moy qu'ils n'osent me tesmoigner, parce qu'ils sont sous ma puissance. Mais pour empescher qu'ils ne l'esprouuent telle qu'elle est, poursuiuit-il, ie vous coniure quand vous en trouuerez l'occasion, de tascher de leur faire prendre de meilleurs sentimens ; de peur de me forcer à en prendre à mon tour, qui ne leur seroient pas agreables. Le Prince de Numidie entendant parler Maharbal de cette sorte en fut si surpris, & si esmeu, que l'agitation de son cœur paroissant malgré luy dans ses yeux, elle fut remarquée par Maharbal. Il tascha pourtant de se remettre; mais il acheua de se descouurir par ses paroles; car comme il ne pouuoit dire à Maharbal, que Clelius eust tout à fait tort, & qu'il n'osoit aussi luy dire qu'il eust raison, il prit vn milieu qui persuada à celuy à qui il parloit, qu'il estoit son Riual. En effet il se mit à exagerer l'amour que les Romains auoient pour leur Patrie; l'iniustice qu'ils auoient de mettre vne fort grande difference entre des Estrangers & eux ; & à vouloir luy persuader en suite, que comme Clelius auoit cherché vn Asile dans la Ville où il auoit la plus grande authorité, il estoit obligé de ne s'en seruir pas à le violenter en vne chose qui deuoit estre tout à fait libre; adioustant

LIVRE I. 241

adioustant encore beaucoup d'autres raisons qui ne seruirent qu'à faire voir à Maharbal que ce Prince estoit amoureux de Clelie, & qu'il auoit choisi vn mauuais Confident. De sorte que cette pensée excitant vn fort grand trouble dans son esprit, il quita le Prince de Numidie assez brusquement; & sans differer dauantage, il fut chez Sulpicie: où apres auoir esté quelque temps en conuersation generale, il trouua l'occasion de parler en particulier à Clelie: & il tascha de luy persuader qu'elle deuoit trouuer fort estrange, que Clelius ne pretendist la marier que quand il retourneroit à Rome, ou du moins ne luy faire espouser qu'vn malheureux exilé, lors qu'il pouuoit luy donner le premier rang dans vne des premieres Villes du Monde. Seigneur, luy respondit Clelie, ce n'est pas à moy à examiner

I. Partie. Q

si mon Pere a raison de refuser l'honneur que vous luy faites ; & il suffit que ie sçache que i'aurois tort de ne luy obeïr pas, pour m'obliger à suiure aueuglément toutes ses volontez. Mais afin qu'il ne soit pas chargé de toute vostre haine, ie vous aduoüeray ingenûment, que ie luy obeïrois auec vne douleur extreme, s'il me commandoit d'espouser vn Africain, & de perdre l'esperance de voir Rome ; car il est constamment vray, qu'il y a dans mon cœur vne amour si forte pour la Patrie de mes Peres, que ce seroit me rendre tres-malheureuse, que de m'oster l'esperance d'y mourir. Si ie ne meurs bien-tost à Carthage, repliqua Maharbal, il y a pourtant apparence, que vous ne viurez pas à Rome. Helas! Seigneur, repliqua Clelie, tant qu'elle sera sous la tirannie de Tarquin, ie ne seray pas en pouuoir d'y aller ; mais ie dis seulement que ie serois bien marrie d'en auoir perdu l'esperance ; c'est pourquoy ie vous coniure de ne vous opiniastrer pas à vouloir obliger mon Pere à consentir à ce que vous desirez ; & d'auoir la generosité d'entrer dans ses sentimens, & de croire que si vous estiez Romain, il vous prefereroit à tous les autres Romains. Et puis, adiousta cette sage Fille, il vous refuse vne chose qui vous est si peu auantageuse, que vous deuriez plustost l'en remercier que de vous en pleindre. Car enfin s'il vous accordoit ce que vous semblez desirer, on vous reprocheroit d'auoir preferé la Fille d'vn malheureux exilé, à tant de belles Personnes qui sont à Carthage ; & dont l'Alliance vous peut estre plus vtile, & plus agreable. Non, non, iniuste Clelie, luy dit il, n'entreprenez pas de me persuader qu'il y ait quelque chose qui me pust estre ny plus agreable, ny plus glorieux, que la conqueste de vostre cœur, car vous n'y reüssiriez pas : souffrez seulement que ie vous die, que si vous estes aussi prudente que belle, vous ferez considerer à l'iniuste Clelius, que Tarquin est plus puissant à Rome qu'il ne le fut iamais : que selon toutes les aparences il ne luy permettra pas d'y retourner : qu'il est fort douteux que la Fortune luy enuoye beaucoup de Romains exilez à choisir (car Tarquin en fait plus mourir qu'il n'en exile) & que quand cela seroit, il ne luy seroit pas aisé de faire la Feste de vos Nopces à Carthage, si elle se faisoit pour vn autre que pour Maharbal. Dittes luy encore, ie vous en coniure, qu'il peut estre heureux s'il le veut ; & qu'il peut se rendre tres-miserable s'il me le rend. Ha! Seigneur, repliqua genereusement. Clelie, ie ne sçay point menacer mon Pere ; mais ie sçauray bien luy dire, que si ma vie fait obstacle à la tranquillité de la sienne, ie suis preste d'auoir recours à la mort ; afin que vous ostant la cause de vostre amour, ie vous oste aussi celle de vostre haine pour luy. Comme Clelie disoit cela, le Prince de Numidie entra ; qui voyant Maharbal aupres d'elle, en rougit de despit ; si bien que comme son Riual vit le changement de son visage, il se confirma dans les sentimens qu'il auoit desia ; & pour s'en esclaircir encore mieux, il continua de parler bas à Clelie, durant qu'Aderbal parloit à Sulpicie, & à d'autres Dames qui estoient chez elle. Mais comme il est naturellement violent, il ne pust souffrir ce long entretien particulier, sans en tesmoigner beaucoup de chagrin ; de sorte que Maharbal ne doutant plus du tout qu'il ne fuſt ſon Riual, prit la reſolution de ſe deffier de luy, au lieu de s'y confier comme il en auoit eu le deſſein. Cependant comme les affaires generales de la Republique, ne luy donnoient pas autant de loiſir que ſa paſſion en demandoit, il falut qu'il s'en allaſt, & qu'il laiſſaſt ſon Riual aupres de ſa Maiſtreſſe. Et en effet, quoy que Clelie euſt accouſtumé d'eſuiter ſoigneuſement de parler en particulier au Prince de Numidie, depuis qu'il luy auoit deſcouuert ſon amour, elle ne le fit pas ce iour là auec le meſme ſoin; car elle auoit l'eſprit ſi occupé de ce que Maharbal luy auoit dit, qu'elle ne penſoit à autre choſe. Si bien que ſans qu'elle y priſt garde, le Prince de Numidie ſe mit aupres d'elle; & commença de luy parler comme vn homme qui auoit quelque choſe de particulier à luy dire. Clelie reuenant alors à elle mesme, se tourna vers luy; & le coniura de ne l'obliger point à le fuïr comme elle feroit tousiours, s'il continuoit de luy parler de sa passion. Car enfin, luy dit-elle, Seigneur, si vous vous opiniastrez à le faire, vous me forcerez à prendre la resolution de ne considerer plus que vous estes vn fort Grand Prince, & à ne vous regarder que comme vn homme qui ne m'estime pas, puis qu'il ne se soucie point de me desplaire. Plûst aux Dieux Madame (luy dit alors le Prince de Numidie) que ie ne vous eusse iamais dit que ie vous aime; ce souhait est sans doute vn souhait fort extraordinaire à vn Amant aussi passionné que ie le suis; mais il est pourtant vray, qu'il n'est presentement rien que ie ne fisse, pour pouvoir faire que vous ignorassiez la passion que i'ay dans l'ame, quoy que ie sçache bien qu'elle y sera

Q iiij

jusques à la mort. Mais, Madame, ce qui fait que ie parle comme ie fais, est que i'ay à vous aduertir que si vous ne sortez bien-tost de Carthage, vous vous exposez à estre la plus malheureuse Personne du monde; & que vous offrant vn Asile à la Cour du Roy mon Pere, ie crains que vous ne veüilliez point y aller, parce que ie vous ay descouuert mon amour. Cependant ie vous iure & vous proteste, que quoy que ie sois plus amoureux que Maharbal, ie ne seray iamais aussi iniuste que luy. Clelie entendant parler ce Prince de cette sorte, en fut extrémement surprise; car elle connut bien qu'il sçauoit quelque chose où elle auoit interest : aussi luy parla-t'elle vn peu moins seuerement, afin de l'obliger à luy dire ce qui luy donnoit lieu de luy parler ainsi; & en effet, ce Prince luy raconta sa conuersation auec Ma-

LIVRE I. 149

harbal : continuant en suite à luy offrir vn Asile en Numidie, & à luy protester auec autant de generosité que d'amour, que quand il faudroit faire la Guerre pour la deffendre, il la feroit auec beaucoup de ioye. Clelie le remercia fort ciuilement de l'offre qu'il luy faisoit ; l'assurant toutesfois qu'elle ne croyoit pas que son Pere voulust ny deust l'accepter : adioustant encore qu'elle ne laissoit pas de luy en estre fort obligée. Cependant Aderbal ne se tenant pas refusé, pour ce que luy auoit dit Clelie, parla le lendemain à Clelius ; & luy representant la grandeur de l'amour de Maharbal, celle de son authorité, & la violence de son temperamment, il luy fit aisément comprendre que le seiour de Carthage estoit dangereux pour luy. Mais apres cela il luy offrit ce qu'il auoit desia offert à Clelie ; si bien que Clelius qui ne sçauoit pas que ce Prince fust amou-reux de sa Fille, admira sa generosité, & luy donna mille loüanges. Mais apres tout Seigneur (luy dit-il lors qu'il eut cessé de le loüer) il ne seroit pas iuste d'aller peut-estre recommen-cer la Guerre entre la Numidie, & les Carthaginois, pour vne chose où ma malheureuse Famille a seule interest. Vous estes en Otage par vn Traité de Paix, qui n'est pas encore entierement executé : ainsi Seigneur, ie serois fort iniuste, si ie vous exposois à estre mal-traité par Maharbal ; & si i'exposois le Roy vostre Pere à auoir de nou-ueaux differens auec cette Republi-que ; c'est pourquoy puis que Cartha-ge ne m'est plus vn Asile, il faut que ie tasche d'en sortir, & d'en aller cher-cher vn si loin d'icy, que Maharbal n'ait pas le pouuoir de m'y nuire : aussi bien y a-t'il desia long-temps que i'ay enuie de me raprocher de Rome. Le Prince de Numidie ne se rendit pourtant pas encore, car il representa à Clelius qu'il luy seroit tres-difficile de s'en aller par Mer, & qu'il luy seroit bien plus aisé d'aller par terre en Numidie. Mais quoy qu'il luy peust dire, le genereux Clelius ne creust pas, que veû les termes où en estoient alors les choses entre ces deux Estats, il deust accepter l'offre d'Aderbal : ioint qu'ayant effectiuement enuie de se rapprocher de Rome, il luy fut plus aisé d'estre genereux, & de refuser le Prince de Numidie : qui se trouua alors dans vn estrange embarras, puis qu'il se vit dans la necessité de souhaiter que la Personne qu'il aimoit s'esloignast de Carthage, & s'en esloignast pour tousiours. Il se trouua mesme encore en vne plus grande peine, car comme il obseruoit alors Maharbal de fort prés, il defcouurit qu'il auoit deſſein de faire arreſter Clelius; en le faiſant accuſer d'auoir tramé quelque choſe contre la Republique, & d'auoir des intelligences ſecretes auec le Prince de Carthage, auprés de qui eſtoit alors Aronce, car les choſes s'eſtoient fort broüillées depuis le départ de ce Prince. Ce qui obligeoit Maharbal d'auoir ce deſſein, eſtoit qu'il eſperoit qu'eſtant maiſtre de la vie de Clelius, il le ſeroit bien toſt de Clelie ; qu'il penſoit ne deuoir pas refuſer de l'épouſer, pour donner la vie & la liberté à ſon Pere : de ſorte que le Prince de Numidie croyant luy meſme que le deſſein de Maharbal pourroit reüſſir, & qu'il le verroit bien-toſt poſſeſſeur de Clelie, s'il n'aduertiſſoit promptement Clelius, il ne balança point, & fut trouuer Clelie à l'heure meſme, quoy qu'il creuſt bien que cét aduis aduanceroit son esloignement. Il est vray que dans la force de sa passion, il eut dessein de la suiure sans luy en rien dire. Mais enfin Madame, pour me haster de vous dire tout ce qui se passa alors, vous sçaurez que le Prince de Numidie, apres auoir dit à Clelie les choses du monde les plus touchantes, parla en suite à Clelius : à qui il fit sçauoir si precisément l'iniuste dessein de Maharbal, qu'apres en auoir consulté auec Horace, & auec Sulpicie, il fut resolu qu'ils ne songeroient plus à autre chose qu'à sortir promptement de Carthage. L'occasion s'en presenta mesme assez fauorable : car il y auoit alors vn Vaisseau de Siracuse prest à faire voile : si bien que Clelius traitant secretement auec celuy qui le commendoit, il luy promit de le receuoir auec toute sa Famille dans son Nauire : & de l'y receuoir la nuit qui precederoit son départ. Et en effet sans m'amuser à vous dire des particularitez inutiles, il suffit que vous sçachiez que malgré toutes les preuoyances de Maharbal ; les soins du Prince de Numidie, de Clelius, & d'Horace, firent tant que cette illustre Famille Romaine s'embarqua vn soir sans qu'on s'en aperceust. Si bien que ce Vaisseau de Siracuse sortit du Port à la pointe du iour sans que Maharbal en sceust rien qu'il ne fust nuit ; car comme il croyoit qu'Aderbal estoit amoureux de Clelie, il ne le soupçonnoit pas de pouuoir aider à sa fuite ? de sorte que l'ayant veû tout le iour, ce Prince l'auoit adroitement empesché d'aller chez Clelius, afin qu'il ne sceust son départ que lors qu'il ne pourroit faire suiure Clelie, auec esperance de la pouuoir retrouuer ; car le temps auoit esté si fauorable, qu'il n'y auoit pas d'aparence qu'vn autre

Vaisseau pust ioindre celuy qui portoit cette belle & admirable Fille. Mais quoy que le Prince de Nimidie se contraignist autant qu'il pouuoit, pour ne paroistre pas trop melancolique; il fut pourtant si chagrin, que lors que Maharbal vint à sçauoir le départ de Clelius & de sa Famille, il ne douta point qu'Aderbal ne sceust la chose. Il aprit mesme ce départ d'vne maniere qui l'irrita encore; puis qu'il ne sceut que Clelius estoit partie, que lors qu'il enuoya le soir chez luy pour l'arrester comme vn Criminel. Il se seruit pourtant de la fuite de Clelius, pour authoriser cette violence ; car il fit assembler tous les Suffettes) c'est ainsi qu'on appelle ceux qui ont part au Gouuernement de la Republique) & leur dit qu'il paroissoit assez qu'il estoit Criminel puis qu'il s'enfuyoit. Cependant comme il estoit tres-violent, &

qu'Aderbal dit quelque chose qui luy fit croire qu'il auoit sceu la fuite de Clelie, s'assura de sa personne : publiant qu'il auoit eu part à toute ce que Clelius auoit tramé auec Aronce, & auec Amilcar: Maharbal cherchant alors à se vanger sur son Riual, de l'insensibilité de sa Maistresse. Il creust mesme qu'il pourroit peut-estre retrouuer Clelie, par cette voye ; parce qu'il s'imagina que ce Vaisseau de Siracuse dans quoy elle s'estoit embarquée, n'auroit serui qu'à la faire sortir de Carthage ; & l'auroit remise à terre pour aller apres chercher quelque Asile ou Aderbal iroit la trouuer dés qu'il pourroit se desrober; si bien que dans ce sentimét là, ce Prince fut gardé tres-exactement, & traité mesme auec assez de rigueur. Maharbal ne laissa pas aussi d'euoyer diuers Vaisseaux apres celuy qui luy enleuoit

uoit sa Maistresse, quoy qu'auec peu d'esperance : car outre qu'il ne croyoit pas qu'elle tinst de la route de Siracuse, il y auoit trop long-temps qu'elle estoit partie pour pouuoir raisonnablement esperer de la retrouuer: toutesfois comme c'est le propre de l'amour, de ne negliger rien, Maharbal aima mieux faire cent choses inutiles, que de manquer à en faire vne qui luy pust seruir. Mais durant que cét Amant irrité ne sçauoit sur qui se vanger du malheureux succés de son amour, & qu'il s'en vangeoit sur vn autre Amant qui n'estoit pas mieux traité que luy : pendant, dis-je, que le malheureux Aderbal souffroit vne iniuste prison, & qu'il enduroit des maux incroyables ; Aronce qui ne sçauoit rien de ce qui se passoit à Carthage, connoissoit que l'absence ne le guerissoit pas, & se repentoit de s'estre esloigné de Clelie : car en l'estat où estoient alors les choses, il n'y auoit pas moyen de songer seulement à retourner à Carthage. De sorte qu'Aronce estoit si triste, & si melancolique, qu'on ne pouuoit presques l'estre dauantage : il le fut pourtant encore plus, lors qu'vn Esclaue vint luy apporter vne Lettre que Clelius luy auoit escrite en partant, & qu'il auoit confiée à cét Esclaue qui la luy rendit. D'abord il eut beaucoup de ioye, parce qu'il espera d'auoir des nouuelles de Clelie : mais il eut en suite vn desespoir sans esgal, lors qu'il vit que cette Lettre qu'on luy apportoit contenoit à peu prés ces paroles, si ma memoire ne me trompe.

CLELIVS
A
ARONCE.

DIuerses raisons importantes me font partir de Carthage, & me raprocher de Rome : ie ne sçay encore si ie choisiray Siracuse ou Capouë pour mon Asile ; mais ie sçay bien qu'en quelque lieu du Monde que ie sois, ie seray tousiours tout prest à vous receuoir comme si vous estiez mon Fils, en cas que les changemens de la Coür où vous estes, vous obligent à en partir. Ainsi pourueu que les Dieux m'empeschent de faire vn second naufrage sur la mesme Mer où ils vous mirent entre mes bras, vous pouuez vous assurer que vous aurez vne Maison en tous les lieux où i'en auray vne pour moy mesme. Ie ne vous dis rien de Sulpicie, d'Horace, ny de Clelie, car ils ne sçauent pas que ie vous escris.

Apres qu'Aronce eut leû cette Lettre, il me la donna à lire ; & me dit en suite des choses si touchantes, que i'exciterois encore de sa compassion dans vostre cœur, si ie vous les redisois. Vn moment apres Amilcar estant venu dans sa Chambre, nous aprit la prison du Prince de Numidie, la fureur de Naharbal, & nous confirma la fuite de Clelius, de Sulpicie, d'Horace, & de Clelie. Il nous dit mesme le dessein que Maharbal auoit eu de faire arrester Clelius : & il nous aprit encore qu'ils auoient emporté tout ce qu'ils auoient de plus precieux ; & que la chose auoit esté conduite si adroitement, qu'on n'en auoit rien soupçonné. Mais comme Maharbal s'est seruy du nom du

Prince de Carthage, adiousta-t'il obligemment, pour persecuter Clelius, quoy qu'il y ait grande apparence qu'il agit plus en Amant irrité, qu'en bon Citoyen; ie viens vous asseurer de la part de ce Prince, qu'il veut vous recompenser de toutes les peines que souffre Clelius, & qu'il n'est rien enfin que vous ne deuiez attendre de luy. En mon particulier, poursuiuit-il, ie vous offre tout ce qui est en ma puissance: & ie pense vous pouuoir asseurer, qu'il ne tiendra qu'à vous que vous ne soyez heureux. Amilcar adiousta en suite beaucoup de choses obligeantes, où ie pouuois prendre part: & où Aronce & moy respondismes auec toute la ciuilité, & toute la reconnoissance, que nous deuions auoir pour des offres si genereuses. Mais quoy qu'Aronce se contraignist estrangement, il luy fut impossible d'empescher qu'Amilcar ne vist qu'il auoit vn chagrin extréme. Neantmoins il ne s'en estonna pas d'abord : car comme il sçauoit qu'Aronce aimoit autant Clelius que s'il eust esté son Pere, il s'imagina que c'estoit vne douleur que la seule tendresse qu'il auoit pour luy causoit. Mais comme il vit que de iour en iour il deuenoit plus melancolique, il soupçonna quelque chose de la veritable cause de sa tristesse : & me tirant à part, il me pria de luy dire ingenûment s'il n'estoit pas vray qu'Aronce estoit amoureux de Clelie; de sorte que ne iugeant pas qu'il fust desauantageux à mon Amy d'auoüer cette verité à Amilcar, ie luy dis que ie croyois qu'il ne se trompoit pas : & que ie craignois extrémement que la douleur qu'il auoit de son absence ne le fist mourir. Comme Amilcar aime cherement Aronce, il fit alors tout ce qu'il pût pour le divertir, luy qui est le plus divertissant de tous les hommes; mais le chagrin de cét Amant estoit trop fort pour pouvoir estre surmonté; & ie puis assurer sans mensonge, que depuis qu'il sceut le départ de Clelie, il ne se passa pas vn moment que sa douleur n'augmentast. Ce qui la rendoit plus forte, estoit qu'il connoissoit bien que la raison vouloit qu'il combatist sa passion, & qu'il demeurast auprès du Prince de Carthage; où il trouvoit presques tout ce qu'il eust pû souhaiter en l'estat où estoit alors sa fortune; car ce Prince l'estimoit fort; il pouvoit esperer vn establissement tres-considerable auprès de luy; Amilcar l'aimoit cherement; cette Cour estoit tres galante, & tres-agreable; & veû la disposition des choses, le Prince de Carthage devoit bien-tost faire esclater vn grand dessein dont l'heureux succés deuoit le mettre en pouuoir de combler d'honneur & de biens, tous ceux qui feroient alors attachez à fa fortune. Auſſi Aronce me difoit-il vn iour (en exagerant fon malheur) qu'il eſtoit le plus infortuné de tous les hommes: car enfin mon cher Celere (me dit-il apres m'auoir aduoüé qu'il eſtoit refolu d'abandonner l'Afrique, & d'aller retrouuer Clelie) ie ne croy pas qu'il y ait iamais eu vn homme plus miferable que moy: & qui confiderera bien le pitoyable eſtat où ie me trouue, trouuera fans doute que depuis que l'amour fait des malheureux, il n'y a iamais eu d'Amant qui ait eu ſi peu de raifon d'eſperer d'eſtre aimé, ny de continuer d'aimer. Premierement Clelie ne ſçait point que ie l'aime, pourfuiuit il, & ie ne dois point le luy faire ſçauoir, tant que ie ne ſçauray pas que ie fuis. De plus, Clelius semblant estre résolu de ne vouloir iamais donner sa Fille qu'à vn Romain, s'est estre asseuré que ie n'y dois iamais pretendre, puis que selon toutes les apparences ie ne suis pas nay d'vn Romain : où il faudroit que ce fust de quelque malheureux Romain sans vertu, & sans condition : car s'il y auoit quelque homme de qualité exilé qui eust fait naufrage, & qui eust perdu vn Fils dans la Mer, Horace l'auroit raconté à Clelius : luy qui luy a dit tout ce qui est arriué de funeste à Rome depuis son départ: soit ce qu'il a veû de ses propres yeux, ou ce qu'il a entendu dire à d'autres. Ainsi quoy que ie ne sçache d'où ie suis, il semble pourtant que ie sçay auec certitude, que ie ne suis point de Rome : & que par consequent ie ne puis iamais rien pretendre à Clelie. Vous estes si ingenieux à vous persecuter, luy dis-ie, que si vous l'estiez autant à chercher du soulagement au mal qui vous tourmente, vous en viendriez à bout. Ha Celere, s'escria-t'il, si vous sçauiez la nature du mal dont vous parlez, vous verriez bien qu'il est sans remede! car si ie demeure icy, ie mourray le plus desesperé de tous les hommes ; & si ie vay retrouuer Clelie, comme i'iray infailliblement, ie feray sans doute la choses du monde la moins raisonnable; puis que ie connois bien que ie ne dois iamais luy dire que ie l'aime, si ie ne veux estre ingrat enuers Clelius, à qui ie dois toutes choses. Ainsi ie quiteray vne grande esperance de fortune, & ie feray vn long voyage, pour aller voir vne Personne que i'adore, auec l'intention de ne le luy dire iamais ; & auec vne enuie estrange de le luy dire mille fois le iour si ie le pouuois. Iugez apres cela Celere, si ie suis en vn estat heureux ; cependant ie veux partir, & ie partiray ; car l'amour que i'ay dans l'ame me perſuade qu'il n'eſt point de malheur qui eſgalle l'abſence, lors que l'abſence n'eſt point aſſez forte pour faire mourir l'amour. Ie me trouue pourtant bien embarraſſé, lors que ie penſe que Clelius me demandera ce qui m'a obligé de retourner ſi bruſquement aupres de luy? car luy diray-ie vn menſonge, en luy diſant qu'on m'a exilé, & que ie me ſuis rendu indigne des ſoins qu'il a eu de moy? luy diray-ie que l'amitié que i'ay pour luy, n'a pû ſouffrir que i'en fuſſe ſeparé ? & ne dois-ie point craindre qu'il ne deuine la cauſe de mon retour, qu'il ne m'en haïſſe, & qu'il ne me force à m'eſloigner pour touſiours de la Perſonne que i'aime? Mais apres tout, il en arriuera ce qu'il plaira aux Dieux ; car ie vous declare que ie ne puis faire autrement. Et en effet, Madame, Aronce se confiant en l'amitié d'Amilcar, luy dit ce que ie luy auois aduoüé; & luy fit vne si grande pitié, qu'il luy fit commander par le Prince de Carthage, d'aller retrouuer Clelius. Mais pour pretexter son retour, Amilcar fit que ce Prince chargea Aronce de negocier quelque chose à Siracuse, pour tascher de détacher la Sicile des interests de Carthage; & Amilcar pour acheuer la generosité, luy fit faire des presens si magnifiques, qu'il le mit en estat de se pouuoir passer de l'assistance de Clelius, quand il seroit retourné aupres de luy. De sorte, Madame, que nous ayant fait équiper vn Vaisseau de Guerre, nous partismes d'Vtique, & nous prismes la route de Siracuse; auec intention, si nous n'y trouuions pas Clelius, que nous irions apres aborder proche l'emboucheure du Fleuue Vulturne, pour aller en suite par terre à Capouë, qui n'est qu'à douze mille de la Mer. Ie ne vous diray point, Madame, quelle fut la peine d'Aronce, lors qu'il falut quitter le Prince de Carthage, & se separer d'Amilcal : car ie ne pourrois vous exprimer tout ce que la tendresse de l'amitié, & la violence de l'amour, luy firent sentir en cette rencontre Ce qu'il y a de vray, est que dés qu'il fut asseuré de partir, il commença de craindre d'estre encore plus malheureux quand il seroit aupres de Clelie, qu'il ne l'estoit esloigné d'elle. Il changea pourtant de sentimens, quand nous fusmes embarquez : car comme le vent estoit tres-fauorable, il eut vne ioye que ie ne vous puis exprimer, dans la pensée qu'à chaque moment il s'aprochoit de Clelie. Il est vray que ce vent fauorable ne nous dura pas long-temps : en effet le lendemain au soir, nous vifmes de loin vne legere Nuë s'efleuer de la Mer ; qui fans nous effrayer attacha feulement nos regards. Mais nous fufmes bien eftonnez de voir que le Pilote qui nous conduifoit s'en efpouuenta ; & commença de donner diuers ordres à tous les Mariniers de noftre Vaiffeau, afin qu'ils fe preparaffent à vne grande Tempefte. D'abord nous creufmes qu'il s'abufoit : & nous ne comprifmes pas qu'vne chofe qui n'auoit rien d'effroyable à voir, peuft eftre vn figne affuré de la plus efpouuentable Tempefte qui fut iamais. Cependant à peine auions nous eu loifir de penfer que la peur du Pilote eftoit mal fondée, que nous vifmes qu'infenfiblement la Mer fe couuroit de gros boüillons d'Efcume, qui faifoient le mefme effet fur cette grande & vafte eftenduë de Mer, que font des Troupeaux efpars dans de grandes & vastes Plaines. Vn moment apres nous entendiſmes vn mugiſſement qui ne laiſſoit pas d'auoir quelque choſe de terrible, quoy qu'il ſemblaſt venir de fort loin : mais apres cela nous entendiſmes vn coup de Tonnerre à noſtre gauche ; qui par vn eſclat ſurprenant, nous fut pourtant d'vn heureux preſage : car comme vous le ſçauez Madame, les Etruriens qui ſont les plus ſçauans Peuples du Monde en matiere de diuinations, nous ont apris que lors que la Foudre va de la gauche, à la droite, c'eſt vn heureux preſage : & qu'au contraire quand elle va de la droite, à la gauche, c'eſt vn mauuais ſigne. Cependant quoy qu'Aronce & moy connuſſions que ce ſigne n'eſtoit pas malheureux, nous ne voiyons pas grande apparence de bonheur : car il ſembla que ce coup de Tonnerre euſt eſté vn ſignal pour faire que tous les Vents ſe deſchainaſſent à la fois : que la Mer s'eſmeûſt horriblement : & que toutes les Vagues s'entrechoquaſſent ſi rudement, qu'elles nous fiſſent perir. En effet, Madame, ie ne puis vous dire en quelle extremité nous nous trouuaſmes, lors que la nuit tombant tout d'vn coup nous nous viſmes expoſez à la fureur des Ondes, & des Vents, tant quelle dura. Tantoſt noſtre Vaiſſeau eſtoit porté iuſques aux Nuës ; vn moment après il ſembloit aller eſtre enfoncé dans vn Abiſme ; & vn moment en ſuite la Tempeſte redoublant, le faiſoit tournoyer malgré l'Art du Pilote, & nous mettoit de moment en moment en eſtat de faire naufrage. Auſſi tous les Mariniers auoient-ils abandonné toutes choſes : & le Pilote luy meſme apuyé ſur ſon Timon, inuoquoit Neptune à haute voix, comme n'attendant plus de ſecours que

de

LIVRE I.

de luy seulement. Pour.A ce, i'aduoüe que sa fermeté m'en donna: car apres s'estre remis sous la conduite des Dieux, il eut autant de tranquilité dans l'ame, que s'il n'eust pas esté en peril: & pour vous donner vne marque sensible de sa constance, ie n'ay qu'à vous dire qu'au milieu de cette effroyable Tempeste, il me parla de Clélie: & me dit que s'il mouroit, comme il y auoit beaucoup d'apparence, il mourroit auec la douleur de n'auoir pas fait sçauoir à cette belle Personne, l'amour qu'il auoit pour elle. Mais enfin, Madame, comme la Tempeste auoit commencé au coucher du Soleil, elle commença de s'apaiser à la pointe du iour: & ce bel Astre ramenant le calme auec la lumiere, nous vismes peu à peu les Vagues s'abaisser: mais nous vismes en mesme temps que nous estions si proches d'vn grand Vaisseau, que nous pouuions difcerner que c'eſtoit vn Vaiſſeau de Guerre. Noſtre Pilote, qui ſembloit n'eſtre deſtiné durant ce voyage qu'à nous annoncer de mauuaiſes nouuelles, nous dit que la Tempeſte eſtoit paſſée : mais que nous n'en eſtions pas moins en peril : parce que le Vaiſſeau que nous voiyons eſtoit celuy d'vn cruel Corſaire, qui ne faiſoit autre choſe que troubler le commerce de Sicile à Carthage, par les priſes continuelles qu'il faiſoit. A ces mots, Aronce prenant la parole pourluy, reſpondit comme c'eſt à vous à commander pendant la Tempeſte, luy dit-il, c'eſt à vous à obeïr pendant vn Combat ; c'eſt pourquoy faites que nous abordions ce Vaiſſeau : car comme il a eſté batu de l'Orage auſſi bien que nous, nous combatrons auec auantage eſgal : & nous combatrons peut-eſtre mieux que des Corſaires.

D'abord le Pilote fit difficulté d'obeïr, & voulut du moins raisonner sur la chose ; mais Aronce luy ayant commandé absolument de suiure ses ordres, & de tascher de gagner le Vent, afin d'estre les attaquans, il obeït par crainte, & fit en effet si bien, que nous mismes le Corsaire au dessous du vent. Il est vray que comme il estoit accoustumé de vaincre, & que nostre Vaisseau estoit plus petit que le sien, il ne s'opiniastra pas à nous disputer cét auantage, & cherchant à nous aborder comme nous le cherchions, nous nous ioignismes & nous vismes en vn instant tout le Tillac ennemy rempli de Soldats armez : qui par leur mine seulement, pouuoient inspirer de la terreur à ceux qui les voyoient. Car comme s'estoient des Gens qui depuis longues années, estoient continuellement à la Guerre, & continuellement sur la Mer, ils estoient plus basannez, & plus noirs que des Africains; quoy qu'ils fussent de l'Isle de Cyrne : & ils auoient vne fierté si sauuage, & si fiere sur le visage, qu'il estoit aisé de comprendre qu'ils passoient toute leur vie dans le carnage & dans le sang. En effet, ils auoient tout ensemble la rusticité des Gens de Mer, & la cruauté des Soldats déterminez dans les yeux ; leurs Cheueux estoient longs, noirs pendans, & negligez ; leurs Habits estoient bizarres ; & differens, parce qu'ils estoient tels qu'ils les prenoient à ceux qu'ils vainquoient : mais pour leurs armes, elles estoient magnifiques : & il paroissoit si bien à leur contenance qu'ils estoient accoustumez à combatre, & accoustumez à vaincre ; que ie creûs en effet que nous serions vaincus ; car nous n'auions pas autant de Gens que nous en voiyons dans leur Vaisseau, & ils n'estoient pas sans doute si aguerris. Aronce mesme songea plus alors à mourir auec honneur, qu'à la victoire, lors qu'il vit cette multitude d'Ennemis qui l'attendoient si resolument. Le Capitaine de ces Corsaires, qui se mit à la Teste des autres, lors que nos Vaisseaux se ioignirent, estoit desia assez auancé en âge; il auoit plusieurs blessures au visage, qui le desfiguroient; mais il estoit si magnifiquement armé, & il auoit la mine si fiere, que tout laid qu'il estoit, on ne laissoit pas de connoistre qu'il estoit le Maistre de ceux qui l'enuironnoient. Comme nous en estions donc là, Madame, & que nous estions prests d'en venir aux mains, nous entendismes que ce cruel Corsaire commanda insolemment à vn des siens, qu'on tinst des Chaisnes prestes pour nous enchaisner; adioustant que nous ne luy

S iiij

donnerions pas grand peine à vaincre. Mais dés qu'il eut prononcé ces paroles, Aronce qui s'en sentit outragé, luy lança vn Iauelot qu'il tenoit à la main ; & sautant dans le Vaisseau ennemy, où ie me iettay aussi auec dix ou douze autres, nous commençasmes le plus terrible combat qui se soit peut estre iamais veû. Ie ne vous le particulariseray pourtant pas exactement, parce que i'ay beaucoup d'autres choses à vous dire ; mais il faut toutesfois que vous sçachiez, qu'Aronce y donna des marques d'vne si haute valeur, qu'on peut dire qu'il merita tout seul toute la gloire de cette grande action. D'abord il s'attacha à combattre le Capitaine des Corsaires ; & s'estans saisis à trauers le corps, ils estoient prests de tomber tous deux dans la Mer, lors qu'on entendit vn grand bruit à l'autre bout du Vaisseau : qui suspendant la fureur de ces fiers Ennemis, fit qu'ils se retinrent ; qu'ils se quitterent, & qu'ils tournerent la teste vers le lieu d'où ce bruit venoit. Mais Aronce fut bien estonné, lors qu'il vit Clelius, & Horace, auec des restes de Chaisnes aux bras, qui faisoient ce qu'ils pouuoient pour arracher des armes à des Soldats qui vouloient les r'enchaisner. Cét objet surprenant, faisant croire à Aronce que Clelie estoit Captiue de ce Corsaire, puis que Clelius & Horace l'estoient, redoubla son courage ; mais ce qui l'augmenta encore, fut que ce fier Pirate, contre qui il combattoit, ne vit pas plustost que quelques-vns des siens s'opiniastroient à vouloir r'enchaisner Horace & Clelius, qu'il leur commanda de les tuer, au lieu de s'amuser à les vouloir remettre aux Fers; & en effet, les cruels Ministres d'vn homme si cruel, se mirent en deuoir

S iiij

de luy obeïr, & luy auroient obeï effectiuement, si Aronce apres luy auoir
donné vn coup de reuers sur la teste,
qui l'estourdit, n'eust osté droit à ceux
qui alloient tuer, & Clelius, & Horace, s'il fust arriué vn moment plus
tard. Mais comme on en tua d'abord
vn, & qu'ils en blessa deux autres, il
eut l'aduantage de rendre à Clelius ce
qu'il luy deuoit, en luy sauuant la vie,
& il la sauua mesme à son Riual, en
pensant seulement la sauuer à son
Amy. Cependant ce cruel Corsaire
estant reuenu de son estourdissement,
reuint à la charge suiuy des siens; mais
comme Clelius & Horace auoient pris
les Espées de ceux qu'Aronce auoit
mis hors de combat, ils le seconde-
rent, & ie le soustins aussi, pendant
que le reste des nostres combattoit à
l'autre bout du Vaisseau. Le Corsaire
voyant alors que les choses n'alloient

LIVRE I. 281

pas aussi bien pour luy qu’il l’auoit esperé, commanda pour ramasser toutes ses forces, qu’on iettast tous les Prisonniers, & toutes les Captiues dans la Mer; afin que ceux qui les gardoient vinssent combatre. Si bien qu’Aronce ayant entendu ce terrible commandement, & Clelius luy ayant crié, que ce n’estoit pas assez de luy auoir sauué la vie, s’il ne la sauuoit aussi à Sulpicie, & à Clelie; Aronce fit des choses que ie ne pourrois vous representer, car il tua ou blessa, tous ceux qu’il rencontra; & qui fit que son courage deuint fureur, fut qu’il entendit la voix de Clelie; qui taschoit par ses plaintes, d’attendrir le cœur de ces impitoyables Corsaires, qui vouloient effectiuement la ietter dans la Mer. Si bien que se precipitant alors au milieu de ceux qui estoient à l’entour du Capitaine de ces Pirates, il luy passa son Espée au trauers du corps: & apres l'auoir veû tomber mort, il fut du costé qu'il auoit entendu la voix de Clelie: & il arriua si heureusement aupres d'elle, qu'il empescha d'estre ietté dans la Mer, en donnant la mort à celuy qui vouloit faire cette barbare action. Il est vray qu'Horace le suiuit de bien prés: mais apres tout, ce fut veritablement Aronce qui sauua la vie à cette admirable Fille, & à sa vertueuse Mere. Aussi en eschange, Horace la sauua à Aronce, en tuant vn homme qui alloit le tuer par derriere. Cependant comme la mort du Capitaine des Corsaires auoit abatu le cœur de tous les autres, & que la pluspart des nostres nous auoient enfin suiuis, & auoient combatu fort vaillamment; ces Pirates se virent bientost contraints de rendre les Armes, & de receuoir les Chaisnes qu'ils nous auoient voulu donner.

De sorte que par ce moyen, Aronce sauua la vie à Clelius, à sa Femme, à l'admirable Clelie, à Horace, & à beaucoup d'autres: & il se vit Maistre du plus riche butin, qu'on eust iamais fait en la prise d'vn seul Vaisseau: sans auoir seulement esté blessé, quoy qu'il se fust trouué en vn fort grand peril. Mais ce qui luy fut le plus doux de cette victoire, fut qu'il receut mille loüanges de Clelius, & mille remercimens de Clelie. Cependant apres auoir fait ietter les Morts dans la Mer ; enchaisné tous les Vaincus ; commandé de faire penser les blessez ; & restably l'ordre dans ces deux Vaisseaux ; Aronce fit passer Clelius, Sulpicie, & son admirable Fille, dans le nostre, & me laissa auec quelques Soldats dans celuy que nous auions pris. Pour moy ie voulois qu'Horace y demeurast aussi : mais il agit si adroitement, qu'il suiuit l'object de sa passion, sans que nous soupçonnassions rien de son amour. Mais enfin, Madame, nous sceusmes apres tout à loisir, que ce cruel Corsaire que nous auions rencontré, auoit pris le Vaisseau dans quoy Clelius & sa Famille s'estoient embarquez à Carthage : & que lors que nous l'auions trouué, il auoit resolu de prendre la route de Cumes, pour aller vendre Clelie au Tyran Alexidesme, qui y regne encore : & qui comme vous le sçauez, Madame, est l'homme du monde dont les mœurs sont les plus desreglées. Nous sceusmes aussi que ce Pirate apres auoir fait passer dans son Vaisseau tout ce qui estoit dans celuy de Clelius, en auoit traité auec ceux auec qui il auoit commerce, pour toutes les Prises qu'il faisoit : & ce qu'il y eut d'admirable, fut qu'on retrouua tout ce qui estoit à Clelius, iusques au Berceau dans quoy Aronce auoit esté trouué dans la Mer par cét illustre Romain. Cependant lors que nous consultasmes sur la route que nous deuions tenir, & que pour tenir ce Conseil, nos Vaisseaux se joignirent; ie fis si bien que ie persuaday à cette illustre Troupe de venir chercher vn Asile à Capouë, où ie promis à Clelius, & aux autres, de leur donner pour Amis, tous ceux que i'y auois, & de leur rendre tous les seruices que ie pourrois. Neantmoins comme Aronce dit à Clelius, que son retour estoit causé par quelques ordres que le Prince de Carthage luy auoit donnez, pour aller negocier quelque chose pour luy à Siracuse, il fut resolu que ce seroit là que nous irions aborder; & qu'apres nous ferions le trajet qu'il y a de Sicile à vn Port qui est assez prés de l'endroit où le Fleuue Vulturne se iette dans la Mer : car comme vous le sçauez, Madame, Capouë est à douze mille de ce lieu là. Et en effet la chose s'executa ainsi ; nous fusmes quelques iours à Siracuse, d'où nous renuoyasmes le Vaisseau que le Prince de Carthage nous auoit baillé : Aronce feignant de luy rendre conte de sa negociation, quoy qu'il ne luy escriuist que pour le remercier, non plus qu'à Amilcar. Mais, Madame, ce qu'il y eut de beau à Aronce, fut qu'il ne voulut point s'atribuer ce riche butin qu'il auoit fait : & qu'il voulut se contenter des bien-faits du Prince de Carthage. Clelius de son costé, disoit qu'il n'y auoit aucune part : Horace disoit la mesme chose ; & ie soutenois comme les autres, qu'Aronce seul auoit droit de disposer de cette prodigieuse richesse. De sorte qu'apres vne assez longue contestation, où nous luy declarasmes tous, qu'effectiuement elle luy apartenoit ; puis que cela est, nous dit-il, ie donne tout le droit que i'y ay à...... il vouloit dire à Clelie : mais craignant de descouurir trop son amour, apres auoir resvé vn moment, au lieu de dire à Clelie, il dit à Clelius. Et en effet il falut malgré qu'il en eust, que ce fust luy qui disposast de cette precieuse Prise. Il est vray qu'il en disposa d'vne maniere digne de sa generosité ; car il en donna vne grande partie à Horace, pour pouuoir subsister pendant son exil ; il me contraignit aussi d'accepter ma part de ce butin ; il en donna vne partie à de pauures Romains exilez par Tarquin, qui s'estoient retirez à Siracuse ; & il fit vne Offrande du reste à ce fameux Temple qui est basty sur le sommet de la celebre Montagne d'Erice. Mais enfin, Madame, sans m'arrester à vous dire cent choses peu necessaires, ie vous diray en deux mots, que nous passâmes de Sicile en Campanie; que nous fusmes à Capouë; & que nous y fusmes receus tres-fauorablement : car il se trouua que le premier Magistrat de nostre Ville, que nous apellons Mediadustique, estoit mon Oncle. De sorte que par son moyen, ie fus assez heureux pour trouuer l'occasion de rendre quelques seruices aux Personnes du monde que ie souhaitois le plus de seruir : si bien qu'en peu de iours, Clelius, Aronce, & Horace, ne furent plus traitez en Estrangers dans nostre Ville. Sulpice, & son admirable Fille, trouuerent aussi parmy nos Dames tant de douceur, & tant de ciuilité, que la premiere fut contrainte de relascher quelque chose de la seuerité Romaine, & de souffrir que Clelie s'accómodast aux coustumes du lieu où elle estoit, & à l'honneste liberté de nostre forme de vie. Il est vray, Madame, qu'il n'est pas trop difficile de s'y accoustumer : car il est certain que ce n'est pas sans raison, qu'on apelle nostre Ville la delicieuse Capoüe. En effet on diroit que comme la Nature a mis en nostre Païs tout ce qui peut rendre la vie agreable, elle a aussi voulu inspirer à ceux qui l'habitent, des inclinations qui les portent au plaisir, & à la ioye, afin de leur faire iouïr de tous les biens qu'elle leur a faits: car on diroit qu'on n'a rien à faire en ce lieu là qu'à se diuertir, & que le soin qu'on a d'entretenir la tranquilité publique, n'a point d'autre motif que celuy d'empescher que les plaisirs publics & particuliers ne soient troublez: ainsi tout le monde pensant à se diuertir, on peut dire que tout le monde se diuertit. Les Dames y sont belles, galantes, & magnifiques; les hommes y sont ingenieux en plaisirs, &

en Festes, & extrémement liberaux; & l'on y meine enfin vne vie si douce, si tranquile, & si agreable, qu'il n'est point de Gens si ennemis de la societé, qui n'ayent peine à en partir: & point d'Estrangers qui ne s'y accoustument facilement. Mais quelque agreable que soit nostre Ville, & quoy que cette belle Troupe y receust toutes sortes de ciuilitez, il n'y eut que Clelie qui y trouua quelque douceur, & quelque plaisir: car Clelius aprenant que l'authorité de Tarquin estoit tousiours plus grande, & que la haine qu'on auoit pour luy, n'empeschoit pas qu'il ne regnast paisiblement, en eut vne douleur tres-sensible. Sulpicie qui auoit le mesme zele pour sa Patrie, eut aussi la mesme affliction: & Horace ioignant ensemble les sentimens d'vn Romain exilé, auec ceux d'vn Amant qui n'ose dire qu'il aime, se trouuoit tres-malheureux. Aronce se le croyoit pourtant encore dauantage : & ne sçauoit quelquesfois s'il deuoit s'estimer plus miserable de ce qu'il ignoroit sa naissance, que de ce que Clelie ignoroit sa passion. Il trouuoit neantmoins quelque douceur aussi bien qu'Horace, à penser que Clelie n'estoit plus en lieu de deuoir craindre la violence de Maharbal : & ces deux Amis Riuaux, ne laissoient pas d'auoir d'assez douces heures en la conuersation de Clelie. Ils vescurent mesme encore à Capouë auec plus d'amitié qu'à Carthage: parce qu'Horace deuant la vie à Aronce, & qu'Aronce la deuant aussi à Horace, la reconnoissance lia plus estroitement leur affection. Ils ne se disoient pourtant rien de la passion qu'ils auoient dans l'ame ; car comme i'estois desia le Confident de celle d'Aronce, & qu'Horace ne ſtoit pas trop d'humeur à en auoir, ils ne ſe deſcouuroient pas leur amour, & ils ne la diſoient pas meſme à celle qui la faiſoit naiſtre. De ſorte que quoy qu'ils euſſent de tres-agreables heures aupres d'elle, ils en auoient pourtant de tres-facheuſes ; car Horace ne penſoit pas qu'vn Exilé puſt faire vne declaratiõ d'amour de bonne grace ; & Aronce pouuoit s'imaginer qu'vn Inconnu, puſt iamais eſtre fauorablement traité. Pour Clelie, quoy que par vne inclinatiõ naturelle, & genereuſe, il s'intereſſaſt pour ſa Patrie, neantmoins cõme elle n'auoit iamais veu Rome ; qu'elle eſtoit belle & ieune ; & que tous les plaiſirs la cherchoient ; elle ſe trouuoit aſſez heureuſe. Mais ce qui faiſoit alors principalement la felicité, eſtoit que regardant Aronce comme ſon Frere, & croyant qu'il n'auoit que de l'amitié pour elle, elle s'accouſtuma à viure aueque luy, aueque vne confiance infiniment douce, & qui ne laiſſa pas d'affliger Aronce, toute obligeante qu'elle eſtoit, parce que plus il connoiſſoit les ſentimens de Clelie, plus il croyoit qu'il eſtoit dangereux de luy aprendre qu'il auoit de l'amour pour elle ; Si bien qu'excepté à moy, il aportoit vn ſoin extréme à cacher ſa paſſion. Cependant ces deux Amans cachez, ne laiſſoient pas d'eſtre tres-aſſidus aupres de Clelie, chez qui tous les honneſtes Gens eſtoient tous les iours ; & chez qui toutes les Belles de Capouë ſe trouuoient auſſi. Ce n'eſt pas que la beauté de Clelie, ne leur donnaſt des ſentimens de ialonſie & de deſpit, mais elle eſtoit tellement à la mode, & il y auoit touſiours tant de Gens chez Sulpicie, que celles qui vouloient voir & eſtre veuës, ne pouuoient ſatisfaire leur enuie ailleurs, car on ne trouuoit preſques perſonne dans toutes les autres Maiſons : ou ſi l'on y trouuoit Compagnie, elle n'eſtoit ordinairement ny grande ny agreable. Aronce fit meſme vn iour vne aſſez plaiſante remarque : car vous ſçaurez, Madame, que s'eſtant mis dans la fantaiſie de taſcher de ſe guerir, nous fuſmes pluſieurs iours à aller de Quartier, en Quartier ; de Ruë, en Ruë ; de Porte, en Porte ; & de Viſite, en Viſite, afin d'eſſayer de deſtourner ſon eſprit de l'obiet qui l'occupoit tout entier. Mais en quelque lieu que nous allaſſions, nous entendions touſiours parler de Clelie : car en vne Maiſon nous trouuiós quelqu'vn qui nous demandoit ſi nous auions eſté chez elle ? & en vn autre ſi nous y voulions aller ? Vne de mes Parentes nous dit qu'elle en venoit : & vn de mes Amis dit à Aronce qu'il en eſtoit ſorti, parce qu'il y auoit trop de monde en vn autre lieu, il y eut vn homme qui dit, qu'il ne falloit plus le nommer Clelie, mais seulement la belle Romaine, chez vne Dame qui estoit fort brune, il y eut vn de ses Galans qui ne laissa pas de loüer hautement la beauté de Clelie, quoy qu'elle soit blonde: en vn autre endroit nous trouuasmes vne Fille qui voulant y trouuer quelque chose à redire, dit qu'elle la trouuoit trop blanche, & ie puis enfin vous assûrer, que durant quatre ou cinq iours, nous ne fusmes en aucun lieu où l'on ne nous parlast de Clelie, & nous fusmes pourtant par tout où les honnestes Gens pouuoient aller. Mais à la derniere Maison où nous fusmes, le dernier iour qu'Aronce auoit destiné à ses visites où nous ne sçauions pas bien ce que nous cherchions, il se trouua vne Dame qui acheua de faire connoistre à cét

T iiij

Amant, que c'estoit en vain qu'il cherchoit vn lieu où on ne parlast point de Clelie, afin de pouuoir en desgager son esprit ; car il en entendit plus parler en ce lieu là, qu'il n'auoit fait en tous les autres. Mais, Madame, auant que de vous raconter cette conuersation, il faut pour l'entendre auec plaisir, que vous sçachiez quelle est cette Personne qui s'y trouua, aussi bien suis-ie persuadé que vous ne serez pas marrie que ie vous en face la Peinture, puis qu'il est certain que celle dont ie parle qui s'apelle Arricidie, est vne Personne inimitable. En effet tout ce qu'elle a luy est si particulier, qu'on ne le vit iamais en nulle autre. Car enfin il faut dire pour sa gloire, que sans estre d'vne grande naissance, sans auoir aucune beauté, & sans estre ieune, elle est considerable à tout ce qu'il y a de Grand à Capouë, & qu'elle est de tous les plaisirs & de toutes les Festes publiques, & particulieres. Mais ce qui est le plus estrange, c'est qu'elle est continuellement en conuersation, auec tous les ieunes Gens de qualité, & auec toutes les belles. En effet ces mesmes hommes qui font vn si grand vacarme, quand ils trouuent qu'vne belle Femme a le nez vn peu trop grand, les yeux trop petits, le menton trop court, ou les lévres trop pasles, & qui ne peuuent qu'à peine souffrir celles qui ont passé quatre Lustres, n'ont point les yeux choquez de voir eternellement Arricidie, quoy qu'elle n'ait iamais eu aucune beauté, & quoy qu'elle ait plus de quinze Lustres, pour conter comme les Romains, ou qu'elle puisse conter prés de vingt Olympiades, pour parler comme les Grecs. Vous me demanderez sans doute, Madame, par quels charmes vne Personne à qui la Nature a refusé toutes les graces ordinaires de son Sexe ; à qui le Temps a osté la ieunesse ; & à qui la Fortune n'a pas fait de grandes faueurs ; peut s'estre renduë si considerable, & s'estre tant fair aimer, & tant fait desirer ? & ie vous respondray que c'est par vne grande bonté, & par vn grand esprit naturel : qui estans ioints à vne longue experience du monde, & à vne agreable humeur, font que sans se soucier de rien, elle diuertit tous ceux qui la pratiquent. Car comme elle est sans ambition ; qu'elle a le cœur noble, & grand ; qu'elle ne sçait point flatter ; qu'elle n'est interessée de nulle maniere ; qu'elle voit clairement les choses ; qu'elle les raconte plaisamment ; & qu'elle sçait tout ce qui se passe dans Capouë ; il n'y a personne qui ne la desire : & dés qu'il arriue quelque auanture remarquable, il n'y a point de Gens qui ne souhaittent de la voir, pour sçauoir ce qu'elle en pense, ce qu'elle en dit, & ce qu'elle en sçait. De sorte que si elle pouuoit estre à tous les momens en vingt lieux differens, elle y seroit : aussi est-elle par tout sans paroistre empressée, parce qu'elle n'est iama's qu'aux lieux où on la desire. De plus, quoy qu'elle ait quelque chose de fort particulier dans sa phisionomie, & de fort plaisant dans ses façons de parler, elle n'a pourtant aucune plaisanterie de profession, & si elle diuertit, c'est qu'elle se diuertit la premiere à penser ce qu'elle pense, & à dire ce qu'elle dit, & c'est enfin parce qu'elle a vne certaine sincerité enioüée, qui fait qu'elle dit des choses qui surprennent & qui plaisent. Ce qu'il y a de vray est, qu'elle a vne vertu solide quoy qu'elle ne soit pas sauuage : en effet elle dit des choses ce qu'elle en pense, mais elle ne contraint pourtant personne:

elle voit les foiblesses des autres, sans y rien contribuer : & sans estre iamais la Confidente de nulle amour, elle sçait pourtant toutes les amours de la Ville. Elle blasme les Coquettes, elle ne flatte point les Galans, elle dit agreablement son aduis de celles qui font les Belles quand elles ne le peuuent plus estre, elle tasche de mettre la Paix entre les Familles, elle est bien auec tous les Maris, & auec toutes les Meres : & sans faire iamais rien de ce qu'elle croit deuoir faire, elle plaist pourtant à des Gens qui sont opposez en toutes choses. Mais ce qu'elle a de meilleur, c'est qu'elle est bonne Amie, qu'elle est officieuse, & franche, & que toute la grandeur de la Terre, ne luy feroit pas changer d'aduis quand elle croit auoir raison : & à la vouloir définir en peu de mots, on peut dire qu'Arricidie est la Morale viuante:

mais vne Morale sans chagrin, & qui croit que l'enioüement, & l'innocente raillerie, ne sont pas inutiles à la vertu. Ce qu'il y a encore de remarquable, est que quoy qu'elle sçache toutes les malices dont le monde est capable, elle est pourtant incapable d'en faire : & que quoy qu'elle ait infiniment de l'esprit, elle ne peut trouuer inuention de nuire, quoy qu'elle en trouue mille quand il s'agit de seruir ses Amis. Enfin Arricidie a trouué l'Art de iouïr de tous les diuertissemens de la ieunesse, sans qu'on y trouue à redire: car bien qu'elle ne soit plus ieune, elle se trouue quelques fois au Bal, elle voit toutes les grandes Festes; elle est des Promenades les plus galentes, & des Conuersations les plus enioüées: & Arricidie est de telle maniere, qu'on peut dire hardiment qu'elle est vnique. Ie soustiens mesme qu'il ne luy seroit pas auantageux d'estre belle : car si elle l'estoit elle va en cent lieux où elle ne voudroit pas aller, elle dit des choses qu'elle ne diroit pas ; & sa phisionomie qui tient plus de la hardiesse de mon Sexe, que de la timidité du sien, adiouste encore de la force à ses paroles, & donne de l'agréement à ses discours. Aussi comme ie l'ay desia dit, elle est si souhaitée en tous lieux, qu'il faudroit que les iours fussent plus longs pour elle que pour les autres, si elle vouloit contenter tous ceux qui la desirent. Arricidie estant donc telle que ie viens de vous la representer, vint en vne Maison, où Aronce & moy entrasmes iustément comme elle parloit de Clelie à cinq ou six personnes qui s'y trouuerent, & quelle en parloit auec empressement. De sorte que quand nous entrasmes, elle ne changea point de discours : au contraire elle ne nous vit pas pluſtoſt, que ſçachant combien nous eſtions Amis de Clelie, elle nous adreſſa la parole, auec familiarité qui luy eſt ſi naturelle. Vous venez bien à propos, nous dit elle, pour ſouſtenir le Party que ie ſouſtiens contre vn homme que vous voyez auprès de moy; qui dit que Clelie ſeroit encore plus belle qu'elle n'eſt, s'y elle faiſoit vn peu plus la Belle. Ha! Arricidie (s'eſcria cét homme qui ſe nomme Genutius) dites du moins à Aronce, & à Celere, ce que i'ay dit d'abord de la grande beauté de Clelie, deuant que de leur dire ce que i'y ay ſouhaité. Ie le diray auſſi, repliqua-t'elle, mais ie diray apres cela ce qu'il me ſemble de ce que vous dites; car ie le trouue ſi deſraiſonnable, que ie ne le puis endurer. La beauté de Clelie eſt ſi eſclatante, & ſi parfaite, reprit Aronce, que ie ne comprens pas trop bien ce qu'on y peut desirer. Ie pense, adioustay-ie, que sans chercher à le deuiner, il vaut mieux le demander à Arricidie : ie consens volontiers qu'elle le die, repliqua Genutius, pourueu qu'elle ne cache pas les loüanges que i'ay données à Clelie. Pour vous contenter, respondit-elle, ie diray donc que vous tombez d'accord, que Clelie a tous les traits du visage admirables; qu'elle a le tein merueilleux ; les cheueux fort beaux, la mine tres-haute; & que c'est enfin vne des plus grandes beautez du monde. Mais apres cela (poursuiuit-elle en esleuant la voix) ie diray que vous ne croyez pas qu'elle vous pust iamais donner de l'amour, parce qu'elle ne fait pas toutes les façons, ou pour mieux dire, toutes les grimaces, de celles qui font les belles, & qui ne font pas vne action où il n'y ait vne affectation qui déplaist estrangement.

gement. Mais afin que vous le puissiez excuser (adiousta-t'elle, en se tournant vers Aronce, & vers moy) i'ay à vous dire que ie l'ay autresfois veu amoureux d'vne de ces Dames qui composent tous leurs regards; qui placent leurs mains auec Art; qui tournent la teste negligemment; qui ont vne langueur artificielle, ou vn énioüement emprunté; qui aiustent mesme leurs levres au Miroir quand elles s'habillent; & qui cherchent à rire d'vne façon qui montre toutes leurs dents quand elles les ont belles. Ha! Arricidie, s'escria Genutius, vous me traitez cruellement ie vous traite encore trop bien (repliqua-t'elle brusquement) puis que ce sont de telles Gens que vous, qui gastent vne partie de nos Belles. Car si toutes ces faiseuses de petites mines affectées, ne trouuoient point
1. Partie. V

de Galans qui des louaſſent, elles n'en
feroient plus. Puis qu'il eſt certain
qu'elles n'en font que pour attirer
des Amans; & nous ne verrions plus
ce qui est si desagreable à voir. En
effet ie ne trouue rien qui oſte tant
à la beauté que l'affectation, & que le
trop grand ſoin de vouloir paroiſtre
belle. Car enfin, adiouſta-t'elle, y a-
t'il rien de plus vilain que de voir
vne Femme qui a naturellement les
yeux grands & aſſez ouuerts, qui les
ferme touſiours à demy, afin de
les auoir plus doux? & y a-t'il rien
de plus inſupportable, que de voir le
ſoin qu'ont certaines Femmes de faire
qu'elles ayent touſiours les levres incarnates, & de voir le bizarre &
extrauagant remede qu'elles y apor-
tent? y a t'il rien de plus inſuportable,
que de voir de ces Femmes qui ſe
leuent vingt fois de leur place, ſans
auoir rien à faire qu'à aller regarder

dans vn Miroir, si elles n'ont rien oublié de toutes les grimaces qu'elles ont accoustumé de faire? & qui ont tellement la fantaisie de se voir, que non seulement elles se regardent auec empressement, dans tous les Miroirs qu'elles trouuent, mais encore dans les Riuieres, & dans les Fontaines, aupres de qui elles se promenent, & mesmes dans les yeux de ceux à qui elles parlent? Mais ce qu'il y a encore de vray, c'est que lors-qu'elles ne se peuuent voir, elles cherchent cent inuentions affectées de se faire dire qu'elles sont ce qu'elles croyent estre, & ce qu'elles ne sont bien souuent point. Car tantost elles disent qu'elles n'ont point dormy, afin qu'on leur soustienne, qu'il n'y paroist pas : vne autre fois qu'elles ont mauuais visage, afin qu'on leur die qu'elles ont le teint fort beau : en vne autre occasion elles disent qu'elles font mal coiffées, pour se faire dire qu'elles le sont bien : & elles portent l'affectation iusques aux plus petites choses. Au reste ces mesmes Personnes qui font tant de grimaces, tant de façons, sont ordinairement de ces Femmes qui se hastant de prendre les nouuelles modes ; & qui les prennent auec excés. En effet si on porte deux ou trois Rubans, elles en prennent cent : si on se coiffe vn peu long, elles laissent pendre leurs cheueux iusques à la Ceinture ; si on se coiffe vn peu plus court, elles montrent, les oreilles ; & elles font enfin tant de choses desagreables à ceux qui n'ont pas le goust dépraué, qu'on ne les peut endurer ; & ce qu'il y a de rare est que ces Femmes qui passent toute leur vie à composer toutes leurs actions pour plaire, desplaisent horriblement à tous les honnestes

Gens, excepté à certains hommes qui ont des fantaisies particulieres comme Genutius. Encore ne sçay-ie, adiousta-t'elle en riant, s'il est de l'humeur qu'il dit-estre ; & s'il ne trouue pas aussi bien que moy, que Clelie est admirable ; principalement parce qu'elle n'a nulle affectation, & qu'elle ne fait point la belle, quoy qu'elle ait la plus grande beauté du monde. Il est certain (adiousta la Dame chez qui nous estions) qu'encore que Clelie ne face pas vne action qui ne plise, on voit clairement qu'elle n'en fait aucune où elle pense ; & qu'elle s'est formé vne habitude si grande d'auoir bonne grace, qu'il ne luy est pas possible de l'auoir mauuaise. Ce qui me semble encore digne d'estre remarqué en Clelie, dit alors Aronce, c'est que bien qu'elle n'ait nulle affectation, & qu'elle ne face rien de tout ce que font ces Femmes qui font profession d'estre belles, elle ne laisse pas d'auoir ie ne sçay quelle noble audace, qui sied bien à la beauté : & qui ne laisse pas lieu de douter qu'elle connoist quelle est la sienne : mais elle l'a d'vne maniere qui fait voir qu'elle croit auoir encore quelque chose de plus considerable ; & que ce n'est pas par là seulement qu'elle pretend estre digne d'estre estimée ; ainsi ie ne sçay pas trop bien comment Genutius peut trouuer qu'il manque quelque chose à cette merueilleuse Personne. Il est quelquesfois si agreable de faire disputer Arricidie, repliqua-t'il, que vous ne deuez pas trouuer estrange si ie l'ay contredite en quelque chose ; ce n'est pas, adiousta-t'il, que ie ne sois contraint d'aduoüer, que ie ne suis pas tout à fait ennemy de certaines petites affectations qui donnent vn air galant à quelques Femmes,

LIVRE I.

I'en connois j'mesme, que qui leur osteroit certains petits ajustemens particuliers qu'elles ont, & qui les empescheroit de faire toutes ces petites choses qu'on ne sçait comment nommer, quand on n'en voit pas les nommer des mines, & des grimaces, ne leur laisseroit rien qui pust amuser les yeux, & au contraire il est certaines Beautez si simples, qu'elles ne me sçauroient plaire. Car à parler sincerement, ie veux qu'vne Femme se soit dit à elle mesme qu'elle est belle, devant que ie le luy die ; parce que ie suis persuadé, qu'elle mesme croira point si elle ne se dit que ie ne mens pas ; & pour dire tout ce que ie pense, vne Femme selon moy n'est point tout à fait aimable, si elle ne s'ayme, & si elle ne souhaite d'estre aimée. Enfin, dit Aricidie, à demy en colere, à parler véritablement, vous aimez les Coquettes plus que

V iiij

les autres, parce qu'il est plus aisé d'en estre favorisé ; & que de l'humeur dont vous estes, vous n'estes pas propre à faire des Conquestes difficiles ; mais pour en revenir à Clelie, ie soustiens qu'elle est encore plus aimable que belle, quoy qu'elle soit la plus belle Fille que ie vy iamais. Tant qu'Arricidie parla, Aronce la regarda aussi attantivement que si elle eust eu toute la beauté, & toute la ieunesse de Clelie ; car il prenoit vn si grand plaisir à entendre loüer ce qu'il aimoit, que ses yeux mesme prenoient part à la ioye de son esprit. Il y avoit pourtant des instans où il avoit quelque secret despit, de voir qu'il ne trouvoit nul suiet d'oster vne partie de son cœur à cette belle Personne ; car dans le dessein qu'il avoit de le luy arracher tout entier d'entre les mains, s'il le pouuoit, il y avoit sans doute quelques inſtans où les propres loüanges de Clelie le fâchoient. Mais ces inſtans paſſoient bien viſte : & malgré luy il eſtoit fort aiſe de l'entendre loüer, & il la loüoit luy meſme plus qu'il n'en auoit le deſſein. Cependant apres auoir eſſayé durant cinq ou ſix iours, d'aller en quelque lieu où l'on ne parlaſt point de Clelie, ſans l'auoir pû trouuer ; Aronce me diſpoſa au ſortir de chez cette Dame où nous auions veû Arricidie, d'aller faire vne Promenade ſolitaire en vn lieu qui eſt fort agreable. Car, Madame, il faut que vous ſçachiez qu'il y a aupres de Capoüe vne grande Prairie, qui eſt vne des plus belles Promenades du monde : ce qui la rend principalement ſi belle, c'eſt qu'elle a diuers petits Ruiſſeaux qui l'arroſent, & qu'elle eſt bordée de deux Faces par quatre rands d'Arbres qui font le plus bel ombrage que ie vy iamais,

De sorte que comme il n'y a plus loing de Capouë à ce lieu là, nous pouuions y aller commodément au sortir de nostre visite; & nous y fusmes en effet, auec intention de n'entendre plus parler de Clelie. Mais, Madame, admirez ce que fait le cas fortuit en certaines occasions, & pour estre surprise, de ce qui nous surprit tant Aronce & moy, souffrez que ie vous die, que dés que nous fusmes au bord de cette Prairie, Aronce prenant la parole, & faisant vn grand soûpir, se tourna de mon costé, & me regardant attentiuement ; enfin, me dit-il, me voioy en lieu où ie n'entendray plus prononcer le nom de Clelie, si vous ne le prononcez, ou si ie ne le prononce moy-mesme. Vous parlez de cela, luy dis-ie, comme si vous estiez fâché d'entendre nommer cette merueilleuse Fille, & de vous en souuenir ; cependant ie suis asseuré que cela n'est pas. Helas, reprit-il, comment voulez vous que ie ne veüille pas que Clelie sorte de ma memoire, puis que ie dois souhaiter qu'elle sorte de mon cœur? mais enfin Celere, me dit-il encore, n'en parlons plus ; aidez moy à me guerir si vous pouuez ; & pour détacher mon esprit d'vn si aimable obiet, parlez moy de toute autre chose ; & entretenons nous auiourd'huy comme si nous ne nous connoissions point. Puis que vous le voulez, luy dis-ie, il faut donc que ie vous parle de la beauté de cette Prairie, qui est tout à fait propre à resver ; il est vray, dit-il, qu'il ne fut iamais vn plus beau lieu, ny plus commode à s'entretenir soy mesme ; mais puis que ie ne veux pas penser à Clelie, il ne faut pas que ie m'entretienne, car ie ne m'entretiendrois que d'elle. Apres cela Madame, Aronce se teut,

& ie me teus auſſi bien que luy : de ſorte qu'oubliant inſenſiblement tous deux que nous eſtions enſemble, nous fiſmes comme ſi nous euſſions eſté ſeuls ; c'eſt à dire que nous reſvaſmes chacun de noſtre coſté tres-profondément. Nous nous ſeparaſmes meſme de quelques pas : & ſi i'oſe vous parler d'vne amour que i'auois dans l'ame, en vous parlant de celle d'Aronce, ie vous aduoüeray que la meſme paſſion qui faiſoit ſa reſverie, faiſoit alors la mienne : & que comme il n'auoit l'eſprit rempli que de Clelie, ie ne l'auois occupé que de la plus belle Perſonne de Capouë, qui ſe nomme Fenice. Mais apres auoir fait deux ou trois cens pas ſans rien dire, & ſans nous regarder, nous entendiſmes à noſtre droite quelqu'vn qui chantoit aupres des ruines d'vn Chaſteau, qui ſont vn peu au delà de cette Prairie, où il y a vn

LIVRE I.

Echo admirable. Si bien que reuenant tous deux à nous mesmes, nous nous aprochasmes, & nous dismes en mesme temps qu'il falloit aller voir qui estoient ceux qui estoient à l'Echo. Cependant apres que celuy qui auoit chanté auoit eu finy vn Couplet, il s'estoit teû pour donner loisir à l'Echo de luy respondre ; & nous entendismes en suite diuerses voix d'hommes & de femmes qui parloient. Neantmoins comme nous estions encore loin d'eux, nous n'oyons qu'vn bruit confus, qui ne nous permettoit pas de discerner, ny ce qu'on chantoit, ny par consequent ce que l'Echo respondoit. Mais, Madame, ce qu'il y eut de rare fut, que dés que nous fusmes assez prés pour entendre mieux, nous entendismes que c'estoit Horace qui chantoit ; & qui ayant fait sur le champ deux Couplets de Chanson pour loüer Clelie, qui estoit parmy cette Troupe de Dames qui l'escoutoient, disoit justement le dernier, quand nous pusmes discerner ce qu'il chantoit. Si bien qu'Aronce & moy oüismes tres-distinctement ces six Vers que ie m'en vay vous dire, qui mettoient Clelie au dessus de toutes le Belles de Capouë, en la faisant loüer par la plus Belle de toutes, & par la moins accoustumée à loüer la beauté des autres; ils estoient tels.

Comme les Belles de Carthage,
Les nostres luy rendent hommage,
Tout cede à l'esclat de ses yeux,
Qui les font regner en tous lieux :
Et Fenice mesme publie,
Qu'il n'est rien si beau que Clelie.

De sorte que le malheureux Aronce qui estoit sorty de Capouë pour n'entendre plus nommer Clelie, se trouua estrangement surpris ; car apres qu'Horace eut dit,

Et Fenice mesme publie,
Qu'il n'est rien si beau que Clelie.

L'Echo repeta le nom de cette belle Fille iusques à six fois ; si bien que me regardant d'vne maniere où il y auoit quelque estonnement, & quelque chagrin tout ensemble ; à ce que ie voy, me dit il il faut donc sortir du Monde, si ie ne veux plus entendre nommer Clelie ; car puis que les Echos en parlent aux Arbres, & aux Prairies, ie croy que i'en trouueray par tout, qui ne me parleront que d'elle. Puis que cela est, luy dis-ie en riant, ie pense que vous feriez mieux de luy parler à elle mesme, que de ne faire qu'en entendre parler aux autres. Comme ie disois cela, nous nous trouuasmes en effet si prés de

cette belle Troupe, qu'Aronce ne fut plus en pouuoir de deliberer s'il s'y ioindroit, ou s'il ne s'y ioindroit pas; car l'aimable Clelie ayant tourné la teste de nostre costé, nous reconnut, & nous apella. Il est vray que ie suis persuadé qu'Aronce qui auoit fort bien discerné que Clelie estoit dans cette Troupe, n'eust pas laissé de s'en aprocher sans cela, quoy qu'il creust auoir intention de s'en esloigner. De sorte qu'auançant vers cette Troupe galante, la premiere chose que fit Aronce, apres l'auoir saluée, fut de loüer celuy qui auoit loüé Clelie. Pour moy i'aduoüe que i'esvitay auec adresse de loüer ce Couplet de Chanson, quoy que i'en connusse l'ingenieuse malice autant que personne de la Côpagnie; car, Madame, bien que par ces six Vers, Horace fit entendre que Fenice estoit la plus belle Personne de Capouë, & qu'ainsi
cela

cela luy fust auantageux, il eſtoit pourtant vray qu'il y auoit de la malice à cette loüange, & qu'il reprochoit à cette belle Fille, le deffaut qu'elle a de ne trouuer iamais rien de beau. Ioint auſſi qu'il eſtoit aiſé de iuger qu'il mettoit la beauté de Clelie beaucoup au deſſus de celle de Fenice: ſi bien que comme i'en eſtois alors amoureux, i'eſuitay, comme ie l'ay deſia dit, de loüer ce Couplet de Chanſon qu'Horace auoit fait à l'impourueuë: & ie me mis à parler de l'Echo à vn homme de la Compagnie, de peur que quelqu'vn n'allaſt dire à Fenice que i'auois loüé vn homme qui en loüoit vne autre plus qu'elle, & qui la blaſmoit d'vne maniere ſi ingenieuſe. Ma preuoyance fut pourtant inutile, comme ie vous le diray tantoſt, car cette auanture me fit vne querelle auec Fenice; mais pour en reuenir à Aronce, non ſeu-

1. Partie.

lement il loüa Horace de la maniere dont il auoit loüé Clelie, mais il la loüa luy mesme d'vne façon si galante, que sa Prose valoit bien les Vers de son Riual: & ce mesme homme qui depuis quelques iours, auoit resolu de faire ce qu'il pourroit pour ne l'aimer plus, changea d'aduis tout d'vn coup, & se resolut en vn instant à l'aimer tousiours; à ne s'opposer plus à sa passion; & à n'oublier rien de tout ce qui le pourroit faire aimer. De sorte qu'estant deliuré du soin de se combatre luy mesme, il en eut l'esprit plus libre; l'humeur plus enioüée; & il fut si agreable ce soir là, qu'il plust infiniment à toute la Compagnie: qui insensiblement s'engagea à examiner la raison pourquoy la plus part des Belles sont auares des loüanges, & mesme bien souuent fort iniustes: car (disoit Aronce, apres plusieurs autre choses) elles trouuent quelquesfois des Femmes laides, qui ont beaucoup de beauté. Pour moy, dit Clelie, ma curiosité seroit de sçauoir si effectiuement celles qui sont de l'humeur que vous dittes, sont veritablement preoccupées, ou si elles disent les choses autrement qu'elles ne les pensent. Il y en a de diuerses manieres, repliqua Horace, car ie suis persuadé qu'il y a des Dames qui ne trouuent d'autres belles, quoy que par vn sentiment d'enuie elles disent qu'elles ne le sont point : mais ie le suis en mesme temps qu'il y en a qui s'aiment tellement, qu'elles en haïssent toutes les autres, iusques à la preoccupations; & iusques à ne trouuer effectiuement rien de beau. En mon particulier (dit vne Dame de la Compagnie qui a beaucoup d'esprit, & qui n'est pas belle) ie ne trouue pas si estrange que l'enuie face parler celles qui pretendent d'estre

X ij

belles, contre celles qui le font; mais ie ne puis assez m'estonner d'en voir qui n'ont aucun interest à la beauté, qui parce qu'elles ne font point belles, veulent que les autres ne le soient pas, & qui sont aussi difficiles à contenter, que si elles auoient les plus beaux traits du monde, le plus beau taint, & tous les charmes qu'on peut desirer en vne belle Personne. Comme cette Dame parloit ainsi, Arricidie que nous auions veuë ce iour là, vint où nous estions auec trois femmes de qualité, & trois hommes. De sorte que ce lieu que nous auions cherché Aronce & moy comme vn lieu solitaire, eut vne des plus agreables Compagnies que ie vy iamais ; car excepté Fenice, les plus aimables de nos Dames y estoient. Mais comme le suiet de la conuersation estoit alors assez curieux, quand ces deux Troupes se furent iointes, cette Dame qui auoit parlé la derniere, dit qu'il falloit obliger Arricidie à dire son aduis sur la chose dont on venoit de parler. Si bien qu'apres qu'on luy eut apris ce que c'estoit, elle commença de blasmer toutes les Belles, qui ne loüent pas celles qui l'estoient: & de les blasmer d'vne plaisante maniere: car il s'en fallut peu qu'elle ne fist entendre toute l'Histoire de la Ville, à ceux qui en auoient desia quelque connoissance. Pour moy, dit-elle, i'ay esté autrefois bien estonnée de voir vne belle Femme, & de beaucoup d'esprit, qui pour en blasmer vne autre disoit les plus grandes sotises du monde; car elle la trouuoit trop blanche, & trop blonde; elle disoit mesme qu'elle auoit les yeux trop doux, & la bouche trop petite: & si ma memoire ne me trompe, ie pense que ie luy entendis dire vn iour qu'elle auoit les levres trop incarnates. Qu'est-ce-cy? (disois-ie en moy mesme, quand ie l'entendois parler ainsi) suis-ie folle, ou suis-ie sage? ay ie les yeux bons, ou celle qui parle les a-t'elle mauuais? mais apres y auoir bien pensé, ie trouuay la cause de son iniustice, car ie sceus qu'il y auoit vne Dame qui estoit blanche, blonde, qui auoit les yeux doux, la bouche petite, & les levres incarnates; qui luy auoit osté vn Amant; de sorte qu'apres cela, ie ne cherchay plus la cause de sa preoccupation. Aussi quand ie trouue quelqu'vne de ces belles difficiles, qui ne trouuent rien de beau qu'elles mesmes, i'examine l'interest qu'elles peuuent auoir aux blondes & aux brunes en general, & celuy qu'elles peuuent prendre en particulier, à celles dont elles parlent, & à la sorte de beauté, dont il s'agit ; & apres cela, ie ne manque guere à trouuer la raison qui les fait iniustes. En effet i'en vy dernierement vne, qui parce qu'elle auoit des grands yeux soutenoit que les petits yeux ne pouuoient iamais estre agreables ; & i'en vy vne autre qui disoit au contraire qu'il n'apartenoit qu'aux petits yeux, à faire de grandes conquestes ; qu'eux seuls auoient ie ne sçay quoy, de fin, de galant, & d'agreable, qui estoit propre à blesser des cœurs ; & que pour l'ordinaire les grands yeux ouuers, estoient stupides, & sans nulle agréement. En vne autre occasion, poursuiuit Arricidie, ie trouuay vne Femme qui au contraire de celles que ie viens de dire, blasmoit aux autres ce qu'elle auoit, & loüoit ce qu'elle n'auoit pas ; mais elle loüoit, & blasmoit si foiblement, qu'apres l'auoir bien examinée, ie trouuay qu'elle ne blasmoit & ne loüoit, qu'afin d'estre contredite ; & qu'afin qu'on loüast ce qu'elle auoit, & qu'on blasmast ce qu'elle n'auoit point. Mais pour l'ordinaire, comme ie l'ay desia dit, il faut sçauoir toute la vie d'vne belle Femme, pour pouuoir deuiner quelle sorte de beauté elle peut loüer. Ce n'est pas que la seule ialousie ne puisse l'obliger à ne trouuer rien de beau : mais il arriue encore plus souuent, qu'il y a des cause plus esloignées qui font cette sorte d'iniustice. Car enfin toute la Compagnie connoit vne Femme qui seroit tres-belle, si elle estoit grasse ; à qui i'ay oüy dire qu'vne Riuale qu'elle a seroit plus belle qu'elle n'est, si elle auoit eu dix ou douze accés de fiévre qui l'eussent amaigrie ; & i'en connois encore vne qui parce qu'vne Dame est Confidente d'vne autre, qu'elle croit auoir dessein sur le cœur d'vn homme qu'elle voudroit auoir pour Galant, luy trouue des deffauts estranges, quoy qu'elle n'en ait aucun. Si bien que quand ie rencontre de ces esplucheuses de beauté, ie cherche promptement qui aime t'elle ? son Amant ou son Mary ne la trahissent-ils point ? est-elle ialouse ? est-elle enuieuse ? est-elle meschante, ou est-elle folle : Ie n'aurois iamais fait, Madame, si ie voulois vous reduire toutes les plaisantes choses que dit Arricidie sur ce suiet là ; c'est pourquoy ie ne m'arresteray pas à vous les vouloir toutes raconter. Ie vous diray donc que la nuit s'aprochant, la Compagnie s'en retourna à Capouë ; & qu'Aronce & moy y retournasmes auec Clelie & sa Troupe. Mais à vous dire la verité, ie ne fus pas peu surpris, lors qu'estant retournez chez moy, où i'auois voulu qu'Aronce logeast, ie trouuay qu'au lieu de ne vouloir plus entendre parler de Clelie, il ne vouloit plus parler d'autre chose. En effet si ie pensois luy dire seulement quatre paroles sur vn autre suiet, il ne me respondoit pas, & recommençoit à me parler de Clelie. De sorte que ne pouuant m'empescher de luy en faire la guerre : mais à ce que ie voy, luy dis-ie, en riant, vous auez bien changé de sentimens, depuis nostre derniere visite : car vous auez voulu sortir de la Ville pour n'entendre plus parler de Clelie, & vous ne pouuez plus parler que d'elle. Non, non Celere, me dit-il, ie n'ay point changé de sentiment : mais ce qu'il y a de vray, est que ie n'estois pas de celuy dont ie pensois estre : & qu'encore que ie disse que ie ne voulois plus aimer Clelie, i'estois pourtant resolu de l'aimer eternellement, & d'en parler toute ma vie. Mais si cela est, repliquay-ie, en riant, encore il faut donc que vous cherchiez vn autre Confident que moy, & que i'en cherche aussi vn autre que vous ; car si vous auez resolu de me parler eternellement de Clelie, à quelles heures, & en quel temps vous pourois-ie parler de Fenice ? il est vray, dit-il, qu'vn Amant n'est guere propre à estre Confident d'vn autre ; mais cruel Amy, vous n'estes pas amoureux de la maniere que ie le suis. Vous aimez Fenice quand vous le voyez, poursuiuit-il, vous ne l'aimez presques plus quand vous ne le voyez point; & la passion que vous auez pour elle, est plustost vn amusement volontaire, qu'vne veritable passion; c'est pourquoy il ne vous est pas trop difficile de ne parler pas si souuent de Fenice, & de me laisser parler de Clelie. Vous auez donc absolument resolu, luy dis-ie, de ne songer plus à la chasser de vostre cœur? au contraire, reprit-il, i'ay pris la resolution de conquerir le sien s'il est possible ; & luy faire sçauoir qu'elle regne dans le mien. Voyla donc, Madame, en quels sentimens estoit alors Aronce ; Horace de son costé comme ie l'ay sceu depuis, ayant vû que Clelie auoit escouté assez fauorablement ces deux Couplets de Chanson qu'il auoit faits à l'improuiste, lors qu'on l'auoit obligé de chanter à l'Echo où nous l'auions trouué, prit aussi la resolution de descouurir son amour à Clelie, à la premiere occasion qui s'en presenteroit. Ainsi ces deux Amis Riuaux, sans sçauoir rien de leur amour, auoient vn mesme dessein ; lors que Clelie sans y penser, leur donna en mesme temps les moyens de l'executer. Car vous sçaurez, Madame, que voulant auoir les deux Couplets de Chanson qu'Horace auoit faits pour elle, & qu'elle n'auoit pas retenus, parce qu'il ne les auoit chantez que deux fois, elle les luy demanda le lendemain ; mais comme il voulut profiter de cette occasion au lieu de les luy donner à l'heure mesme, il luy dit qu'il les luy enuoyeroit. D'autre part il faut que vous sçachiez encore, Madame, que comme les choses se changent fort en passant d'vne bouche en vne autre, principalement quand il s'agit de raconter de ses petites nouuelles de Cabale, où vne parole changée change tout ; il arriua qu'Arricidie ayant raconté à vne compagnie où elle fut, ce qui s'estoit passé à l'Echo, ceux qui l'entendirent le redisant mal à d'autres ; & ces autres encore plus mal qu'eux ; on dit à Fenice que c'estoit moy qui auois faites deux Couplets de Chanson à l'Echo? Mais au lieu de luy dire que cette Chanson estoit pour Clelie, on luy dit seulement qu'elle estoit contre elle. De sorte qu'estant estrangement irritée contre moy, elle s'en pleignit auec beaucoup d'aigreur, en vn lieu où Clelie arriua vn moment apres qu'elle en fut partie. Si bien que comme elle est extremement bonne, elle fut marrie que les loüanges qu'Horace luy auoit données, n'eussent fait vne querelle auec vne si belle Personne. Elle voulut mesme que ie sçeusse les pleintes de Fenice, afin que ie pusse me iustifier : & preuoyant qu'elle ne nous verroit point ny Aronce, ny moy de tout ce iour là ; parce qu'elle sçauoit que Sulpicie passeroit le reste de l'apresdinée à vn lieu où nous n'allions pas ; elle escriuit vn Billet à Aronce, pour l'obliger à m'aduertir de la colere de Fenice : car comme elle auoit esté esleuée auecque luy, & que Clelius vouloit qu'elle y vescust auec la familiarité d'vne Sœur, elle ne faisoit point de difficulté de luy escrire : & il s'estoit presenté diuerses occasions où elle l'auoit fait. Si bien que suiuant ce mouuement de bonté qu'elle eut pour moy, elle escriuit vn Billet à Aronce, comme ie l'ay desia dit, qui estoit à peu prés en ces termes.

CLELIVS
A ARONCE.

COmme ie sçay que vous aimez autant Celere que ie l'estime, & que ie n'ose luy escrire, i'ay creû que ie deuois vous aprendre que Fenice l'accuse à tort de m'auoir loüée à son preiudice : afin qu'il apaise cette belle Personne, à qui ie cede sans peine l'auantage de la beauté. Ainsi ie consens que Celere face s'il veut deux Couplets de Chanson, où il me mette autant au dessous d'elle, qu'Horace par ses flatteries m'a voulu mettre au dessus : car ie vous declare que ce n'est nullement par le peu de beauté que i'ay, que ie veux estre estimée: & qu'il y a quelque chose dans mon cœur,

que

que ie veux qu'on loüe plus que mes yeux. Apres cela il ne me reste plus qu'à vous apeller mon Frere: afin que cét agreable nom que mon Pere a voulu que ie vous donnasse, m'empesche de rougir en vous escriuant. Adieu, faites que Celere ne me haïsse pas, de la querelle que ie luy cause innocemment: & seruez vous de tout le pouuoir que vous auez sur luy, pour l'empescher de se pleindre de de moy.

Voilà donc, Madame, à peu pres le sens & les paroles du Billet de Clelie, qu'Aronce receut comme il estoit prest à sortir. Mais comme il le receut à vne heure où sa passion luy donnoit de violens transports; & en vn temps où il auoit resolu de la descouurir à celle qui la causoit; il creust qu'il ne deuoit das perdre cette occasion qui se presentoit d'elle mesme: & que sans attendre à voir Clelie, il deuoit en luy respondant luy

1. Partie. Y

dire nettement qu'il estoit amoureux d'elle. Et en effet sans hesiter vn moment, & sans faire vne seule rature en toute sa Lettre, il escriuit auec vne precipitation estrange, tout ce que sa passion luy inspira : car il est certain que cette Lettre fut plustost vne production de son cœur, que de son esprit. Mais apres l'auoir escrite, il la donna à vn Esclaue adroit & fidelle qu'il auoit : auec ordre d'aller attendre que Clelie retournast chez elle, & de la luy donner sans que Sulpicie la vist. Si bien que comme cét Esclaue estoit exact, la chose s'executa ainsi sans beaucoup de peine : car ceux qui estoient à Aronce, estoient chez Clelius comme s'ils eussent esté à luy. De sorte qu'il fut fort aisé à l'Esclaue de cét Amant, d'obeïr au commandement de son Maistre : ioint que Clelie croyant qu'il ne luy escriuoit que pour luy parler de la querelle qu'auoit Celere, prit sa Lettre sans difficulté. Mais comme elle pensoit que c'estoit vne simble response à la sienne, elle ne la leût pas à l'heure mesme : parce qu'on l'apella iustement en cét instant, pour aller parler à son Pere. Si bien que comme ce qu'il auoit à luy dire, estoit assez long, elle oublia la Lettre d'Aronce dans sa Poche: & ne s'en souuint que lors qu'elle fut retirée à sa chambre pour se coucher, & que lors qu'vne Fille qui estoit à elle, luy en donna vne autre qu'elle dit luy auoir esté baillée par vn Esclaue d'Horace. De sorte que Clelie croyant que c'estoit qu'il luy enuoyoit les Couplets de Chanson qu'elle luy auoit demandez; & cette Lettre la faisant souuenir qu'elle en auoit vne d'Aronce qu'elle n'auoit pas leuë, elle se mit en estat de les lire toutes deux. Mais comme elle auoit sans doute beaucoup plus d'inclination pour Aronce, que pour Horace, elle ouurit sa Lettre la premiere : où elle fut bien estonnée de trouuer ces paroles.

ARONCE A CLELIE.

Ovs venez de donner à Celere vne si grande marque de bonté, que pouuant ce me semble esperer que vous en aurez aussi pour moy, ie ne veux point vous parler de luy : & i'aime mieux donner vne nouuelle matiere à cette haute vertu, qui donne tant de charmes à vostre beauté. Mais charmante Clelie, comme on ne peut iamais tesmoigner plus de bonté, qu'en pardonnant vn crime où l'on a seul interest; il faut que ie vous aprenne que i'en ay com-

mis vn qui ne regarde que vous : afin que
prenant la genereuse resolution de me le pardonner, ie puiſſe aprés le commettre innocemment toute ma vie. Car pour ne vous deſ-
guiſer rien, le crime que i'ay commis, c'eſt que
ie vous aime plus que vous ne voulez eſtre
aimée : & que le glorieux nom de Frere que
vous me donnez conuient ſi peu auec les ſentimens que i'ay pour vous, que ie ne le puis
plus accepter. Permettez moy donc de porter
celuy de voſtre eſclaue, ſi vous voulez me
combler de gloire : mais afin que ma paſſion
ne vous offence pas, ſçachez que vous auez
vn pouuoir ſi abſolu ſur moy, que ie ne de-
ſireray meſme que ce que vous ne me voudrez pas refuſer : & que ie vous aime enfin
d'vne maniere ſi pure, que ſi vous pouuiez
voir mon cœur, vous n'auriez iamais l'iniuſtice d'en voir effacer voſtre Image. Ie ſçay
bien aimable Clelie, que ie ſuis vn malheureux inconnu : mais ie ſçay bien auſſi que
ſi vous connoiſſiez bien ma flame, & la
pureté de mes ſentimens, vous ne vous offen-

Y iij

ceriez pas d'estre aimée de la façon dont ie vous aime : donnez-vous donc la peine de les connoistre, & ne me condamnez pas sans cela, ie vous en coniure. Mais afin que ie sçache si vous m'accordez ce que ie vous demande, ie vous declare que si vous ne me respondez point, ie croiray que vous respondrez fauorablement à mon amour : & que ie n'auray qu'à vous aller rendre grace. Que si au contraire vous prenez la resolution de me maltraiter, i'aimeray encore mieux receuoir vne cruelle Lettre, que de n'en receuoir pas. Mais de grace, ne me desperez pourtant pas tout à fait : car dans la passion que i'ay pour vous, ie ne puis perdre l'esperance sans perdre la vie.

La lecture de cette Lettre surprit si fort Clelie, qu'elle n'a pû dire elle mesme ce qu'elle sentit en la lisant : car comme elle auoit vne fort grande estime pour Aronce, & mesme beaucoup d'inclination, elle ne pouuoit pas auoir vne colere defobligeante pour luy. Cependant fa modeftie naturelle, ne laiffa pas de luy en donner, il eft vray que comme elle fçauoit les fentimens de fon Pere, elle fut fuiuie de quelque moment de douleur, de voir qu'il ne luy eftoit pas permis de donner nulle efperance roifonnable, au feul homme du monde qu'elle euft creû digne d'elle, fi elle euft fceu fa naiffance : & fi fon Pere n'euft pas eu intention de ne la marier iamais qu'à vn Romain. Si bien que cét eftonnement, cette colere, & cette douleur, occuperent fi fort fon efprit, qu'elle penfa ne lire pas la Lettre d'Horace : & fi fa propre refverie ne la luy euft fait ouurir fans y penfer, elle fe feroit couchée fans la voir. Mais l'ayant ouuerte fans en auoir le deffein ; & voyant que la Chonfon qu'elle auoit

Y iiij

demandée à Horace n'y eſtoit pas, & que ce n'eſtoit qu'vne Lettre, elle la leût : & ne la leût pas auec moins d'eſtonnement qu'elle auoit leû celle d'Aronce : car enfin, Madame, ie puis vous en montrer la Coppie, que ie m'en vay vous lire : puis que vous ne voulez rien ignorer, de toutes les choſes où Aronce a intereſt.

HORACE A CLELIE.

JE ne vous envoye point les Vers que vous m'avez demandez, parce qu'après les avoir releûs, ie ne les ay pas trouuez dignes de vous; & si ie l'ose dire, parce que ie les ay mesme trouuez indignes de moy. Il y a pourtant encore vne autre raison qui m'a empesché de vous obeïr : car enfin aimable Clelie, ie preuoy que ie vay estre si mal aueque vous, que vous ne voudriez pas chanter vne Chanson que i'aurois faite. Ce n'est pas que ie ne face tout ce que ie puis pour n'y estre pas mal : mais à n'en mentir pas, ie sens bien que quand ie ne vous dirois point aniourd'huy que ie vous aime, vous le deuineriez bien-tost : c'est pourquoy i'ayme mieux vous le dire moy mesme, afin que vous m'ayez quelque obligation de vous l'auoir caché si long-temps. Sçachez donc, Diuine Clelie, que le premier moment de vostre veuë fut le premier de ma passion, & que le dernier de mon amour ne sera que le dernier de ma vie. Ie sçay bien que ie n'ay pas d'assez grandes qualitez pour vous meriter : mais ie sçay bien aussi que i'ay diuerses choses qui doiuent m'empescher d'estre mal-traité. Car enfin ie suis Romain ; ie suis aimé de Clelius ; ie hais tout ce qu'il hait ; i'ayme tout ce qu'il ayme ; ie suis exilé comme luy ; ie suis mal-heureux ; & ie vous aime plus que personne n'a iamais aimé. Apres cela, disposez absolument de mon Destin : mais s'il est possible ne me bannissez pas de vostre cœur, comme ie le suis de Rome : si vous ne voulez estre plus iniuste que le Tyran qui m'en a chassé : & me rendre infiniment plus malheureux par ce second & rigoureux exil, que ie ne le suis par le premier.

Clelie ayant acheué de lire cette Lettre, se trouua fort embarrassée à resoudre ce qu'elle deuoit faire, & ce qu'elle deuoit penser. Car elle trouuoit quelque chose de bizarre à ce cas fortuit, qui luy auoit fait receuoir deux declarations d'amour en vn mesme moment, qu'elle ne sçauoit qu'en imaginer. Ce qui la mettoit le plus en peine, estoit qu'Aronce & Horace estoient Amis, & qu'ils auoient tous deux lieu de dire qu'ils s'auoient de l'obligation. De sorte qu'aptes auoir bien resvé là dessus, il luy vint dans la pensée que ce qui luy donnoit tant d'inquietude, n'estoit peut-estre qu'vne simple galanterie, concertée entre eux pour la mettre en peine : car dans nostre Cabale, nous nous estions fait cent innocentes malices les vns aux autres, en diuerses occasions. Si bien que Clelie trouuant quelque douceur à croire cela, pour se tirer de l'embarras où elle estoit, fist comme si elle l'eust creû. Elle a pourtant adoüé ingenûment depuis, que quoy que la Lettre d'Aronce la mist en colere, & l'affligeast, elle n'auoit pas laissé de sentir que dans le fonds de son cœur, elle eust souffert plus agreablement qu'elle eust esté vraye, que celle d'Horace. Mas enfin apres s'estre confirmée dans cette croyance, plus par sa volonté, que par sa raison; elle prit la resolution de respondre à ces deux Lettres, comme si elle eust sceu de certitude, que ces deux Amis luy auoient voulu faire vne tromperie. Neantmoins comme elle n'en estoit pas assurée, elle se détermina de leur escrire obscurement à tous deux; afin de ne les broüiller pas, si la chose n'estoit point comme elle la croyoit ; & de ne leur descouurir pas qu'ils luy auoient tous deux descouuer leur amour, s'il estoit vray qu'ils en eussent pour elle. Car enfin (disoit cette admirable Fille en elle-mesme) si Aronce, & Horace, ont concerté cette malice, ils entendront bien ce que ie leur diray; & ils connoistrons bien qu'ils ne m'auront pas trompée; & si ce n'en est pas vne, & qu'ils m'ayent escrit sans sçauoir rien des sentimens l'vn de l'autre, ie ne les broüilleray pas, & ie ne me trouueray pas dans la necessité de respondre serieusement à deux Lettres où ie me trouuerois bien embarrassée à le faire : car ie respondrois peut-estre trop rudement à celle d'Horace, & trop peu aigrement à celle d'Aronce. Apres cela Clelie prenant la resolution de se deffaire promptement de cét embarras, respondit à ces deux Lettres, par les deux Billets que ie m'en vay vous dire ; car ie ne pense pas auoir iamais veû rien escrit de Clelie, que ie n'aye retenu, tant i'ay d'estime pour elle: voicy donc, Madame, ce qu'elle respondit à Aronce.

CLELIE
A ARONCE.

VOSTRE tromperie n'a point reüssi : & celuy auec qui vous l'auez concertée, n'aura pas la ioye non plus que vous, de pouuoir croire qu'on me peut tromper. Croyés moy Aronce, il ne suffit pas d'auoir de l'esprit pour estre trompeur : il faut encore auoir vne certaine malice naturelle, dont ie ne vous croy pas capable. C'est pourquoy n'entreprenez plus de me vouloir tromper : & pour vous prouuer que vostre dessein a effectiuement

LIVRE I.

mal reüſſi, ie vous proteſte que voſtre Lettre ne m'a pas donné vn moment de colere. Apres cela ie penſe que ie n'ay que faire de vous expliquer dauantage mes ſentimens : & que vous croirez bien, que ie ne croy pas que vous ſoyez amoureux de moy.

Voila donc, Madame, quel fut le Billet de Clelie, à Aronce: & voicy quel fut celuy qu'elle eſcrit à ſon Riual.

CLELIE
A HORACE.

DEs qu'on eſt deux à faire vne fourbe, on la rend plus aiſée à deſcouurir: ne pretendez donc pas, ie vous, en coniure, que la voſtre ait heureuſement reüſſi;

& pour vous tesmoigner que ie ne croy pas estre si bien aueque vous, que vous puissiez estre mal aueque moy, ie vous prie de m'enuoyer les Vers que ie vous ay demandez: mais ie vous prie encore d'estre fortement persuadé, que vous ne pouuiez iamais entreprendre rien de moins vray-semblable, que ce que vous auez entrepris : car enfin à parler sincerement, ie vy d'vne maniere dans le monde, qui fait qu'à moins que d'auoir perdu la raison, & de vouloir perdre mon amitié, & aquerir ma haine, on ne m'escriroit pas vne Lettre d'amour.

Ie m'assure, Madame, que vous connoissez bien qu'encore que ces deux Billets ayent esté escrits sur vn mesme sujet, & par vne mesme Personne ; & que cette Personne eust mesme vn esgal dessein en les escriuant ; qu'il y a pourtant quelque chose de plus sec, & de plus dur, dans celuy qui s'adresse à Horace, que dans l'autre.

LIVRE I.

l'autre. Mais apres cela, il faut que ie vous die l'effet qu'ils produifirent dans l'efprit de ceux qui les receurent le lendemain qu'ils eurent efté efcrits. Imaginez vous donc, Madame, que lors qu'Aronce receut celuy qui luy appartenoit, il en eut vne efmotion de cœur eftrange : car comme il auoit efcrit à Clelie que fi elle ne luy refpondoit pas, il croiroit qu'elle luy feroit fauorable, il penfa, puis qu'elle luy efcriuoit, qu'il alloit receuoir fon Arreft de mort : & ce qui le luy faifoit encore penfer, eftoit que l'Efclaue de Clelie, par les ordres de fa Maiftreffe, auoit donné ce Billet fans en vouloir attendre de refponce : de forte qu'il l'ouurit auec vne inquietude extreme. Mais lors qu'il l'eut lû, fon efprit fut vn peu plus en repos : il eftoit pourtant fort embarraffé à deuiner ce que Clelie vouloit dire, lors qu'elle luy difoit qu'il avoit conferé avec vn autre, la tromperie qu'il luy auoit faite. Neantmoins, apres y auoir bien pensé, il creut que de dessein premedité Clelie auoit voulu faire semblant de croire qu'il luy auoit voulu faire vne malice, afin de n'estre pas obligée de le mal-traiter : & que i'estois celuy qu'elle faisoit semblant de penser qui auoit part à la pretenduë tromperie dont elle parloit dans son Billet. Si bien que regardant cét artifice de Clelie, comme vn procedé obligeant pour luy, il se trouua plus heureux qu'il n'auoit esperé de l'estre. Aussi me receut-il auec assez de ioye lors que i'entray dans sa Chambre vn quart d'heure apres qu'il eut receu ce Billet. Mais comme i'auois assez de chagrin de la colere de Fenice, ie ne l'escoutay pas aussi attentiuement qu'il vouloit l'estre : de sorte que m'en faisant

LIVRE I.

la guerre ; ha ! cruel Amy, me dit il, vous ne vous intereſſez point en ma fortune. Vous prenez vous meſme ſi peu de part à la mienne, luy dis-ie, que i'ay plus de ſuiet de me pleindre de vous, que vous n'en auez de vous pleindre de moy ; car apres m'auoir dit que vous n'eſtes pas ſi miſerable que vous auiez penſé l'eſtre, vous ne me demandez pas comment ie ſuis auec Fenice. Mais pour vous faire voir que vous eſtes plus heureux que moy, liſez la Lettre que ie vous laiſſe : & que cette belle Perſonne m'a eſcrite ſur l'auanture de l'Echo, car ie ſuis preſſé d'aller parler à vne Amie qu'elle a : afin que ie taſche de l'obliger à me iuſtifier aupres d'elle. Apres cela ie luy laiſſay entre les mains vne Lettre de Fenice, & ie le quitay. Mais en ſortant de ſa Chambre, ie trouuay Horace, qui y entroit ; & qui paroiſſoit auoir quelque choſe

Z ij

dans l'esprit qui le faisoit resver : car il ne me connut point. Et en effet, Madame, il faut que vous sçachiez, que la responce de Clelie l'auoit horriblement embarrassé : car il sçauoit bien qu'il n'auoit parlé à personne de l'amour qu'il auoit pour elle, ny de la Lettre qu'il luy auoit escrite : de sorte qu'il ne sçauoit que penser de ce qu'elle luy escriuoit : puis que de quelque coste qu'il regardast la chose, il n'y trouuoit point de vray-semblance. Cependant il sentoit ie ne sçay quoy dans les paroles de Clelie, qui luy faisoit croire qu'il n'auoit aucune part en son cœur : il estoit pourtant persuadé qu'il auroit droit d'y en pretendre, s'il n'estoit point engagé : si bien que pensant alors à ce qu'il n'auoit iamais pensé, il chercha s'il estoit possible que Clelie aimast quelqu'vn : mais apres auoir examiné la chose, il trouua que si cette belle Personne auoit quelque affection particuliere dans le cœur, il falloit que ce fust pour Aronce : & qu'il falloit par consequent, qu'Aronce l'aimast : car il ne la soupçonna point de pouuoir aimer sans estre aimée. Cette pensée ne luy fut pas plustost venuë dans l'esprit, qu'elle y exita vn fort grand trouble. En effet comme Horace est genereux, & qu'il auoit beaucoup d'obligatiou à Aronce, il eut vne estrange agitation de cœur, lors qu'il pensa qu'il pouuoit estre son Riual. Aussi se fit-il alors vn grand combat dans son esprit : & il prit effectiuement la resolution de faire tout ce qu'il pourroit pour vaincre sa passion, s'il aprenoit qu'Aronce aimast Clelie. Si bien que pour rascher de s'en esclaircir auec adresse, il fut chez Aronce : & il y arriua, comme ie l'ay desia dit, lors que i'en sortois. De sorte qu'il tenoit encore la Lettre de Fenice, que ie luy auois baillée : & la responce que Clelie luy auoit faite. Mais dés qu'Aronce vit entrer Horace, il cacha la Lettre de Clelie, & demeura auec celle de Fenice entre les mains, car en cette occasion inopinée il ne pensa qu'à son interest, & ne pensa pas au mien. Il est vray que de la maniere dont estoit cette Lettre, on ne pouuoit connoistre qui l'auoit escrite, si l'on en connoissoit l'escriture : & que l'on ne pouuoit mesme sçauoir à qui elle s'adressoit, parce qu'il n'y auoit point de suscription : ioint que les reproches que Fenice me faisoit estoient faits d'vne maniere qui ne permettoit pas d'en pouuoir connoistre la cause. Horace entrant donc dans la Chambre d'Aronce, auec intention de descouurir par vne conuersation adroite, s'il estoit amoureux de Clelie, afin de tafcher de ne l'eftre plus luy mefme, il vit quelque efmotion fur fon vifage, parce qu'il auoit en effet alors l'efprit affez inquiet: & parce que fuiuant la nature de l'amour, qui fait craindre aux Amans iufques aux plus petites chofes en certaines occafions, il auoit eu peur qu'Horace ne vift la Lettre de Clelie, & ne le connuft. Si bien que cét Amant caché, voyant quelque agitation fur le vifage d'Aronce, & luy voyant vne Lettre entre les mains qui eftoit efcrite dans des Tablettes qu'il tenoit ouuertes fans y penfer, tant il fongeoit peu à moy ; & voyant qu'elles eftoient faites d'vne maniere dont les Dames fe feruent plus ordinairement que les hommes ; il luy demanda apres le premier compliment, fi ces Tablettes venoient de Clelie ? Horace n'ayant alors autre deffein que de luy parler de cette belle Fille sur toutes sortes de suiets ; afin de tascher de remarquer ou par ses actions, ou par ses paroles, s'il auoit lieu de soupçonner qu'il fust amoureux de cette belle Personne. Mais à peine Horace eut-il fait cette demande à Aronce, que cét Amant qui ne s'estoit pas preparé & qui en fut fort surpris, parce qu'il estoit vray, comme vous le sçauez, qu'il auoit sur luy vne Lettre de Clelie ; ne pût s'empescher de rougir, en luy disant que cette Lettre n'estoit pas d'elle. De sorte qu'Horace le remarquant, & ne doutant plus alors que ces Tablettes ne fussent de Clelie, il parla en effet à Aronce comme le croyant ainsi. De grace, luy dit il, ne me desguisez pas la verité ; & si la Lettre que vous tenez est de l'admirable Fille de Sulpicie, comme ie n'en doute presques point, montrez la moy ie vous en coniure : car comme je suis persuadé qu'elle escrit aussi bien qu'elle parle, i'ay vne enuie estrange de voir vne Lettre d'elle : du moins sçay-ie bien, poursuiuit-il, que son carractere est le plus beau du monde, car i'ay veu des Vers escrits de sa main. D'abord Aronce creut qu'en disant vne seconde fois à Horace, que cette Lettre n'estoit point de Clelie, & que le luy disant fort serieusement, il le croiroit, & ne le presseroit plus de la luy montrer : mais il en arriua autrement ; car Horace redoublant alors ses prieres, & les redoublant auec empressement, il luy persuada qu'il soupçonnoit quelque chose de sa passion. Si bien que craignant extrémement qu'il la sceust, de peur qu'il ne la fist sçauoir à Clelius, auec qui il auoit vne liaison tres-estroite; il se resolut à luy montrer la Lettre de Fenice, & à luy faire vne fausse confidence en la luy montrant, afin de luy faire perdre l'opinion qu'il fuſt amoureux de Clelie, s'il eſtoit vray qu'il en euſt la penſée. De ſorte que pour cacher mieux ſa paſſion ; ie ne ſçay Horace, luy dit il en luy baillant les Tablettes qu'il tenoit, d'où vient que vous ne me croyez pas ; mais pour vous faire voir que vous auez tort, voyez ſi cette eſcriture eſt de Clelie, puis que vous connoiſſez la ſienne. Mais apres auoir veu cette Lettre, pourſuiuit il, n'en parlez point ie vous en coniure : car encore que ie ſois reſolu de n'auoir iamais nul commerce auec la Perſonne qui l'à eſcrite ie ne veux pourtant pas eſtre indiſcret ; c'eſt pourquoy Horace, ne dites iamais à qui que ce ſoit, ſans exception aucune, que vous ayez veu vne Lettre de cette nature entre mes mains. Comme vous ne me dites pas le nom de celle qui l'a eſcrite, repliqua Horace apres l'auoir leuë, il ne me feroit pas aifé de vous eftre infidelle, quand mefme ie le voudrois : car que pourrois-ie dire qui puft diuertir ceux à qui ie voudrois conter que vous m'auez montré cette Lettre, puis que ie n'en fçay autre chofe finon que c'eft vne Dame irritée qui vous efcrit, & qui vous efcrit auec vne colere fi piquante, que ie croy qu'elle s'appaifera aifément quand vous le voudrez; & qu'elle a bien plus de difpofition à vous aimer, qu'à vous haïr ? Quoy qu'il en foit, dit Aronce, n'en parlez point ie vous en coniure : car dans les fentimens où ie fuis prefentement, ie fuis affuré que ie ne parleray iamais d'amour à cette Perfonne. Pendant qu'Aronce parloit ainfi, Horace auoit vne ioye extréme de pouuoir croire qu'il n'eftoit point amoureux de Clelie : car encore que fon Amy luy dift qu'il n'auroit iamais nul commerce auec la Personne de qui il auoit veu la Lettre, il escoutoit cela comme le discours d'vn Amant irrité, qui croit quelquesfois haïr lors qu'il aime le plus fortement ; ainsi il ne doutoit point du tout qu'Aronce n'eust vn grand engagement auec cette Dame, dont il auoit veu la Lettre. Si bien que croyant qu'il n'estoit point exposé à estre Riual d'vn homme à qui il deuoit la vie, & qu'il aimoit fort, il en eut vne ioye extréme: & pour empescher que le malheur qu'il auoit aprehendé ne peust iamais luy arriuer, il se resolut durant qu'Aronce auoit de l'amour pour vne autre, de luy dire qu'il en auoit pour Clelie, quoy qu'il n'aime pas naturellement à dire ses secrets ; car comme il le connoissoit pour estre fort genereux, il pensa que s'il en auoit fait vne fois son Confident, il ne deuiendroit iamais son Riual. C'est pourquoy prenant la parole, en regardant obligeamment Aronce; pour vous faire voir combien voſtre amitié m'eſt chere, luy dit-il, ie veux mieux agir auecque vous, que vous n'agiſſez auec moy : car enfin ie vous ay preſques deſrobé voſtre ſecret, & ie m'en vay volontairement vous confier le mien. Sçachez donc pourſuiuit-il, que depuis long-temps ie ſuis amoureux plus que perſonne ne l'a iamais eſté : auſſi ſentay-ie tous les iours renouueler la haine que i'ay touſiours euë pour Tarquin ; parce que ie le regarde comme la cauſe de tous les ſuplices qui me ſont preparez. Aronce entendant parler Horace de cette ſorte, s'imagina qu'il eſtoit amoureux à Rome, & ne comprit point du tout qu'il haïſt Tarquin plus qu'à l'ordinaire, parce que c'eſtoit ſon exil qui auoit cauſé la paſſion qu'il auoit pour Clelie. De sorte que voulant tesmoigner à Horace qu'il s'interessoit obligeamment à ce qui le regardoit, il le pleignit d'auoir vne passion si cruelle dans le cœur : le priant en suitte de vouloir luy dire son auanture. Helas! mon cher Amy, luy dit-il, mon auanture se raconte en peu de paroles : car dés que ie vous auray dit que i'aime sans estre aimé, i'auray dit tout ce qui m'est arriué depuis que ie suis amoureux. Mais comment l'absence, reprit Aronce, ne vous a t'elle point gueri d'vn amour si mal reconnuë? Comme il parloit ainsi, & qu'Horace alloit luy dire qu'il n'estoit point absent de la Personne qu'il aimoit, & qu'il alloit enfin luy nommer Clelie; Clelius entra dans la Chambre d'Aronce, & rompit la conuersation de ces deux Riuaux, qui se connoissoient si mal. Elle ne put mesme se rénoüer ce iour là, ny de long temps apres: car comme Aronce ne vouloit pas rendre secret pour secret à Horace, il fuyoit pluſtoſt ſa rencontre qu'il ne la cherchoit. Horace de ſon coſté auoit l'eſprit ſi chagrin, que quoy qu'il euſt eu deſſein de ſe confier à Aronce, il ne le fit point, parce que l'occaſion ne ſe preſenta pas d'elle meſme. Cependant comme il croyoit Aronce engagé en vn autre amour, il abandonna entierement ſon cœur à celle qu'il auoit pour Clelie. Mais pour en reuenir aux deux Lettres que ces deux Riuaux luy auoient eſcrittes; & aux deux reſponces qu'elle luy auoit faites; il faut que vous ſçachiez que le hazard fit qu'Aronce fut trois iours ſans pouuoir voir Clelie, quoy qu'il la cherchaſt: car dans la reſolution qu'il auoit priſe de ne combatre plus ſon amour, il ſe reſolut à luy dire que ce qu'il luy auoit eſcrit eſtoit poſitiuement vray.

Pour Horace, bien qu'il eut resolu d'aimer Clelie, il ne laissoit pas d'aprehender de la voir : de peur qu'elle ne luy dist des choses fâcheuses, lors qu'il luy diroit de viue voix ce que sa Lettre luy auoit desia dit. Mais à la fin par vn cas fortuit estrange, ces deux Riuaux se rencontrerent vne apresdinée à la Porte de Clelius, auec vn esgal dessein de voir Clelie. Horace ne dit pourtant rien de particulier à Aronce, parce qu'il auoit aueque luy vn Amy qu'il auoit fait à Capoüe, appellé Stenius : & qu'il auoit mené afin qu'il entretinst Sulpicie, & qu'il pûst entretenir sa Fille. De sorte qu'estant entrez sans se rien dire qui pust leur faire connoistre l'vn à l'autre ce qu'ils auoient dans le cœur ; ils entrerent comme deux hommes qui auoient vne grande amitié ensemble. Ils furent pourtant fort interdits, lors qu'ils aprocherent

cherent de Clelie ; si bien que cette belle Personne les voyant tous deux à la fois, & voyant sur leur visage vne esgalle agitation, se confirma tellement en l'opinion qu'elle auoit euë, qu'ils s'estoient vnis pour luy faire vne galante malice, en luy escriuant comme ils auoient fait, qu'elle n'en douta point du tout. Il arriua mesme qu'Aronce ayant remarqué le changement de visage d'Horace, le regarda, & qu'Aronce ayant fait la mesme remarque, regarda Horace; si bien que Clelie pensant qu'ils se faisoient quelque signe d'intelligence pour la tromper, se détermina à leur dire qu'ils n'estoient pas arriuez à leur fin. De sorte que prenant la parole en soûriant ; vous voyez bien, leur dit-elle, par la lumiere dont ie vous reçois tous deux, que vous ne m'auez pas trompée, & que vostre fourbe a mal reüssi ; c'est pourquoy ne l'entreprenez plus vne autre fois, si vous ne voulez auoir la honte d'eſtre encore deſcouuerts ; car puis que vous ne m'auez pû tromper, lors que ie ne me deffiois pas de vous, iugez ſi vous le pourriez faire preſentement, que vous vous eſtes rendus ſuſpects. Aronce, & Horace, entendant parler Clelie de cette ſorte, furent eſtrangement ſurpris ; car ce qu'elle leur diſoit conuenant à ce qu'elle leur auoit eſcrit à chacun en particulier ils connurent par là qu'il faloit qu'ils euſſent eſcrit tous deux; & qu'ils euſſent eſcrit d'amour, puis qu'elle leur parloit eſgallement. Si bien que ne pouuant s'empeſcher de teſmoigner leur ſurpriſe, & leur eſtonnement, ils changerent de couleur, ils s'entreregarderent, & regarderent apres Clelie comme s'ils euſſent voulu chercher dans ſes yeux, ce qu'ils deuoient penſer, & ce qu'il deuoient luy respondre. D'ailleurs, Clelie voyant l'agitation de leur esprit, connut alors qu'elle s'estoit trompée ; & en rougit par vn sentiment de modestie, meslé de confusion. Neantmoins elle iugea qu'il n'estoit pas à propos de se desdire ; & en effet elle continua de leur faire la guerre, comme elle auoit commencé ; car apres qu'Aronce fut reuenu de son estonnement ; en mon particulier, Madame, luy dit-il, ie puis vous protester que ie ne vous ay point voulu tromper ; & Horace sçait bien que ie ne luy ay iamais proposé de vous faire nulle malice. I'aduoüe ce que vous dittes, repliqua-t'il, mais aduoüez aussi que ie ne vous ay de ma vie proposé de faire nulle fourbe à la belle Clelie ; afin que comme ie sers à vostre iustification, vous seruiez aussi à la mienne. La maniere dont vous voulez vous iustifier, reprit elle, vous rendoit peut-eſtre plus coupables que vous ne penſez; c'eſt pourquoy ſi vous m'en croyez, laiſſez moy confondre entre vous deux, le crime dont ie vous accuſe. Du moins, aimable Clelie, reprit Aronce auec precipitation, ditte moy ſi le crime d'Horace eſt de la nature du mien? de grace, Madame, adiouſta Horace, n'accordez pas à Aronce ce qu'il vous demande, ſans m'accorder la meſme choſe; & ſans me dire ſi la fourbe dont vous l'accuſez, eſt ſemblable à celle dont vous m'auez accuſé? Si ie vous diſois ce que vous me demandez, repliqua Clelie auec beaucoup de prudence, ie vous donnerois la gloire de m'auoir trompée, puis que ie prendrois la peine de vous dire vne choſe que ie preſupoſe que vous ſçauez; mais enfin ſoit que voſtre crime ſoit eſgal, ou qu'il ne le ſoit pas, n'y retournez plus; car de l'humeur dont ie suis, ie ne puis souffrir ces sortes de malices. Aportez donc quelque soin à me faire oublier celle que vous m'auez faite : & ne m'en faites iamais, si vous ne voulez que ie vous craigne, & que ie vous fuye, comme si ie vous haïssois horriblement. Ie ne sçay pas, repliqua Aronce, ce qu'Horace a fait ou dit qui vous ait fâché : mais pour moy, Madame, ie vous proteste que si ce que i'ay fait vous a desplû, ie suis exposé à vous desplaire toute ma vie. Ceux qui ont auancé vne chose, adiousta Horace, ne s'en desdisent pas si aisément : c'est pourquoy, Madame, vous ne deuez pas trouuer estrange si ie dis ce que vous a desia dit Aronce : & si ie vous assure que si ie suis criminel, ie le seray iusques à la mort. Ie souffriray le reste du iour, repliqua Clelie, que vous fassiez semblant de croire qu'en effet vous m'auez trompée : mais ie vous declare que ma patience n'ira pas plus loin que cela : & que si demain vous me parliez encore ainsi, j'agirois effectiuement comme si vostre tromperie auoit reüssi. Comme Clelie acheuoit de prononcer ces paroles, vn Amy d'Horace entra, & j'entray vn moment apres auec Fenice, auec qui j'auois fait ma paix depuis que j'auois eu quitté Aronce. Il est vray que pour la confirmer mieux, ie n'auois pas esté marry de l'accompagner chez Clelie; afin qu'elle peust entendre de sa bouche, que c'auoit esté Horace qui auoit fait cette Chanson qui auoit causé nostre querelle, parce qu'elle m'accusoit de l'auoir faite ; & en effet, ie tournay la conuersation d'vne certaine maniere, que j'acheuay de me iustifier aupres de Fenice. Mais ie fus fort surpris de voir qu'Aronce, & Horace, estoient esgallement melancoliques ; & qu'eux qui auoient accouſtumé d'auoir beaucoup de ciuilité l'vn pour l'autre, auoient quelque diſpoſition à ſe contredire. Ie m'aſſure, Madame, que ce que ie vous dis vous ſurprend ; car apres vous auoir dit qu'Horace auoit eu deſſein de s'eſclaircir, ſi Aronce n'eſtoit point ſon Riual, afin de taſcher s'il l'eſtoit, de vaincre ſa paſſion ; ie m'aſſure, dis-ie, Madame, que vous eſtes bien eſtonnée de voir ce commencement d'aigreur, principalement dans l'eſprit d'Horace. Mais il faut pourtant dire, qu'il n'en eſt pas coupable; parce qu'il eſt tellement naturel de ne pouuoir aimer vn Riual, que quelque obligation qu'il euſt à Aronce, il ne puſt le regarder comme eſtant le ſien, ſans ſentir dans ſon cœur vne agitation extreſme. Aronce de ſon coſté ne doutant plus qu'Horace n'aimaſt Clelie, en eut vne douleur tres-sensible : & tout raisonnable qu'il est, il ne pust s'empescher, à ce qu'il me dit apres, d'estre aussi irrité contre Horace, que si apres l'auoir fait le Confident de sa passion, il fust deuenu son Riual. Il tascha pourtant de vaincre les sentimens tumultueux de son cœur ; & en effet, ces deux Riuaux sortirent ensemble de chez Sulpicie, comme s'ils n'eussent rien eu dans l'ame, qui eust commencé de changer leurs sentimens. Mais ce qu'il y eust de remarquable en cette auanture, fut qu'Aronce, & Horace, prirent tous deux vn esgal dessein ; car Horace prit la résolution d'acheuer de dire à Aronce, quelle estoit l'amour qu'il auoit dans l'ame : & Aronce prit celle de deuancer Horace, & de luy dire le premier qu'il estoit amoureux de Clelie. De sorte que ces deux Riuaux au lieu de se fuyr, sortirent ensemble de chez Clelie, comme i'ay desia dit : & s'estant proposé en mesme temps de s'aller promener, ils furent dans vn Iardin public, où tout le monde auoit la liberté d'aller. Mais ils n'y furent pas plustost, que voulant tous deux s'entre-deuancer à la Confidence qu'ils se vouloient faire, ils s'en empescherent durant quelque temps, par leur propre impatience. En effet, dés qu'ils furent dans ce Iardin, Aronce prenant la parole ; comme ie vous estime infiniment, dit-il à Horace, ie seray bien aise de vous dire ce qu'il y a de plus important en ma vie. Eh de grace, dit alors Horace, acheuez de m'escouter, auant que vous me disiez rien ; car il n'est pas iuste que vous me priuiez de l'auantage de vous auoir fait la premiere Confidence, puis qu'effectiuement c'est moy qui ay commencé de vous dire ce que i'auois de plus secret dans le cœur. Quand ie vous auray dit que ie suis amoureux de Clelie, interrompit Aronce, vous me direz apres ce qu'il vous plaira. Ha! Aronce, s'escria Horace, ie n'ay plus rien à vous dire, apres ce que vous venez de m'apprendre; si ce n'est que ie crains bien d'estre forcé d'estre ingrat enuers vous, & de ne pouuoir cesser d'estre vostre Riual. Quoy Horace, reprit Aronce, il est donc vray que vous aimez Clelie? Oüy Aronce, repliqua-t'il, ie l'aime; & c'estoit pour tascher de descouurir si vous l'aimiez, que i'auois esté chez vous, le iour que Clelius nous interrompit : & s'il faut vous dire les choses comme elles sont, ie vous diray encore que lors que i'entray dans vostre Chambre, i'auois fait la resolution, si ie descouurois que vous fussiez mon Riual, de faire tout ce que ie pourrois pour vaincre ma passion. Mais à vous dire la verité, ie ne sçay si ie pourray seulement vouloir ce que ie voulois alors ; car depuis que i'ay connu que vous aimez Clelie, ie fens vne agitation si terrible dans mon cœur, que ie ne sçay presentement si ie veux aimer Clelie ; si ie vous veux haïr ; ou si ie me veux haïr moy-mesme ; & tout ce que ie sçay auec certitude, est que ie voudrois bien ne manquer à rien de ce que ie dois à nostre amitié, & n'abandonner pas Clerie. Ha ! Horace, s'escria Aronce, ce que vous voulez n'est pas possible ; car si nous aimons tous deux Clelie, il faut de necessité que nous nous haïssions. Ie vous ay tant d'obligation, reprit Horace, que ie ne pense pas que l'amour que i'ay pour elle, & l'amitié que i'ay pour vous, soient tout à fait incompatibles. Si ce que vous dittes est vray, repliqua Aronce, c'est à vous à me ceder Clelie ; car il faut absolument que vous l'aimiez moins que ie ne l'aime: puis qu'il est vray que ie ne croy pas qu'il soit possible que ie vous puisse regarder trois iours comme mon Riual, sans vous haïr. Ce n'est pas, poursuiuit-il, que ie sois moins genereux que vous : mais c'est assurément que i'ay plus d'amour que vous n'en auez. Ha ! Aronce, repliqua Horace, ie m'oppose à ce que vous dittes ; car on ne peut pas auoir plus d'amour que i'en ay; mais c'est que ne me deuant pas autant que ie vous dois, vous n'estes pas si obligé à m'aimer. Non, non, respondit Aronce, ce n'est point par cette raison; car si i'ay deffendu vostre vie, vous auez aussi deffendu la mienne : ainsi ie vous declare que ie ne pretens nullement que vous me deuiez plus que ie ne vous dois : & si vous renonciez aux pretentions que vous auez pour Clelie, ie voudrois vous en tenir conte comme d'vne chose que vous n'estes pas obligé de faire. Plûst aux Dieux, reprit Horace, pouuoir estre en estat de faire ce que vous dittes, car ie le ferois par vn autre motif, mais de souffrir que vous faciez ce que vous pourriez pour vous faire aimer de Clelie, sans que ie face la mesme chose, c'est ce que ie ne croy pas que ie puisse faire. Il est vray que ie ne vous puis faire vn grand obstacle: puis que si ie ne suis trompé, ie ne suis pas trop bien dans l'esprit de Clelie. Ha! Horace, s'escria Aronce, vous n'estes pas seulement vn des hommes du monde le plus accompli, vous estes encore Romain ; & ie suis vn malheureux Inconnu qui ne puis vous nuire. Toutesfois ie ne laisse pas d'esperer, sans auoir aucun suiet d'esperance, ainsi n'attendez pas que ie puisse iamais souffrir que vous aimiez Clelie, quoy que mille raisons vouluſſent que ie ne l'aimaſſe pas. Si vous voulez) repliqua Horace apres auoir reſvé vn moment) me promettre de faire ce que vous pourrez pour ne l'aimer plus, ie feray la meſme choſe : quand ie vous promettray ce que vous me demandez, repliqua Aronce, nous nous retrouuerons dans quelques iours au meſme eſtat où nous ſommes auiourd'huy : puis que ie ſuis aſſuré que ie ne ſçaurois ceſſer d'aimer Clelie. De ſorte que tout ce que ie puis, eſt de rapeller toute ma generoſité, pour m'empeſcher de vous haïr, ou pour vous haïr vn peu moins qu'on ne haït d'ordinaire ſon Riual ; car comme ie ſuis fort ſincere, ie ne puis vous dire des choſes que ie ne penſe pas, Aimons donc Clelie, pourſuiuit-il, puis que noſtre Deſtin le veut ; & ſoyez ſeulement perſuadé, qu'il n'y a que l'amuor que i'ay pour elle, qui me puiſſe faire haïr

Horace. Ie sens pourtant bien, adiousta cét illustre Amant, que si vous
n'estes pas plus heureux que moy, ie
ne vous haïray point ; & ie suis mesme
persuadé que si ie ne suis pas plus
heureux que vous, vous ne me
haïrez pas. Ainsi on peut dire que
Clelie en disposant de son cœur met-
tra dans le vostre, & dans le mien,
de la haine, ou de l'amitié, selon que
nous serons heureux, ou malheureux.
Ce qu'il y a d'auantageux pour nous à
ce que ie dis, c'est que si ie vous haïs par
ce que vous serez aimé de Clelie, son
affection vous consolera de ma haine:
& que si ie vous suis preferé, i'auray
lieu de me consoler de la vostre.
Comme ces deux Riuaux en estoient
là : le hazard me conduisit où ils
estoient ; si bien que comme ie remarquay quelque alteration en leur visage, qui me donna de l'inquietude,
ie les pressay tant de me dire ce qu'ils

auoient à demesler, que ie deuins le Depositaire des promesses qu'ils se firent, de ne s'entre-nuire point aupres de Clélie, par nulle autre voye que par celle de tascher de s'en faire aimer. Ils se promirent mesme de ne s'entre-descouurir point à Clelius, & d'attendre à rompre d'amitié ensemble, que Clelie en eust choisi vn des deux. Et en effet ils vescurent quelque temps auec la mesme ciuilité, qu'ils auoient accoustumé d'auoir l'vn pour l'autre; mais ie suis asseuré que dans le fonds de leur cœur, leurs sentimens estoient bien changez; & que si leur propre generosité ne les eust obligez à se contraindre, ils se fussent broüillez plus d'vne fois, sur des pretextes assez legers. Ils furent pourtant Maistres d'eux mesmes, comme ie l'ay desia dit; & ils vescurent si bien ensemble, que si Clelie n'eust pas desia sceu leur amour, elle eust ne eu peine à connoistre lors qu'ils estoient Riuaux. Cependant ils prirent chacun vne resolution differente, pour agir auec Clelie : car Horace prit celle, apres luy auoir descouuert son amour, de la presser continuellement de luy vouloir estre fauorable : & Aronce au contraire se resolut de dire à Clelie qu'il ne vouloit rien ; qu'il n'esperoit rien ; & qu'il ne demandoit autre chose que la seule grace d'estre creû son Amant, quoy qu'il ne pretendist d'en estre aimé ; que comme le premier d'vn petit nombre de Gens que Clelie apelloit ses tendres Amis : à la distinction de beaucoup d'autres qui n'auoient pas vne place si auantageuse dans son cœur. De sorte que Clelie trouuant Aronce bien plus commode qu'Horace, le fuyoit moins que son Riual : elle leur deffendit pourtant à chacun en particulier, de luy parser iamais d'amour: mais quoy qu'A-ronce luy obeïst mieux qu'Horace, il luy en persuada pourtant dauantage: & l'empressement du premier, fit si bien paroistre la discretion du second, qu'il en fut beaucoup moins malheureux. Comme les choses en estoient là, il arriua à Capouë vn Romain apellé Herminius, qui est vn homme d'vn merite extraordinaire, & qui a vn tour si galant dans l'esprit, qu'on ne peut l'auoir plus agreable. Mais, Madame, comme ie n'ay pas le loisir de vous en faire la Peinture, parce qu'il y auroit trop de choses à dire pour vous le faire bien connoistre, il suffit que ie vous die que comme il estoit Romain; qu'il estoit exilé par Tarquin; qu'il estoit de la connoissance d'Horace; & que de plus il estoit fort honneste homme, comme ie l'ay desia dit; il suffit dis-ie, que ie vous die toutes ces choses en general pour vous faire comprendre que Clelius qui aimoit tout ce qui estoit aimable, & tout ce que haïssoit le Tirran de Rome, ne sceut pas plustost qu'Herminius estoit à Capouë; qu'il luy offrit tout ce qui dépendoit de luy, & qu'il pria Aronce de vouloir lier amitié auec cét illustre Romain. Il le mena mesme à Sulpicie, & à sa Fille, qui n'eurent pas grand peine à se resoudre de faire ciuilité à vn si honneste homme. Mais, Madame, il faut que vous sçachiez, qu'Herminius fut si touché du merite de Clelie, que quoy qu'il fust ardemment amoureux à Rome, & que ce ne soit pas l'ordinaire, que ceux qui ont vne violente amour, puissent auoir en mesme temps vne violente amitié, il est pourtant vray qu'il eut vn empressement estrange, à vouloir aquerir quelque place en celle de l'admirable Clelie : & si Horace ne nou-

Bb ij

eust apris ce qu'il sçauoit de ses auantures, & qu'il ne nous eust mesme fait voir diuerses choses infiniment galantes, qu'il auoit faites pour sa Maistresse, nous eussions presques creû qu'il estoit amoureux de Clelie: car il la loüoit auec vne certaine exageration, qui semble estre particuliere à l'amour; il la cherchoit auec vn soin extréme; il estoit rauy de ioye quand il estoit aupres d'elle; il s'ennuyoit quand il ne la voyoit pas; & il tesmoignoit souhaiter si fortement son amitié, qu'Aronce & Horace ne desiroient pas plus passionnément son amour. Cependant quoy qu'il taschast à la diuertir de cent manieres differentes; qu'il essayast de deuiner tout ce qui luy pouuoit plaire, & qu'il luy plust en effet; Horace ny Aronce n'en auoient point d'inquietude, parce qu'ils sçauoient qu'il estoit amoureux à Rome. Ainsi tous ceux qui le voyoient chez Clelie l'aimoient : & Clelie mesme l'estimoit infiniment. Cependant cette admirable Fille, viuoit de façon qu'elle n'auoit pas vn Amant qui ne fust obligé de se cacher sous le nom d'Amy, & d'appeller son amour amitié, car autrement ils eussent esté bannis de chez elle : & Aronce & Horace se disoient Amis comme les autres, si ce n'estoit en certaines occasions ineuitables, où ce dernier importunoit estrangement Clelie, par ses pleintes continuelles. Pour moy qui estois amoureux de Fenice, i'estois aussi Amy de Clelie : & ie me souuiens d'vn iour entre les autres, qu'Aronce, Herminius, Horace, Fenice, & moy, estions auprés de Clelie, chez qui il y auoit aussi beaucoup d'autres Personnes, que Sulpicie entretenoit : car il faut que vous sçachiez, que ce iour là fut vn des plus agreables iours du monde, veû la maniere dont la conuersation se tourna. En effet comme Herminius estoit vn Galant d'amitié qui ne pouuoit s'empescher de dire tousiours quelque chose de tendre à Clelie; Aronce pour luy en faire la guerre, luy dit qu'il ne pouuoit choisir personne à dire des douceurs d'amitié, qui connust mieux la veritable tendresse que Clelie la connoissoit : adioustant que s'il vouloit se contenter de l'entendre définir, il seroit le plus heureux Amy du monde : parce que Clelie en parloit mieux, que qui que ce soit n'en auoit iamais parlé. S'il est vray que ie n'en parle pas mal, repliqua-t'elle, c'est parce que mon cœur m'a apris à en bien parler, & qu'il n'est pas difficile de dire ce que l'on sent ; mais il ne faut pas conclurre de là, adiousta cette belle Personne, que tous ceux que i'appelle mes Amis, soient de mes tendres Amis, car i'en ay de toutes les façons dont on en peut auoir. En effet i'ay de ces demis Amis, s'il est permis de parler ainsi, qu'on apelle autrement d'agreables connoissances : i'en ay qui sont vn peu plus auancez, que ie nomme mes nouueaux Amis; i'en ay d'autres que i'apelle simplement mes Amis: i'en ay aussi que ie puis apeller des Amis d'habitude : i'en ay quelques-vns que ie nomme de solides Amis: & quelques autres que i'apelle mes Amis particuliers ; mais pour ceux que ie mets au rang de mes tendres Amis, ils sont en fort petit nombre; & ils sont si auant dans mon cœur, qu'on n'y peut iamais faire plus de progrés. Cependant ie distingue si bien toutes ces sortes d'amitiez, que ie ne les confonds point du tout. Eh de grace aimable Clelie, s'escria Herminius, dittes moy où i'en suis, ie vous en coniure, vous en estes encore à Nouuelle Amitié, reprit-elle en riant : & vous ne serez de long-temps plus loin. Du moins, repliqua-t'il en soûriant, aussi bien qu'elle, ne serois-ie pas marry de sçauoir combien il y a de Nouuelle Amitié à Tendre. A mon aduis, reprit Aronce, peu de Gens sçauent la Carte de ce Païs là : c'est pourtant vn beau voyage que beaucoup de Gens veulent faire, repliqua Herminius, & qui meriteroit bien qu'on sceust la route qui peut conduire à vn si aimable lieu : & si la belle Clelie vouloit me faire la grace de me l'enseigner, ie luy en aurois vne obligation éternelle. Peut-estre vous imaginez vous, reprit Clelie, qu'il n'y a qu'vne petite Promenade, de Nouuelle Amitié à Tendre ; c'est pourquoy auant que de vous y engager ie veux bien vous promettre de vous donner la Carte de ce Païs qu'Aronce croit qui n'en a point. Eh! de grace, Madame, luy dit-il alors, s'il est vray qu'il y en ait vne, donnez la moy aussi bien qu'à Herminius. Aronce n'eut pas plustost dit cela, qu'Horace fit la mesme priere ; que ie demanday la mesme grace : & que Fenice pressa aussi fort Clelie de nous donner la Carte d'vn Païs dont personne n'auoit encore fait de Plan. Nous ne nous imaginasmes pourtant alors autre chose, sinon que Clelie escriroit quelque agreable lettre, qui nous instruiroit de ses veritables sentimens : mais lors que nous la pressasmes, elle nous dit qu'elle l'auoit promise à Herminius, que ce seroit à luy qu'elle l'enuoiroit, & que ce seroit le lendemain. De sorte que comme nous sçauions que Clelie escriuoit fort galamment, nous eusmes beaucoup d'impatience de voir la Lettre que nous presuposions qu'elle deuoit escrire à Herminius; & Herminius luy mesme en eut tant, qu'il escriuit dés le lendemain au matin vn Billet à Clelie, pour la sommer de sa parole; & comme il estoit fort court, ie croy que ie ne mentiray pas, quand ie vous diray qu'il estoit tel.

HERMINIVS A LA BELLE CLELIE.

COMME ie ne puis aller de Nouuelle amitié à Tendre, si vous ne me tenez vostre parole, ie vous demande la Carte que vous m'auez promise: mais en vous la demandant, ie m'engage à partir dés que ie l'auray receuë, pour faire vn voyage que i'imagine si agreable, que i'aimerois mieux l'auoir fait que d'auoir veû toute la Terre, quand mesme ie devrois receuoir vn Tribut de toutes les Nations qui sont au monde.

Lors que Clelie receut ce Billet, i'ay sceu qu'elle auoit oublié ce qu'elle auoit promis à Herminius : & que n'ayant escouté toutes les prieres que nous luy auions faites, que comme vne chose qui nous diuertissoit alors, elle auoit pensé qu'il ne nous en souuiendroit plus le lendemain. De sorte que d'abord le Billet d'Herminius la surprit ; mais comme dans ce temps là, il luy passa dans l'esprit vne imagination qui la diuertit elle mesme, elle pensa qu'elle pourroit effectiuement diuertir les autres : si bien que sans hesiter vn moment, elle prit des Tablettes, & escriuit ce qu'elle auoit si agreablement imaginé : & elle l'executa si viste, qu'en vne demie heure elle eut commencé, & acheué ce qu'elle auoit pensé : apres moy ioignent vn Billet à ce qu'elle auoit fait, elle l'enuoya à Herminius, auec qui Aronce & moy estions alors. Mais nous fusmes bien estonnez, lors qu'Herminius apres auoir veû ce que Clelie, luy venoit d'enuoyer, nous fit voir que c'estoit effectiuement vne Carte dessignée de sa main, qui enseignoit par où l'on pouuoit aller de *Nouuelle Amitié* à *Tendre* : & qui ressemble tellement à vne veritable Carte, qu'il y a des Mers, des Riuieres, des Montagnes, vn Lac, des Villes, & des Villages ; & pour vous le faire voir, Madame, voyez ie vous prie vne Coppie de cette ingenieuse Carte, que i'ay tousiours conseruée soigneusement de depuis cela.

A ces mots Celere donna effectiuement la Carte qui suit cette page, à la Princesse des Leontins, qui en fut agreablement surprise : mais afin qu'elle en connust mieux tout l'artifice, il luy expliqua l'intention que Clelie auoit euë, & qu'elle auoit elle mesme expliquée à Herminius, dans le Billet qui acompagnoit cette Carte. Si bien qu'apres que la Princesse des Leontins l'eust entre les mains, Celere luy parla ainsi.

ie
ing
col
cel

Vous vous souuenez sans doute bien, Madame, qu'Herminius auoit prié Clelie de luy enseigner par où l'on pouuoit aller de *Nouuelle Amitié* à *Tendre* : de sorte qu'il faut commencer par cette premiere Ville qui est au bas de cette Carte, pour aller aux autres ; car afin que vous compreniez mieux le dessein de Clelie, vous verrez qu'elle a imaginé qu'on peut auoir de la tendresse par trois causes differentes ; ou par vne grande estime, ou par reconnoissance, ou par inclination ; & c'est ce qui l'a obligée d'establir ces trois Villes de Tendre, sur trois Riuieres qui portent ces trois noms, & de faire aussi trois routes differentes pour y aller. Si bien que comme on dit Cumes sur la Mer d'Ionie, & Cumes sur la Mer Thyrrene, elle fait qu'on dit Tendre sur Inclination, Tendre sur *ne*, & Tendre sur Reconnoissan-

ce. Cependant comme elle a presupposé que la tendresse qui naist par inclination, n'a besoin de rien autre chose pour estre ce qu'elle est; Clelie, comme vous le voyez, Madame, n'a mis nul Village, le long des bords de cette Riuiere, qui va si viste, qu'on n'a que faire de logement le long de ses Riues, pour aller de Nouuelle Amitié à Tendre. Mais pour aller à Tendre sur Estime, il n'en est pas de mesme: car Clelie a ingenieusement mis autant de Villages qu'il y a de petites & de grandes choses, qui peuuent contribuer à faire naistre par estime, cette tendresse dont elle entend parler. En effet vous voyez que de Nouuelle Amitié on passe à vn lieu qu'elle apelle Grand esprit, parce que c'est ce qui commence ordinairement l'estime : en suite vous voyez ces agreables Villages de Iolis Vers, de Billet galant, & de Billet doux, qui
sont

font les operations les plus ordinaires du grand esprit dans les commencemens d'vne amitié. En suitte pour faire vn plus grand progrés dans cette route, vous voyez Sincerité, Grand Cœur, Probité, Generosité, Respect, Exactitude, & Bonté, qui est tout contre Tendre: pour faire connoistre qu'il ne peut y auoir de veritable estime sans bonté: & qu'on ne peut arriuer à Tendre de ce costé là, sans auoir cette precieuse qualité. Apres cela, Madame, il faut s'il vous plaist retourner à *Nouuelle Amitié*, pour voir par quelle route on va de là à *Tendre sur Reconnoissance*: Voyez donc ie vous en prie, comment il faut aller d'abord de Nouuelle Amitié à Complaisance: en suitte à ce petit Village qui se nomme Soumission; & qui en touche vn autre fort agreable, qui s'apelle Petits Soins. Voyez, dis-je, que de là, il faut passer par Assiduité, pour faire entendre que ce n'est pas assez d'auoir durant quelques iours tous ces petits soins obligeans, qui donnent tant de reconnoissance, si on ne les a assidûment. En suite vous voyez qu'il faut passer à vn autre Village qui s'apelle Empressement : & ne faire pas comme certaines Gens tranquiles, qui ne se hastent pas d'vn moment, quelque priere qu'on leur face : & qui sont incapables d'auoir cét empressement qui oblige quelquesfois si fort. Apres cela vous voyez qu'il faut passer à Grands Seruices : & que pour marquer qu'il y a peu de Gens qui en rendent de tels, ce Village est plus petit que les autres. En suite, il faut passer à Sensibilité, pour faire connoistre qu'il faut sentir iusques aux plus petites douleurs de ceux qu'on aime. Apres il faut pour arriuer à Tendre, passer par Tendresse, car l'amitié attire l'amitié. En suite il faut aller à Obeïssance : n'y ayant presques rien qui engage plus le cœur de ceux à qui on obeït, que de le faire aueuglément : & pour arriuer enfin où l'on veut aller : il faut passer à Constante Amitié, qui est sans doute le chemin le plus seur, pour arriuer à Tendre sur reconnoissance. Mais Madame, comme il n'y a point de chemins où l'on ne se puisse esgarer, Clelie a fait, comme vous le pouuez voir, que si ceux qui sont à Nouuelle Amitié, prenoient vn peu plus à droit, ou vn peu plus à gauche, ils s'esgareroient aussi : car si au partir de Grand Esprit, on alloit à Negligence, que vous voyez tout contre sur cette Carte ; qu'en suite continuant cét esgarement, on allast à Inesgalité ; de là à Tiedeur ; à Legereté ; & à Oubly ; au lieu de se trouuer à Tendre sur Estime, on se trouueroit au Lac d'Indifference que vous voyez marqué sur cette Carte; & qui par ses eaux tranquiles, represente sans doute fort iuste, la chose dont il porte le nom en cét endroit. De l'autre costé, si au partir de Nouuelle Amitié, on prenoit vn peu trop à gauche, & qu'on allast à Indiscretion, à Perfidie, à Orgueil, à Medisance, ou à Meschanceté; au lieu de se trouuer à Tendre sur Reconnoissance, on se trouueroit à la Mer d'Inimitié, où tous les Vaisseaux font naufrage; & qui par l'agitation de ses Vagues, conuient sans doute fort iuste, auec cette impetueuse passion, que Clelie veut representer. Ainsi elle fait voir par ces Routes differentes, qu'il faut auoir mille bonnes qualitez pour l'obliger à auoir vne amitié tendre; & que ceux qui en ont de mauuaises, ne peuuent auoir part qu'à sa haine, ou à son indifference. Aussi cette sage Fille voulant faire connoistre sur cette Carte, qu'elle n'auoit iamais eu d'amour, & qu'elle n'auroit iamais dans le cœur que de la tendresse, fait que la Riuiere d'Inclination se iette dans vne Mer qu'on apelle la Mer dangereuse ; parce qu'il est assez dangereux à vne Femme, d'aller vn peu au delà des dernieres Bornes de l'amitié ; & elle fait en suitte qu'au delà de cette Mer, c'est ce que nous apellons *Terres inconnuës*, parce qu'en effet nous ne sçauons point ce qu'il y a, & que nous ne croyons pas que personne ait esté plus loin qu'Hercule ; de sorte que de cette façon elle a trouué lieu de faire vne agreable Morale d'amitié, par vn simple jeu de son esprit ; & de faire entendre d'vne maniere assez particuliere, qu'elle n'a point eu d'amour, & qu'elle n'en peut auoir. Aussi Aronce,

Herminius, & moy, trouuasmes nous cette Carte si galante que nous la sceusmes deuant que de nous separer: Clelie prioit pourtant instamment celuy pour qui elle l'auoit faite, de ne la montrer qu'à cinq ou six personnes qu'elle aimoit assez pour la leur faire voir; car comme ce n'estoit qu'vn simple enioüement de son esprit, elle ne vouloit pas que de sottes Gens, qui ne sçauroient pas le commencement de la chose, & qui ne seroient pas capables d'entendre cette nouuelle galanterie, allassent en parler selon leur caprice, ou la grossiereté de leur esprit. Elle ne pût pourtant estre obeïe : parce qu'il y eut vne certaine constellation qui fit que quoy qu'on ne voulust montrer cette Carte qu'à peu de personnes, elle fit pourtant vn si grand bruit par le monde, qu'on ne parloit que de la Carte de Tendre. Tout ce qu'il y auoit de Gens d'esprit à Capouë, escriuirent quelque chose à la loüange de cette Carte, soit en Vers, soit en Prose : car elle seruit de suiet à vn Poëme fort ingenieux ; à d'autres Vers fort galans ; à de fort belles Lettres ; à de fort agreables Billets; & à des conuersations si diuertissantes, que Clelie soustenoit qu'elles valoient mille fois mieux que sa Carte, & l'on ne voyoit alors personne à qui l'on ne demanda s'il vouloit aller à Tendre ? en effet cela fournit durant quelque temps d'vn si agreable suiet de s'entretenir, qu'il n'y eut iamais rien de plus diuertissant. Au commencement Clelie fut bien fâchée qu'on en parlast tant: car enfin (disoit-elle vn iour à Herminius) pensez vous que ie trouue bon qu'vne bagatelle que i'ay pensé qui auoit quelque chose de plaisant pour nostre Cabale en particulier, deuienne publique, & que ce que i'ay fait pour n'estre veu que de cinq ou six Personnes qui ont infiniment de l'esprit, qui l'ont delicat & connoissant, soit veu de deux mille qui n'en ont guere qui l'ont mal tourné, & peu esclairé, & qui entendent fort mal les plus belles choses? Ie sçay bien, poursuiuit-elle, que ceux qui sçauent que cela a commencé par vne conuersation qui m'a donné lieu d'imaginer cette Carte en vn instant, ne trouueront pas cette galanterie chimerique ny extrauagante; mais comme il y a de fort estranges Gens par le Monde, i'aprehende extrémement qu'il n'y en ait qui s'imaginent que i'ay pensé à cela fort serieusement ; que i'ay resvé plusieurs iours sans le chercher ; & que ie croiois auoir fait vne chose admirable. Cependant c'est vne follie d'vn moment, que ie ne regarde tout au plus, que comme vne bagatelle qui a peut-estre quelque galanterie, & quelque nouueauté, pour ceux qui ont l'esprit assez bien tourné pour l'entendre. Clelie n'auoit pourtant pas raison de s'inquieter, Madame, car il est certain que tout le monde prit tout à fait bien cette nouuelle inuention de faire sçauoir par où l'on peut acquerir la tendresse d'vne honneste Personne ; & qu'à la reserue de quelques Gens grossiers, stupides, malicieux, ou mauuais Plaisans, dont l'aprobation estoit indifferente à Clelie, on en parla auec loüange; encore tira-t'on mesme quelque diuertissement, de la sottise de ces Gens là ; car il y eut vn homme entre les autres qui apres auoir veu cette Carte qu'il auoit demandé à voir auec vne opiniatreté estrange ; & apres l'auoir entenduë loüer à de plus honnestes Gens que luy ; demanda grossierement à quoy cela seruoit, & de quelle vtilité estoit cette Carte ? Ie ne sçay pas, luy repliqua celuy à qui il parloit, apres l'auoir repliée fort diligemment, si elle seruira à quelqu'vn : mais ie sçay bien qu'elle ne vous conduira iamais à Tendre. Ainsi Madame, le Destin de cette Carte fut si heureux, que ceux mesme qui furent assez stupides pour ne l'entendre point, seruirent à nous diuertir, en nous donnant suiet de nous moquer de leurs sotises. Mais elle seruit en particulier à Aronce, parce qu'elle nuisit à Horace: car Madame, il faut que vous sçachiez, que cét Amant, qui comme ie vous l'ay dit, accabloit Clelie de pleintes continuelles, luy parlant vn iour de cette Carte & s'en voulant seruir à luy parler de sa passion ; helas Madame, luy dit-il, ie suis bien plus malheureux que tous ceux qui vous aprochent : puisqu'il est vray que ie ne voy point de Route qui me puisse conduire où ie veux aller, dans cette ingenieuse Carte que vous auez faite, car ie ne puis toucher vostre inclination, ie n'ay pas assez de merite pour aquerir vostre estime, ie ne puis iamais vous obliger à nulle reconnoissance, & ie ne sçay enfin quel chemin prendre. Ioint qu'à dire les choses comme ie les pense, ie ne sçay si ie ne veux point aller où quelque autre plus heureux que moy est desia arriué, & si ce Païs où l'on dit que personne n'a encore esté, n'est point connu de quelqu'vn de mes Riuaux, car Madame, d'où viendroit cette dureté de cœur que vous auez pour moy, si vous ne l'auiez tendre pour quelque autre ? Vous auez naturellement l'ame douce, & le cœur sensible, ie connois bien que vous auez de l'estime pour moy ; vous n'ignorez pas la passion que i'ay pour vous ; vous sçauez aussi que Clelius m'honnore de son amitié, il n'y a nulle disproportion de qualité entre la vostre & la mienne ; & si la Fortune change à Rome, i'auray beaucoup plus de Bien qu'il n'en faut pour rendre vn Romain heureux. Mais apres tout, Madame, adiousta-t'il, ie suis persuadé que bien loin de pouuoir passer Tendre, ie n'y arriueray iamais; eh! veüillent les Dieux que quelque Inconnu, ne soit pas desia trop prés des *Terres inconnuës*, pour pouuoir l'empescher d'y aller; & que vostre cœur ne soit pas aussi desia trop engagé à aimer celuy dont...... Vous auez bien fait Horace, interrompit Clelie en rougissant de despit, de me faire souuenir que mon Pere vous aime ; car si ce n'estoit cette consideration, ie vous traiterois d'vne telle sorte, qu'il

LIVRE I.

vous seroit en effet aisé de connoistre que vous n'arriuerez iamais à Tendre. Mais le respect que ie luy porte me donnant quelque retenuë, ie me contente de vous dire deux choses; la premiere est que ie vous deffends absolument de me parler iamais en particulier ; & la seconde est que cét Inconnu dont vous voulez parler, n'est point aux Terres inconnuës, parce que personne n'y est, & n'y peut iamais estre. Mais afin que vous ne vous imaginiez pas que ie vous desguise la verité, ie vous declare qu'il est à Tendre, & qu'il y sera tousiours, & par estime, & par reconnoissance, car il a tout le merite qu'on peut auoir, & il m'a sauué la vie aussi bien qu'à vous, mais la difference qu'il y a entre vous & moy, c'est que ie suis fort reconnoissante, & que vous estes fort ingrat. Cependant ce n'est pas ce me semble agir fort iudicieusement, que de faire voir qu'on est capable d'ingratitude, lors qu'on veut obtenir des graces de quelqu'vn. Horace voulut repliquer quelque chose, mais Clelie ne voulut pas l'escouter, ioint qu'Aronce estant arriué, il fut contraint de s'en aller, & de laisser son Riual auprès d'elle. Mais à peine fut il party, qu'Aronce se mit à luy rendre conte de diuerses petites commissions qu'elle luy auoit donnée le iour auparauant, car elle l'auoit prié d'obliger Arricidie, à luy raconter ce qui c'estoit passé à vne grande Assemblée où elle s'estoit trouuée, il s'estoit chargé de luy trouuer des Fleurs à faire des Festons, pour vne grande Feste qui a quelque raport auec la Feste des Terminales, qu'on celebre si solemnellement à Rome : & il luy auoit promis de luy donner des Vers de Sapho qu'il auoit traduits : car il sçait admirablement le Grec, & elle ne le sçait pas. De sorte que voulant s'aquiter de toutes les choses qu'elle luy auoit ordonnées, il luy fit d'abord vne fort plaisante narration de cette Assemblée, où Arricidie auoit esté. Car enfin Madame, dit-il à Clelie, voicy les propres paroles d'Arricidie que ie vous raporte. Vous direz à Clelie, m'a t'elle dit, apres que ie luy eus fait sçauoir vostre volonté, que l'Assemblée n'estoit point belle, parce qu'elle n'y estoit point : & que iamais il n'y en eut vne où il y ait tant eu de chagrin, parceque toutes les Galantes de profession estoient en malheur ce iour-là : car tous les Maris ialoux y estoient, & plus de la moitié des Galans n'y estoient pas. En suite Aronce promit à Clelie qu'elle auroit le lendemain à son leuer quatre grandes Corbeilles de Fleurs pour faire des Festons: & il luy donna ce qu'il auoit traduit des Vers de Sapho, dont la memoire est fort celebre par toute la Grece: & qui estoient assez amoureux, comme vous le pourrez iuger par quatre Vers que ie m'en vay vous en dire, qui me sont demeurez dans la memoire.

L'amour est vn mal agreable,
Dont mon cœur ne sçauroit guerir:
Mais quand il seroit guerissable,
Il est bien plus doux d'en mourir.

Mais apres qu'Aronce eut rendu conte des commissions dont il estoit chargé, & que Clelie eut ry de ce qu'Arricidie luy auoit raconté; qu'elle eut remercié Aronce de ses Fleurs, & qu'elle eut loüé les Vers qu'il luy donnoit; il prit la parole: & souriant à demy; du moins, Madame, luy dit-il, me permettez vous d'esperer que

que pourueû que ie continuë, ie seray bien tost au delà de cét agreable Village qui s'apelle Petits Soins : & que si ie ne puis aller à Tendre sur Estime, ie pourray arriuer vn iour à Tendre sur Reconnoissance ; n'osera pas pretendre d'aller au troisiesme, ny penser seulement qu'il y ait quelque chose au delà de Tendre : car pour ces bien-heureuses Terres inconnuës, qu'on ne voit qu'en esloignement, ie me trouue si consolé d'estre fortement persuadé que les autres n'y peuuent aller non plus que moy, que ie ne laisseray ce me semble pas d'estre heureux, quand ie seray arriué à Tendre. Clelie se souuenant alors de ce qu'Horace luy auoit dit, ne pût s'empescher de rougir : si bien qu'Aronce craingnant de l'auoir fâchée, se mit à luy demander pardon, sans sçauoir de quoy il le demandoit. Est-ce trop desirer, Madame, luy dit-il

1. Partie   Dd

que de souhaiter ce que ie souhaite? si cela est diuine Clelie, ie vous en demande pardon ; mais ie vous le demande pourtant sans me pouuoir repentir d'vn semblable crime. Non, non, Aronce, luy repliqua-t'elle obligeamment, ie n'ay garde de trouuer mauuais que vous desiriez mon amitié : & ie ne trouuerois pas bon au contraire, que vous ne la desirassiez pas ; mais pour aller encore plus loin, ie vous assure que vous y auez toute la part que vostre merite & les obligations que ie vous ay vous y deuoient auoir aquise ; car enfin ie vous dois la vie de Clelius, & de Sulpicie, & ie vous dois mesme la mienne ; aussi vous asseuray-ie que tant que vous ne me forcerez point à changer de sentimens, & à vous cacher mon amitié, & ma reconnoissance, ie seray fort aise de trouuer occasion de vous faire voir que ie ne

LIVRE I. 419

suis point ingrate. Mais, Madame, reprit Aronce, que faut-il positiuement faire pour me conseruer dans ce glorieux estat où vous voulez bien que ie croye que ie suis? il faut viure aueque moy comme vous y viuez depuis quelques iours, reprit-elle: mais, Madame, repliqua-t'il vous voulez vne chose impossible; car le moyen de viure long-temps sans vous entretenir de ce que ie n'oserois vous dire presentement, qu'en vous le faisant entendre par mes regards, & par mes soûpirs? Ie suis pourtant resolu, poursuiuit-il, de tascher de vous obeïr, afin de vous obliger, si ie puis à cesser de me faire vn si iniuste commandement. Pour vous tesmoigner Aronce, luy dit elle, que i'ay vne tendre amitié pour vous, & que ie veux faire tout ce que ie puis pour vous la conseruer; ie veux bien vous ouurir mon cœur, & me confier à vostre discretion. Ha! Madame, luy dit Aronce, que ie crains que cette confiance ne m'afflige, & ne m'oblige guere. Ie ne sçay pas si vous serez equitable, repliqua-t'elle, mais ie sçay bien que ie ne seray point iniuste. Si vous me faites iustice, respondit-il, vous souffrirez donc que ie vous aime, & que ie vous le die, & vous vous contenterez que i'aime sans esperance. Si les Dieux auoient disposé vostre Fortune & la mienne autrement qu'elles ne sont, reprit-elle, ie vous aduouë ingenûment, que de tous les hommes que i'ay connus, vous estes celuy sur qui i'aurois le plus souhaité que mon Pere eut tourné les yeux: mais Aronce, les choses ne sont pas en ces termes là ; car à ne nous rien desguiser, si vous n'estes pas Romain, vous n'auez rien à pretendre à Clelie : & il y a grande apparence que non seulement vous n'estes pas de

Rome, mais que vous ne sçaurez mesme iamais d'où vous estes. Contentez vous donc d'auoir part à mon amitié, sans pretendre rien dauantage ; car si mon Pere descouuroit que vous eussiez d'autres sentimens pour moy, que ceux d'vn Frere, il se pleindroit de vous ; il me deffendroit de vous voir ; & ie luy obeïrois sans doute, quand mesme ie ne pourrois luy obeïr sans me faire vne grande violence. Mais, Madame, repliqua Aronce, ie ne diray qu'à vous que ie vous aime ; ainsi Clelius ne le sçaura pas. Pour garder encore mieux ce secret, reprit-elle, il faut ne me le dire non plus à moy qu'à mon Pere : mais Aronce, poursuiuit-elle, ce secret n'est pas si secret que vous le pensez ; car Horace qui le sçait, le peut dire à d'autres, s'il ne l'a desia dit ; & il doit peut-estre mesme par quelque raison le dire à Clelius. Horace a sans doute su-

CLELIE,

set de desirer que ie sois malheureux, reprit Aronce, mais i'ay si bonne opinion de sa vertu, que ie ne veux pas le soubçonner de me le vouloir rendre par des artifices indignes d'vn homme d'honneur : & ie veux croire qu'il n'emploira que son propre merite, pour me nuire auprés de vous. Quoy qu'il en soit, dit Clelie, puis qu'il sçait que vous m'aimez, il faut que i'aporte encore vn soin plus particulier à ne luy donner pas suiet de croire que ie souffre que vous ayez de l'amour pour moy : & en effet ie vous coniure de tout mon cœur, de vouloir regler vos sentimens. Si ie l'auois pû, Madame, repliqua-t'il, ie l'aurois fait, mais il ne m'est pas possible : & tout ce que ie puis, est de vous laisser la liberté des vostres. Aimez moy donc, ou ne m'aimez pas, souffrez mon amour, ou reiettez la, rien ne m'obligera à murmurer contre vous ; mais rien ne m'obligera aussi à changer l'ardente affection que i'ay dans l'ame. Si vous voulez que ie ne vous en parle point, adiousta-t'il, ie le feray: mais ie suis asseuré que ie ne puis viure sans en parler; & que vous vous repentirez peut-estre d'auoir mieux aimé me voir mourir, que de m'escouter, & que de m'escouter mesme sans me respondre. Aronce prononça ces paroles d'vn air si respectueux, & si passionné, que Clelie se souuenant alors de l'effroyable peril où il s'estoit exposé pour luy sauuer la vie, n'eut pas la force de mal-traiter ce mesme homme, qu'elle auoit veû si courageusement tuer ceux qui la vouloient ietter dans la Mer. De sorte que choisissant vn milieu, elle luy dit sans doute tout ce que sa modestie & la plus exacte bien-seance vouloient qu'elle luy dist; mais elle choisit des paroles qui n'auoient rien de rude, & qui firent voir si clairement à Aronce, que la seule vertu de Clelie faisoit sa rigueur pour luy, qu'il s'en alla d'aupres d'elle sans croire auoir suiet de se pleindre, quoy qu'il n'eust pas seulement obtenu la liberté de soupirer. Mais apres qu'il l'eut quitée, Clelie eut vne conuersation auec sa Mere, qui luy donna plus de hardiesse d'abandonner son cœur à l'inclination qu'elle auoit pour Aronce; car comme Sulpicie l'aimoit tendrement, qu'elle auoit vne secrette auersion pour Horace, & qu'elle craignoit que Clelius n'eust dessein de donner sa Fille à ce dernier; elle confia à Clelie tout le secret de son ame, & luy fit entendre qu'elle eust souhaité auec passion qu'elle eust espousé Aronce, & qu'elle aprehendoit estrangement que Clelius ne luy fist espouser Horace. Ce n'est pas, luy disoit-elle, qu'il ne soit fort honneste homme : mais enfin i'ay quelques secrettes raisons qui font que ie serois fort affligée si vous l'espousiez, & que ie serois bien aise si Clelius tournoit les yeux sur Aronce. Ie sçay bien, adiouſtoit-elle, que nous ne sçauons pas sa naissance: mais ie sçay bien aussi que nous ne pouuons ignorer sa vertu : & que s'il n'est pas nai à Rome, il a du moins le cœur d'vn Romain, & d'vn genereux Romain. De plus Clelius luy doit la vie, & nous la luy deuons aussi vous & moy : ainsi comme i'ay descouuert, sans en rien tesmoigner, qu'il a pour vous plus d'affection qu'il n'en monstre, i'ay creû que ie deuois vous faire sçauoir mes veritables sentimens : de peur que si vous les eussiez tousiours ignorez, vous n'eussiez aueuglément conformé les vostres à ceux de Clelius. Ie ne pretens pourtant pas, pourſuiuit Sulpicie, vous porter à luy deſobeïr: mais ie veux ſeulement que vous employez voſtre adreſſe à deſgager Horace du deſſein que ie me ſuis aperçeuë qu'il a pour vous ; que vous ne faciez nulle rudeſſe à Aronce ; & que vous taſchiez adroitement de faire connoiſtre à Clelius, que vous auez quelque auerſion pour Horace, & que vous n'en auez point pour Aronce; car comme ie ſçay qu'il vous aime, ſi vous agiſſez comme ie l'entens, il ne voudra pas vous contraindre. Mais apres tout ma Fille, adiouſta cette ſage Mere, tenez pourtant touſiours voſtre eſprit en eſtat de luy pouuoir obeïr ſans peine, quand meſme il voudroit tout ce que ie ne veux pas: car ie ne pretens employer que l'adreſſe ſeulement, pour le porter à ce que ie ſouhaite. Vous pouuez iuger Madame, que Clelie promit facilement à sa Mere, de faire ce qu'elle luy ordonnoit; & pour reconnoistre la confiance qu'elle auoit en sa discretion par vne autre, elle luy aduoüa qu'elle connoissoit qu'Aronce & Horace l'aimoient; mais par vn sentiment de modestie, elle ne pût se resoudre à luy dire le détail de ce qui s'estoit passé entre ces deux Amans & elle. Cependant estant deuenuë plus hardie, apres ce que Sulpicie luy auoit dit, elle fut encore plus seuere à Horace, & elle deuint plus douce pour Aronce; à qui elle accorda enfin la permission de luy dire quelquesfois les sentimens qu'il auoit pour elle; mais elle luy deffendit pourtant tousiours d'esperer iamais d'estre heureux, s'il ne l'estoit du consentement de Clelius. Mais Madame, quoy que Clelie vescust auec Aronce auec vne extréme retenuë, Horace ne laissa pas de remarquer qu'il y auoit entre eux quelque liaison plus particuliere qu'auparauant : de sorte que comme Clelie le traita tousiours tres-seuerement depuis le iour qu'il luy eut parlé de cette ingenieuse Carte qu'elle auoit faite; il pensa que ce n'estoit pas tant pour ce qu'il luy auoit dit, que parce que son Riual faisoit vn grand progrés dans son cœur; si bien que ce sentiment là aigrissant tous les siens, il sentit vne disposition estrange dans son ame, à oublier ce qu'il deuoit à Aronce, & à le haïr. Sa generosité naturelle s'opposa pourtant d'abord à l'iniustice de son amour; mais elle fut à la fin contrainte de luy ceder. Il est vray que cét Amy particulier qu'il auoit, qui se nommoit Stenius, contribua encore à l'irriter; car comme c'estoit vn homme qui naturellement aimoit mieux dire des choses fâcheuses, que des choses agreables ; il n'eut pas plustost remarqué qu'Horace n'aimoit pas qu'on luy dist qu'Aronce estoit bien auec Clelie, qu'il ne faisoit plus autre chose que luy raporter tout ce que son imagination luy pouuoit figurer : car tantost il luy disoit qu'elle l'auoit regardé fauorablement au Temble ; vne autre fois qu'elle l'auoit loüé auec exageration, ou qu'elle luy auoit parlé bas ; & il n'y auoit point de iour qu'il ne fist quelque obseruation nouuelle de cette nature, & qu'il ne dist ce qu'il auoit pensé à Horace. De sorte que cét Amant se souuenant qu'Aronce & luy estoient conuenus qu'ils attendroient à se haïr, & à rompre ensemble, que Clelie en eust choisi vn des deux, creût qu'il estoit temps qu'il cessast d'estre son Amy. Neantmoins pour s'en esclaircir tout à fait, il chercha l'occasion de trouuer Aronce, sans aller chez luy : car malgré les sentimens tumultueux qu'il auoit dans l'ame, il trouua qu'il y auroit quelque chose d'estrange d'aller quereller iusques dans sa propre Maison, vn homme à qui il deuoit la vie. Si bien que sçachant qu'Aronce alloit assez souuent se promener le matin dans ce mesme Iardin public dont ie vous ay desia parlé, il y fut, & l'y trouua seul. Comme ils estoient encore en ciuilité, Aronce au lieu d'esuiter sa rencontre, l'attendit au bout d'vne Allée : car par vn sentiment de bonté, & de generosité tout ensemble, de puis qu'il receuoit quelques innocentes marques de l'affection de Clelie, il auoit quelque pitié de son Riual : & il eust fait des choses fort difficiles pour le pouuoir guerir de la passion qu'il auoit dans l'ame, seulement pour luy espargner la douleur qu'il preuoyoit qu'il auroit, quand il

LIVRE I. 431

sçauroit que Clelie auoit preferé son affection à la sienne. Mais durant qu'il auoit vn sentiment si genereux, Horace qui auoit la ialousie dans le cœur, l'aborda auec vne ciuilité où il paroissoit quelque contrainte : & prenant la parole ; & bien Aronce, luy dit-il, n'est-il pas temps que ie cesse d'estre vostre Amy ? & n'estes vous pas assez bien auec Clelie pour que nous soyons mal ensemble ? Vous me demandez cela d'vn ton si fier, repliqua Aronce, que ie suis persuadé que quand Clelie me haïroit horriblement, ie serois obligé en honneur de ne vous en esclaircir pas de peur que vous ne creussiez que la crainte de vous auoir pour ennemy, ne me fist parler ainsi. Ie vous diray pourtant parce que ie suis sincere, que ie ne suis point heureux : mais apres cela, ie ne laisse pas de vous donner le choix d'estre

mon Amy, ou mon Ennemy. Comme il ne s'agit pas icy de faire le modeste, repliqua Horace, & que ie ne sçay moy mesme si ie veux estre vostre Amy, ou vostre Ennemy, parce que ie ne sçay pas positiuement comment vous estes auec Clelie, c'est à vous à me le dire precisément ; car comme ie suis Romain, ie mets la sincerité au dessus de toutes les autres vertus. Quoy que ie ne sçache d'où ie suis, repliqua brusquement Aronce, ie sçay pourtant mettre toutes les vertus à leur veritable place ; c'est pourquoy comme ie suis persuadé qu'apres ce que vous venez de me dire, il est plus iuste d'estre fier, que d'estre sincere ; ie vous dis que ie ne vous ay iamais promis de vous dire en quels termes ie serois auec Clelie ? & que ie n'ay non plus pretendu sçauoir iamais de vostre bouche en quels termes vous en seriez auec elle ; c'est
pour-

quoy c'est à vous à l'aprendre de sa bouche, ou à le deuiner si vous le pouuez, & c'est à moy à vous dire encore vne fois, que ie vous donne le choix de ma haine, ou de mon amitié. Si ie pouuois choisir, repliqua Horace, ie choisirois le dernier, parce que ie vous dois la vie : mais la chose n'estant plus en ma puissance, i'accepte l'autre de tout mon cœur : & pour n'estre pas tout à fait ingrat (dit-il auec vne raillerie piquante, & en mettant l'Espée à la main) il faut que ie me mette en estat de vous donner ce que vous m'auez conserué. Aronce le voyant en cette posture, s'y mit aussi : & ces deux fiers Riuaux commencerent vn combat qui n'eust peut-estre finy que par la fin de leur vie, si Clelius & moy ne fussions fortuitement arriuez dans ce Iardin comme ils auoient l'Espée à la main. Vous pouuez iuger, Madame, qu'elle surprise fust celle de Clelius, alors qu'il vit deux hommes qu'il aimoit cherement, & qu'il pensoit qui s'aimoient beaucoup, estre en estat de s'entre-tuer. Ainsi en fut-il si fâché, qu'il courut aussi viste que moy pour les separer; car nous arriuasmes en mesme temps aupres d'eux, sans qu'ils nous connussent, tant la fureur les transportoit. Mais lors que nous n'en fusmes qu'à deux pas, Horace voyant couler son sang, par vne blessures qu'il auoit receuë au costé gauche, en deuint plus furieux : & s'eslançant sur Aronce, ha ! trop heureux Riual, luy dit-il, puis que tu as vaincu Clelie, il ne te sera pas plus difficile de vaincre Horace. Clelius entendant ces paroles, s'arreste vn moment à me regarder tant il en fut surpris : mais sans m'arrester comme luy, ie me mis en estat de separer ces deux vaillans Ennemis, & ie le fis d'autant plus volontiers, que ie voyois que l'auantage estoit du costé d'Aronce ; & en effet Clelius s'estant ioint à moy malgré son estonnement, nous les separasmes, & nous les separasmes mesme sans beaucoup de peine; car dés qu'Aronce vit Clelius, il se recula de quelques pas, & se contenta de se mettre hors de mesure ; si bien que les ayant saisis tous deux, & estant arriué d'autres Gens qui vinrent à nous, & qui nous aiderent, nous leur ostasmes le pouuoir de continuer leur combat. Cependant comme Horace estoit blessé, & qu'Aronce ne l'estoit pas, Clelius accompagna le premier iusques chez luy ; & ie suiuis Aronce comme mon Amy particulier. Mais auant qu'ils se separassent, Clelius les regardant tous deux, & prenant la parole ; quelle fureur vous possede, leur dit-il, & lequel de vous deux dois-ie quereller ? Pour moy, respondit Aronce, ie n'ay rien à dire, si ce n'est que c'est Horace qui a mis l'Espée à la main le premier, & que ie ne suis pas l'Agresseur. Ouy, ouy Aronce (reprit froidement Horace en c'esloignant de luy) ie suis tout à la fois le coupable, & le malheureux. Ie suis peut-estre plus malheureux que vous, repliqua Aronce, mais ie suis sans doute plus innocent. Apres cela Clelius n'osant esclaircir le suiet de cette querelle deuant tant de Gens, à cause de ce qu'il auoit entendu en arriuant aupres de ces deux Ennemis, s'en alla auec Horace, comme ie l'ay desia dit, & ie fus auec Aronce qui estoit aussi affligé que si son ennemy l'eust vaincu ; car il comprit bien les suites que pouuoit auoir ce combat. En effet quoy qu'Horace tout vaincu & tout blessé qu'il estoit, ne voulust rien dire à Clelius du fuiet de fa querelle auec Aronce, parce qu'il luy auoit autrefois promis de ne luy dire iamais qu'il eſtoit amoureux de Clelie ; il ne laiſſa pas de s'imaginer vne partie de la verité, & de croire fortement qu'Aronce & Horace eſtoient amoureux de fa Fille. Mais pour s'en eſclaircir, il s'en retourna chez luy ; & tirant Clelie à part ſans en rien dire à Sulpicie, parce qu'il auoit bien remarqué qu'elle n'aimoit pas Horace, ie n'euſſe iamais creû, luy dit-il pour l'intimider, que vous euſſiez eſté capable de faire vne querelle entre mes Amis ; & ie n'aurois iamais penſé que la Fille d'vn Romain, euſt ſi peu aimé la gloire que vous l'aimez. Eh ! de grace mon pere, luy dit-elle, aprenez moy quelle laſcheté i'ay faite, & quelle querelle i'ay cauſée ? Vous eſtes cauſe, reprit-il, qu'Horace & Aronce se sont battus, & qu'il y en a vn qui est peut-estre en danger de mourir. Quoy (reprit brusquement Clelie, qui ne pût retenir ce premier mouuement) Aronce & Horace se sont battus, & il y en a vn dont la vie est en danger? Oüy, ma Fille, luy dit-il, & vous estes sans doute cause de ce malheur. Clelie eust alors bien voulu demander lequel des deux estoit blessé : mais voyant que son Pere auoit l'esprit fort irrité, & qu'il la regardoit attentiuement, elle ne l'osa faire. Clelius ne laissa pourtant pas de connoistre qu'elle s'interessoit en la conseruation de quelqu'vn de ces deux ennemis : car elle rougit d'vne maniere qui luy fit voir qu'elle n'estoit pas tout à fait insensible ou pour Aronce, ou pour Horace. Cependant comme il ne pouuoit discerner pour lequel des deux elle auoit le cœur attendry, parce qu'il n'auoit pas nommé celuy qui eſtoit bleſſé, il reſolut de le deſcouurir par adreſſe : de ſorte que luy deſguiſant la verité, il luy dit que c'eſtoit Aronce qui eſtoit fort bleſſé, & qu'elle auoit tous les torts du monde d'auoir agy comme elle auoit fait. Clelie entendant ce que luy diſoit Clelius, en eut vne douleur ſi ſenſible, qu'il fut aiſé à ſon Pere de connoiſtre qu'elle euſt mieux aimé qu'il luy euſt dit que c'euſt eſté Horace : elle ne dit pourtant rien qui pûſt le luy faire coniecturer, mais ſes yeux deſcouurirent le ſecret de ſon cœur ; & quoy qu'elle euſt aſſez de force pour s'empeſcher de pleurer, Clelius ne laiſſa pas de voir que ſa ſeule prudence retenoit ſes larmes. Si bien que ne cherchant plus à s'eſclaircir ; c'en eſt aſſez Clelie, luy dit-il, c'en eſt aſſez : ie connois tout le ſecret de voſtre cœur, & vous allez auoir beaucoup de ioye, de sçauoir que c'est Horace qui est blessé, & non pas Aronce: car ie connois bien que vous preferez Aronce à Horace; & que vous aimez mieux vn inconnu qu'vn Romain ; encore ne sçay-ie si vous ne les souffrez pas tous deux, quoy que vous en aimiez mieux vn que l'autre. Ha! Clelie, s'escria t'il, ce n'est pas de cette sorte que les Filles de vostre qualité viuent à Rome ! mais afin de vous esleuer le cœur, & de vous donner plus de confusion de vostre foiblesse, souuenez vous que vous estes du plus illustre Sang de la Terre : souuenez vous, dis-ie, que la Noblesse de la Race dont vous estes, est plus vieille que Rome ; & que si la fameuse Ville d'Albe subsistoit encore, la Couronne vous en apartiendroit. Mais sans aller chercher des marques de Grandeur dans les Tombeaux des Rois dont ie suis

LIVRE I.

descendu, & dans les Ruines d'vn Eſtat dont ie pouuois eſtre le Maiſtre, afin de vous porter à auoir des ſentimens plus Grands; il ſuffit que vous ſoyez ma Fille, pour trouuer fort eſtrange que vous ſoyez capable de la foibleſſe que ie vous reproche. Ie ſçay bien, Seigneur, reprit Clelie, que ie dois ſouffrir toutes choſes de vous; auſſi ay ie enduré que vous m'ayez accuſée ſans ſuiet; mais apres tout comme on eſt obligé de ſe iuſtifier, ſouffrez que ie vous die que ie ne ſuis point coupable. Quoy, reprit Clelius, vous direz qu'Horace & Aronce ne ſont point amoureux de vous? & vous penſeriez me perſuader que vous n'aimez pas mieux Aronce qu'Horace? ie ne ſçay poſitiuement, repliqua Clelie, ſi ceux que vous dittes ſont effectiuement amoureux de moy; mais quand ils le ſeroient, ie n'en ſerois pas coupable, puis qu'il est vray que ie n'ay iamais eu dessein de leur donner de l'amour. Et pour la difference que vous dittes que ie mets entre Aronce & Horace, ie ne suis pas encore fort criminelle; car enfin i'ay veû Aronce dés que i'ay veû le iour ; vous m'auez commandé dés mon Enfance de l'aimer comme vn Frere, & de le nommer ainsi : vous l'auez tousiours aimé comme si vous estiez son Pere : ie l'ay veû estimé de tous ceux qui l'ont connu, deuant que ie connusse Horace : ainsi il n'est pas fort estrange, si i'ay vn peu plus de disposition à auoir de l'amitié pour l'vne que pour l'autre, quoy que i'ay pourtant vescu auec vne esgale ciuilité pour tous les deux. Si vous auiez tousiours vescu ainsi, reprit Clelius, pourquoy se seroient-ils querellez ; pourquoy se seroient-ils battus ; pourquoy Horace seroit-il blessé ; & pourquoy auroit-il dit à

Aronce en ma presence, qu'il estoit plus malheureux que luy? Ie ne sçay pas, repliqua-t'elle, le suiet de leur querelle : mais ie sçay bien que ie n'y ay rien contribué ; que ie n'ay nul suiet de me pleindre d'Aronce ; & que si ie n'auois pas aprehendé de vous desplaire, ie vous aurois fait sçauoir il y a long-temps, que i'auois raison d'accuser Horace de ce qu'il s'opiniastroit à me donner des marques de sa pretenduë passion, quoy que ie luy eusse deffendu. Si vous l'auiez deffendu aussi seuerement à Aronce qu'à Horace, repliqua Clelius, les choses ne seroient pas aux termes où elles sont : & si vous n'auiez pas fait vn secret de cette galanterie, on y auroit donné ordre. Cependant i'ay à vous dire, que quoy qu'Aronce ait du merite, ie vous deffends de le regarder iamais; que comme vn ingrat, qui a oublié tout ce qu'il me doit : & ie vous commande de vous difpofer à viure mieux auec Horace; s'il efchape ; car à ne vous defguifer rien, s'il ne vous iuge pas indigne de luy, apres ce qui vient d'arriuer, c'eft le feul homme du monde que ie puis confentir que vous efpoufiez. Ce qui me le fait fouhaiter, c'eft qu'il eft admirablement honnefte homme; qu'il eft Romain; qu'il eft Fils d'vn Amy que i'ay fort aimé; & qu'il eft ennemy de Tarquin. Pour Aronce, ie fçay qu'il a mille Grandes qualitez; mais puis qu'il eft inconnu, & ingrat, ie ne veux pas non feulement qu'il tourne les yeux vers vous, mais ie vous deffends mefme de luy parler, iufques à ce que vous foyez Femme d'Horace. Apres cela Clelius quitta Clelie, & la laiffa dans vne douleur tres-fenfible. Au fortir de fa Chambre il fut trouuer Sulpicie, à qui il fit d'eftranges reproches : l'accufant de n'auoir pas eu affez de foin de la conduite de fa Fille, puis qu'elle auoit enduré qu'elle mift quelque diftinction entre Aronce & Horace : car apres tout, luy dit-il, fi elle en deuoit mettre entr'eux, il faloit que ce fuft au defauantage d'Aronce, & non pas à celuy d'Horace. Sulpicie entendant ce que luy difoit fon Mary, en eut vn defpit extréme : parce qu'elle fe confirma encore dans la croyance que l'amitié qu'il auoit pour luy, venoit principalement parce qu'il auoit eu de l'amour pour fa Mere. Si bien qu'elle fouftenoit ardemment le party de fa Fille, dont elle connoiffoit bien l'innocence : & elle fouftenoit mefme celuy d'Aronce. En effet, difoit elle à Clelius, fi Aronce n'eft pas né à Rome, il a le cœur d'vn Romain ; & fi Clelie n'auoit pas bien vefcu aueque luy, elle auroit defobeï au commandement que vous & moy luy auions fait. Si elle l'eust souffert cóme son Frere, reprit Clelius, ie n'aurois rien à luy reprocher : mais elle l'a enduré comme son Amant, & à sans doute traité Horace comme son ennemy. De grace (reprit assez aigrement Sulpicie) ne me blasmez point indirectement, en blasmant Clelie ; & soyez fortement persuadé, qu'elle est tout à fait innocente ; qu'elle aime la gloire & la vertu ; & qu'elle n'a iamais rien fait d'indigne de sa naissance. Mais le mal est que vous n'estes pas si opposé aux pretentions d'Aronce, parce que vous ne connoissez point son Pere, que vous estes fauorable à celles d'Horace, parce que sa Mere a esté de vostre connoissance. A ces mots Clelius sentant viuiment le reproche que Sulpicie luy faisoit (parce qu'en effet il y auoit quelque verité à ce qu'elle luy disoit) sentit dans son cœur vne telle disposition à se mettre en colere, que de peur de n'estre pas Maistre de luy mesme, il sortoit non seulement de sa Chambre, mais de chez luy, & fut chez Aronce pour qui il auoit pourtant encore vne amitié fort tendre dás le fonds de son cœur: mais contre qui il estoit toutesfois alors fort en colere, quoy qu'il se resolust neantmoins de luy parler plustost en Pere irrité, qu'en ennemy. Pour Aronce, il le receut auec le respect qu'il auoit accoustumé de luy rendre, mais auec vne si profonde tristesse sur le visage, qu'il estoit aisé de voir qu'il auoit quelque chose dans l'ame qui l'inquieroit estrangement. Dés qu'il fut entré, Aronce déuançant Clelius, prit la parole auec autant de soûmission, que s'il eust esté son Pere. Ie ne doute pas, luy dit-il, que vous ne croyez auoir suiet de vous pleindre de ce qui s'est

passé entre Horace & moy ; mais ie vous proteste qu'il a esté l'Agresseur ; & que s'il ne m'eust forcé à faire ce que i'ay fait, le respect que ie vous porte m'auroit obligé à souffrir toutes choses de luy. Ie veux croire Aronce, reprit Clelius, qu'Horace a tort pour ce qui regarde vostre querelle : mais ie suis le plus trompé de tous les hommes, si ie ne vous fais adoüer à vous mesme, que vous estes bien plus coupable enuers moy, qu'il ne le peut estre enuers vous. Car enfin Aronce, vous sçauez ce que i'ay fait pour vous ; vous sçauez, dis-ie, que ie vous trouuay dans la Mer ; que i'exposay ma vie pour sauuer la vostre ; & que pouuant apres cela vous traiter comme vn Esclaue que les Dieux m'auoient donné ; ie vous ay traité & esleué comme mon Fils ; & qu'il n'est point d'offices que ie ne vous aye rendu. I'ay voulu que ma
Femme

Femme vous aimaſt comme ſi elle euſt eſté voſtre Mere, & i'ay commandé à ma Fille de vous aimer comme ſi elle euſt eſté voſtre Sœur; cependant apres tout cela, vous vous ſeruez de la familiarité que ie vous ay donnée dans ma Maiſon, pour faire l'Amant de Clelie ; & par vne ingratitude qui n'ay iamais eu d'exemple, vous pretendez me l'arracher d'entre les bras, & m'empeſcher d'en diſpoſer à ma volonté. Ie vous declare pourtant que par vn reſte de tendreſſe que i'ay dans le cœur, & pour vous aprendre à eſtre reconnoiſſant, par la reconnoiſſance que ie veux auoir de ce qu'à voſtre tour vous m'auez ſauué la vie ; ie vous declare, dis-ie, que ſi vous me voulez dire ingenûment tout ce qui s'eſt paſſé entre Horace & vous, & que vous me iuriez de ne pretendre iamais rien à Clelie, & de ne luy parler plus qu'elle ne soit Femme d'Horace, ie vous conserueray l'amitié que i'ay encore pour vous, & que i'oublieray le suiet de pleinte que vous voyez de me donner. Plûst aux Dieux, luy dit alors Aronce, que ie pusse vous faire voir tout ce qui ce passe dans mon cœur : car si cela estoit, ie serois iustifié aupres de vous, & ie ne serois peur-estre pas aussi malheureux que ie le suis. Mais puis que vous ne pouuez deuiner mes sentimens, souffrez que ie vous les dies : & faites moy la grace de croire, que ie ne vous les déguiseray pas. Ie vous aduoüeray donc ingenûment, que ie vous dois toutes choses, & qu'il n'est nulle sorte d'office que ie n'aye receu de vous : mais ie vous diray en suite, que i'en ay esté, & que i'en suis encore si reconnoissant, que si ie pouuois me reprocher d'auoir fait volontairement vne chose qui vous deuft defplaire, ie me tiendrois le plus ingrat, & le plus lafche de tous les hommes. Mais genereux Clelius, l'amour que i'ay dans l'ame & qui vous irrite, n'eft pas de cette nature : puis qu'il eft vray qu'il n'eft rien que ie n'aye fait contre moy mefme, pour la chaffer de mon cœur. En effet pour eftre equitable enuers vous, i'ay voulu eftre iniufte enuers Clelie : puis que i'ay quelquesfois fouhaité auec vne ardeur eftrange, de n'auoir pour elle ny admiration, ny amour, ny eftime. Mais apres tout, ie l'ay fouhaité inutilement : car ie l'eftime, ie l'admire, & ie l'aime, plus que ie ne le puis exprimer. Cependant comme i'aime fans efperance d'eftre heureux, & fans demander à l'eftre, ie ne voy pas que ie fois fort criminel. Neantmoins quoy que ma paffion foit voftre Captiue, s'il faut ainsi dire, puis que le seul respect que ie vous porte, m'empesche de desirer de cesser d'estre miserable ; il faut pourtant que ie vous aduouë ingenûment, que ie ne me croy pas capable de pouuoir sans mourir, voir Clelie en la puissance d'Horace. Ne me le donnez iamais, poursuiuit cét Amant affligé, i'y consens ; mais ne la donnez aussi iamais à Horace, s'il est vray que vous ne veüilliez pas donner la mort à vn homme à qui vous auez sauué la vie. Ie sçay bien que ce que ie dis ne vous paroist pas raisonnable ; & que vous auez mesme quelque suiet de trouuer que ie suis iniuste, de vouloir imposer des Loix à celuy de qui i'en dois receuoir. Aussi ne vous dis-ie ce que ie pense en cette occasion, que pour vous obliger à auoir pitié de ma foiblesse. Au reste ie pourrois, si ie voulois, vous dire que tout Inconnu que ie suis, i'ay quelque chose dans le cœur qui ne me rend pas indigne de l'estime particuliere de Clelie, mais ie n'en vse pas ainsi : & ie vous declare que ie ne murmureray point contre vous, quand vous ne me la donnerez pas. Ie me pleindray sans doute de la Fortune, mais ie ne me pleindray point de Clelius: & pourueû qu'Horace ne soit point plus heureux que moy, ie ne croiray pas estre plus infortuné de tous les hommes. Ce que vous dites est si desraisonnable, repliqua Clelius, qu'il n'y a pas moyen d'y respondre positiuement : & tout ce que ie puis, & tout ce que ie dois vous dire, est que ma Fille est sous ma puissance : que les Romains sont Maistres non seulement de la Fortune de leurs Enfans, mais de leur propre vie; que comme Pere de Clelie, ie la donneray à qui bon me semblera; que ie ne vous la donneray iamais : que selon toutes les apparences, ie la donneray à Horace : & que ie vous deffends de la voir ny de luy parler. Apres cela Clelius quitta Aronce, & le laissa dans vn si grand desespoir, que ie ne pense pas qu'il y ait iamais eu d'Amant plus affligé que luy : du moins sçay-ie bien que lors qu'il me raconta sa conuersation auec Clelius, ie vy tant de marques de desespoir dans ses yeux, que ie craignis qu'il ne pûst suporter vne si cruelle auanture, & qu'il ne mourust de douleur. Qui vit iamais, me dit-il, vn malheur esgal au mien ? car enfin ie n'ay pas mesme la consolation de pouuoir accuser quelqu'vn des maux qui m'accablent ; car ie ne connois que trop qu'Horace ne me doit pas ceder Clelie, & que Clelius ne me la doit pas donner au preiudice d'Horace, dont il connoist la naissance.

Ainsi ie souffre vn mal dautant plus grand, que ie ne le trouue pas tout à fait iniuste : & ie suis si miserable, que mesme la douceur que Clelie a pour moy, irrite mon desespoir : car si i'estois fort mal aupres d'elle, & que i'eusse perdu toute esperance d'en estre iamais aimé, il me semble que ie haïrois moins mon Riual; que ie murmurerois moins contre Clelius : & que le desespoir me pourroit guerir de la passion que i'ay dans l'ame. Mais helas ! Celere, ie n'en suis pas là : car du costé de Clelius, & d'Horace, ie voy vne impossibilité absoluë à l'accomplissement de mes desseins : & du costé de Clelie, ie voy qu'elle me veut assez de bien pour me rendre plus miserable, & non pas assez pour me rendre heureux. En effet elle obeïroit peut-estre sans repugnance à Clelius, s'il luy commandoit de m'aimer, mais elle ne m'aime pas assez pour luy desobeïr s'il luy commande d'espouser Horace; ainsi la bonté qu'elle a pour moy, augmente mon infortune. Ie ne voudrois pourtant pas estre moins malheureux, par la cruauté de Clelie, adiousta t'il; & tout ce que ie puis desirer pour ma consolation, c'est que mon Riual en soit tousiours haï, & que i'en sois tousiours aimé. Voila donc, Madame, en quelle assiette le malheureux Aronce auoit l'esprit, en vne si fâscheuse conioncture; neantmoins comme il n'osoit pas aller chez Clelius apres ce qu'il luy auoit dit, & qu'il vouloit pourtant sçauoir ce que pensoit Clelie en cette rencontre, il me pria d'aller chez Sulpicie; mais comme i'estois connu pour estre Amy particulier d'Aronce, ie trouuay que Clelius auoit desia ordonné chez luy, qu'on me dist tousiours que Sulpicie & Clelie n'y estoient pas. De sorte que le malheureux Aronce se trouua dans vn desespoir sans esgal ; Clelie de son costé n'estoit pas heureuse, car elle aimoit assez Aronce pour sentir auec douleur la priuation de sa veuë ; & elle auoit assez d'auersion pour Horace, pour s'imaginer qu'elle ne pourroit l'espouser, sans en auoir vn desplaisir extréme. D'autre part, Sulpicie qui auoit vn petit sentiment ialoux dans l'ame, qui luy faisoit haïr Horace, & qui d'ailleurs aimoit tendrement Aronce, n'estoit pas sans inquietude ; car elle ne vouloit rien faire qui choquast directement son Mary ; mais elle ne pouuoit pourtant souffrir qu'il pretendist donner sa Fille, au Fils d'vne Femme qui luy auoit autrefois donné vne si cruelle ialousie. Pour Horace, il estoit aussi tres-malheureux car outre qu'il estoit blessé, il sçauoit qu'il n'eſtoit pas aimé de Clelie. Il eſt vray qu'il auoit la conſolation de ſçauoir qu'il l'eſtoit de Clelius : & de pouuoir penſer que ce Prince employeroit toute ſon authorité en ſa faueur, s'il eſchapoit de la bleſſure qu'il auoit receuë, qui eſtoit beaucoup moins dangereuſe que Clelius ne l'auoit dit à ſa Fille. Cependant comme l'Amour eſt ingenieux, il fit trouuer à Aronce l'inuention d'eſcrire à Clelie: mais il fut bien eſtonné, lors qu'elle luy deffendit par vn Billet, de continuer de luy eſcrire. Ce rigoureux commandement eſtoit ſans doute conceu aux termes les plus doux du monde : mais apres tout, ce commandement eſtoit rude, & il eſtoit fait de maniere, qu'Aronce connut bien que Clelie vouloit qu'il luy obeïſt; ainſi il fut durant quelques iours priué de toute ſorte de conſolation; iuſques à ce qu'Herminius qui aimoit plus Aronce qu'Horace, quoy qu'il fuſt Romain, luy donna quelque ſoulagement. Car comme il s'eſtoit alors eſpandu quelque bruit de la cauſe du combat d'Aronce auec Horace, & de la deffence que Clelius auoit faite à ſa Fille de la voir iamais: Herminius en fit vn compliment à cét Amant malheureux ; & le pleignit comme vn homme qui a l'ame infiniment tendre ; qui connoiſt la plus delicate ſenſibilité de l'amour ; qui pleint tous les miſerables; & qui les voudroit pouuoir tous ſoulager. Auſſi fit-il ce qu'il puſt pour conſoler Aronce, & il luy donna en effet quelque conſolation : car comme il luy dit qu'il auoit eſté chez Sulpicie, & qu'il auoit durant vn aſſez long-temps entretenu ſon admirable Fille, il le preſſa extrémement de luy dire ſi elle ne luy auoit point parlé de luy ? Si ie vous diſois qu'elle m'en eust parlé, repliqua Herminius, ie dirois sans doute vn mensonge: mais si ie vous dis qu'elle a esuité aueque soin de m'en parler, ie vous diray vne chose qui vous est plus auantageuse que vous ne pensez; car enfin i'ay connu si clairement que ce qui l'empeschoit d'en vouloir parler, estoit qu'elle sentoit qu'elle ne le pourroit faire sans donner quelques marques d'estre plus de vostre party que de celuy d'Horace, que ie n'en sçaurois douter ; car ie l'ay veüe rougir de ses propres pensées ; ie l'ay veüe faire semblant de n'entendre pas ce qu'on disoit de vous ; ie l'ay veüe pourtant prester l'oreille pour l'entendre mieux ; & ie luy ay veû quelques legeres marques de dépit, lors que Stenius, qui comme vous le sçauez est Amy d'Horace, a dit quelque chose de luy, qui luy estoit auantageux. Ha !

Herminius, s'escria Aronce, vous me voulez consoler dans mon infortune, & vous cherchez à diminuer vn mal que vous ne pouuez guerir ; ie vous proteste, repliqua Herminius, que ie vous parle auec toute la sincerité d'vn Romain. Apres cela, Aronce se confiant en la probité d'Herminius, il le pria de vouloir aller encore plus souuent chez Sulpicie ; & de luy vouloir raporter fidéllement tout ce qu'il entendoit dire à Clelie, de ce qui regardoit Horace, ou de ce qui le regardoit luy mesme. Mais il n'osa le prier de luy rien dire de sa part : car connoissant la modestie de son humeur, & sa prudence, il iugea bien qu'elle ne trouueroit pas bon qu'il voulust l'obliger à descouurir le secret de son cœur à vne tierce Personne. Et en effet Herminius fit ce qu'Aronce desiroit, & durant quelques iours il fut le plus agreable Espion du monde pour son Amy ; car il luy raporta tousiours quelque fauorable obseruation qu'il auoit faite à son auantage. De mon costé i'auois aussi prié Fenice de me raporter tout ce qu'elle entendroit dire d'Aronce & d'Horace à Clelie, qu'elle voyoit alors plus qu'auparauant ; si bien que soit par Herminus, ou par moy, Aronce en entendoit parler tous les iours, & en attendoit toûjours dire quelque chose qui luy plaisoit. Il estoit pourtant bien fâché de sçauoir que Stenius la voyoit plus souuent qu'à l'ordinaire ; mais apres tout il auoit quelque consolation de ce qu'il aprenoit par nous, & de ce que son Riual n'estoit pas en estat d'estre aupres d'elle, lors qu'il luy estoit deffendu d'y estre. Cependant Clelius voyoit très-assidûment Horace ; & Aronce n'auoit sans doute autre consolation que celle qu'Herminius & moy luy donnions. Mais, Madame, nous ne fusmes pas toufjours en pouuoir de luy en donner comme à l'accoustumée; puis qu'Herminius & moy n'eusmes vn iour rien de fauorable à luy aprendre; de sorte que comme il n'y a rien de plus soubçonneux qu'vn Amant, & vn Amant malheureux; il ne nous vit pas plus tost, qu'il connut que nous n'auions que des choses fâcheuses à luy dire. En effet, comme il me demanda si Fenice n'auoit point veû Clelie? ie luy dis froidement que non; & comme il demanda en suite à Herminius, s'il ne sçauoit rien de Clelie? luy respondit la mesme chose; si bien que cette esgalité de responce luy estant suspecte, il nous regarda auec des yeux qui nous demandoient tant de choses que les nostres sans en auoir le dessein, luy en dirent plus qu'il n'en vouloit sçauoir, car il vit de la douleur dans les miens, & il remarqua qu'Herminius destournoit la teste pour ne rencontrer pas les siens. Si bien que ne pouuant demeurer plus long-temps dans cette cruelle incertitude ; eh ! de grace, nous dit-il, dittes moy promptement ce que vous ne me dittes pas ; car si vous ne le faites, i'iray chez Clelie, malgré la deffence de Clelius : & ie feray des choses si desraisonnables, que vous vous repentirez de ne m'auoir pas fait connoistre mon malheur. D'abord nous voulusmes deguiser la verité, mais il n'y eut pas moyen ; & nous fusmes contraints de luy dire ce que nous sçauions. En mon particulier, ie luy apris que Fenice ayant esté chez Clelie, auoit esté fort surprise de trouuer qu'elle luy faisoit extremement froid ; & qu'elle l'auoit encore esté dauantage, d'entendre qu'elle auoit parlé de luy d'vne maniere

maniere qui luy auoit fait iuger qu'elle penſoit auoir ſuiet de s'en pleindre. Pour Herminius, il luy dit encore quelque choſe de plus fâcheux : car non ſeulement il luy aprit que Clelie auoit parlé d'vne façon qui faiſoit voir qu'elle auoit l'eſprit irrité ; mais encore qu'elle s'eſtoit informée aſſez obligeamment de la ſanté d'Horace, lors que Stenius eſtoit arriué aupres d'elle : de ſorte qu'Aronce aprenant ces deux choſes, en eut vne douleur tres ſenſible Si bien que ne pouuant pas viure dans vne ſi cruelle incertitude, il nous dit qu'il vouloit abſolument parler à Clelie : pour ſçauoir de ſa propre bouche, ce qui l'obligeoit à changer de ſentimens pour luy. Ce qui m'embaraſſoit fort en cette rencontre, eſtoit que ie ne comprenois point pourquoy Clelie faiſoit froid à Fenice, quand meſme elle auroit voulu rompre auec Aronce : car de dire que c'eſtoit parce que ie l'aimois, & que i'eſtois aimé de luy, c'eſtoit faire eſgallement tort à l'eſprit, & à la generoſité de Clelie : ainſi ie ne fçauois qu'en penſer. Mais enfin, Madame, apres qu'Aronce eut cherché cent inuentions pour pouuoir parler à cette belle Perſonne, il fit ſi bien qu'il en trouua vne : il eſt vray que le hazard contribua à la luy donner : car vn homme de qualité eſtant mort à Capouë, & la couſtume voulant qu'on allaſt viſiter ſa Femme, Aronce fit ſi adroitement eſpier l'occaſion de la viſite qu'y feroit Sulpicie, afin de regler la ſienne ſur celle là, qu'il fit ce qu'il auoit pretendu de faire : car il aiuſta ſi bien les choſes, qu'il ſe rencontra à la Porte de cette Maiſon en deüil, iuſtement comme Sulpicie & ſa Fille y arriuoient. De ſorte que comme i'eſtois aueque luy, & que ie sçauois son dessein, j'aiday à marcher à Sulpicie, qui nous receut fort ciuilement ; & Aronce donna la main à Clelie, qui rougit dés qu'elle le vit, & qui ne le receut pas auec la mesme douceur de sa Mere : ou si elle en eut, ce fut vne douceur froide, qui n'auoit rien de cét air obligeant qu'elle auoit accoustumé d'auoir pour luy. Cependant il arriua, pour faciliter le dessein d'Aronce, que comme nous eusmes trauersé vne Court qui est à la Maison où nous estions, & que nous fusmes sous vn magnifique Portique qui est au bas de l'Escalier ; il arriua, dis-ie, que Sulpicie rencontra vne Parente fort proche du Mort, qui sortoit comme nous entrions : & qui suiuant la coustume de quelques Femmes qui disent tousiours beaucoup plus qu'on ne leur demande, se mit à luy raconter non seulement la maladie de son

Parent, mais encore tous les chagrins qui pouuoient luy auoir eschauffé le sang, & causé le mal qui l'auoit fait mourir. En suite elle luy raconta tous les remedes qu'on luy auoit donnez; la disposition qu'il auoit faite de son Bien ; & vniuersellement tout ce qui estoit arriué à cét homme depuis dix ou douze ans, iusques à ses dernieres paroles. De sorte que nostre dessein voulant que nous ne quitassions pas ces Dames auec qui nous estions, ie me mis à escouter cette longue Narration, pendant qu'Aronce parloit à Clelie. D'abord elle auoit voulu s'approcher de Sulpicie : mais comme elle l'auoit voulu faire, Aronce s'y estoit opposé auec vne adresse pleine de ciuilité, qu'elle n'auoit pû luy tenir toute la rigueur qu'elle vouloit auoir pour luy. Ie suis pourtant persuadé qu'elle ne fut pas trop marie d'estre forcée de parler à Aronce : qui ne vit pas plutost Sulpicie engagée à escouter cette Dame qu'elle auoit rencontrée, que prenant la parole; eh de grace charmante Clelie, luy dit-il, aprenez moy d'où vient que non seulement vous me deffendez de vous escrire, mais que vous parlez de moy comme si ie vous auois offensée, & que ie ne fusse pas aussi innocent que malheureux, quoy que ie sois le plus malheureux de tous les hommes? Ie pensois, luy dit-elle en rougissant, que vous estiez si bien auec Fenice, que vous ne vous souciyez pas d'estre mal auec Clelie. Quoy Madame, reprit-il fort estonné, vous croyez que Fenice ait quelque part en mon cœur ? Fenice que ie ne voy presques iamais; Fenice qui est ardemment aimée du plus cher de mes Amis : & Fenice enfin qui ne m'est considerable que parce que ie sçay par elle vne partie de ce que vous faites, & de ce que vous dites, depuis que ie n'ay plus la liberté d'estre moy-mesme le tesmoin de vos actions, & l'admirateur de toutes vos paroles. Encore vne fois, Madame, pourriez vous croire qu'vn cœur qui vous adore, en pûst adorer vn autre ? & n'est-ce pas assez que ie sois mal auec Clelius, qu'il m'ait deffendu de vous voir ; que vous m'auez deffendu de vous escrire ; & que ie craigne que mon Riual ne soit plus heureux que moy ; sans que vous m'accusiez encore auec vne iniustice qui n'eut iamais d'esgalle ? Ie ne sçay pas Aronce, luy dit-elle froidement, si vous aimez Fenice : mais ie sçay que vous en auez receu des Lettres, & que vous auez esté assez broüillez ensemble, pour y auoir esté bien. Cependant, adiousta-t'elle, sans luy donner loisir de l'interrompre, cela ne change rien à vostre

Fortune : car puis que mon Pere m'a deffendu de souffrir que vous m'aimiez, & qu'il m'a commandé de receuoir l'affection d'Horace, il n'y aura autre changement à la chose, sinon que ie luy obeïray auec moins de repugnance que ie n'eusse fait: Quoy, Madame, reprit Aronce auec vne douleur mortelle dans les yeux, vous obeïrez à Clelius, vous ne souffrirez plus mon affection ; & vous receurez celle de mon Riual ; ha! si cela est, vous n'auez qu'à vous preparer à vous rejoüir de ma mort : car dans les sentimens où vous estes, elle vous donnera sans doute de la ioye. Mais afin que ie puisse du moins auoir la consolation de mourir iustifié, accusez moy exactement du crime qu'on me suppose : dites moy quand i'ay aimé Fenice ; quand nous auons esté broüillez ensemble; & quand nous auons esté bien ? &

si ie ne destruis toutes ces impostures, tenez moy pour le plus lasche de tous les hommes ; ostez moy entierement l'esperance ; & c'est à dire, ostez moy la vie. Parlez donc diuine Clelie, poursuiuit-il, mais parlez sans destourner vos beaux yeux ; afin qu'ils puissent voir dans les miens toute l'innocence de mon cœur, & toute l'ardeur de mon amour. Clelie entendant parler Aronce comme il faisoit, commença de douter de ce qu'on luy auoit dit de luy : de sorte que le regardant alors auec vn peu moins de froideur ; de grace Aronce, luy dit elle, ne vous iustifiez point; car i'aime encore mieux auoir de la colere que de la douleur : c'est pourquoy puisqu'il faut de necessité que vous me perdiez, laissez moy croire que ie vous ay perdu. Non, non, Madame, reprit-il, ie n'enduretay pas cette iniustice, & il faut absolument que ie sois iustifié. Comme Aronce acheuoit de prononcer ces paroles, & qu'il commençoit d'esperer de pouuoir appaiser Clelie, Fenice suiuie de deux de ses Amies, descendit de l'Escalier au pied duquel nous estions : de sorte qu'Aronce qui ne croyoit pas qu'elle fust là, & qui sçauoit que Clelie venoit de l'accuser d'auoir quelque affection pour Fenice, fut si surpris de la voir, qu'il ne put s'empescher de donner quelques marques de l'agitation de son esprit. Neantmoins comme il vouloit guerir Clelie du soupçon qu'elle auoit, il affecta de saluër Fenice plus froidement qu'il n'auoit accoustumé : si bien que cette Personne qui ne sçauoit la cause de cette diminution de ciuilité, & qui se souuint de la froideur que Clelie auoit eüe pour elle la derniere fois qu'elle l'auoit veüe, ne pût s'empescher de luy en faire la guerre. Ha! Aronce, luy dit-elle, c'eſt trop que d'eſtre mal auec vous & auec Clelie : ce n'eſt pas, adiouſta Fenice, qu'elle ne ſoit aſſez belle pour meriter d'occuper tous vos regards ; mais elle ne doit pas auoir toute voſtre ciuilité, Aronce & Clelie furent ſi ſurpris de ce que dit Fenice ; & Fenice paſſa ſi viſte, qu'ils n'eurent pas le temps de luy reſpondre. Ils commencerent pourtant tous deux de luy dire quelque choſe ; mais comme ie l'ay deſia dit, Fenice s'arreſta ſi peu, qu'ils n'eurent pas le loiſir de l'acheuer. Ils ne purent meſme ſe rien dire, & ie ne pûs auſſi aller apres Fenice qui ne m'auoit point veu, parce que Sulpicie finit ſa conuerſation auec cette Dame qui l'auoit arreſtée. De ſorte que par ce moyen, Aronce au lieu de pouuoir acheuer de ſe iuſtifier, ſe retrouua dans vn nouuel embarras;

car le changement de son visage, & ce que Fenice luy auoit dit, remirent le soupçon dans le cœur de Clelie, si bien que quoy qu'Aronce luy parlast tousiours, en montant l'Escalier, elle ne luy respondit pas ; & elle a mesme aduoüé qu'elle ne l'entendit guere. Vous pouuez donc iuger, Madame, que lors qu'ils furent dans cette Chambre de deüil, il ne luy fut pas aisé de l'entretenir, & quand Sulpicie en sortit, Clelië agit auec tant d'adresse, qu'elle mangagea malgré moy à luy donner la main. Il est vray qu'Aronce n'en fut pas plus malheureux, car il trouua en Sulpicie, à qui il aida à marcher, vne bonté pour luy qui luy donna quelque consolation. Elle ne luy dit pourtant que des choses tres fâcheuses, car elle les confirma dans la croyance où il estoit que Clelius estoit fort irrité contre luy, & qu'il ne s'appaiseroit pas aisément, il est vray qu'elle luy tesmoigna en estre si faschée qu'il luy en fut infiniment obligé. Mais comme elle voulut confondre les sentimens de Clelie auec les siens, & luy faire entendre qu'elle en estoit aussi bien marrie, ha Madame, luy dit-il, Clelie n'est pas si equitable que vous ! & il s'en faut bien que ie n'aye autant de suiet de me loüer de sa bonté que de la vostre. Vous prenez sans doute la modestie de ma Fille, reprit Sulpicie, pour vne marque d'indifference: mais ie vous respons qu'elle rend iustice à vostre vertu : & que si ie pouuois iamais auoir assez de credit sur l'esprit de Clelius, pour le faire changer de sentimens, vous verriez qu'elle vous donneroit des marques de l'estime qu'elle a pour vous. Aronce n'osa pas luy dire ce que Clelie luy auoit dit, de peur d'irriter cette belle Personne à qui ie parlois : mais dés que ie voulus luy demander pourquoy elle vouloit defefperer Aronce, en le traitant fi cruellement; Aronce, reprit-elle, n'eft peut-eftre pas fi innocent que vous le croyez : & vous eftes peut-eftre bien meilleur Amy que vous ne penfez, en parlant à fon auantage. Clelie me dit cela en des termes fi obfcurs, que comme ie ne fçauois qu'elle croyoit qu'Aronce aimoit Fenice, ie n'auois garde de fçauoir ce qu'elle vouloit dire; auffi luy refpondis-ie fi ambigument & noftre couuerfatiõ fut fi embroüillée, que nous nous feparafmes fans nous entendre. De forte que lorfqu'Aronce & moy fufmes feuls, nous ne fçauions qu'imaginer : car il eftoit fi eftonné de voir que Clelie l'accufoit d'aimer Fenice, & i'en fus fi efpouuanté, quand il me le dit, que ie ne fçauois qu'en penfer : Aronce eftoit mefme fi affligé, qu'on ne pouuoit pas l'eftre dauantage. Pour moy ie connus bien apres ce qu'il me dit, ce que Clelie auoit eu deſſein de me dire, lors qu'elle m'auoit dit que i'eſtois peut-eſtre meilleur Amy que ie ne penſois, car croyant qu'Aronce aimoit Fenice que i'aimois, elle eſtoit perſuadée que ie faiſois plus que ie ne deuois de parler à ſon auantage. Cependant nous cherchions inutilement d'où venoit la ialouſie de Clelie, dont la cauſe eſtoit bien eſloignée; car il faut que vous vous ſouueniez que ie vous ay dit, que lors qu'Orace fut la premiere fois pour taſcher de deſcouurir ſi Aronce eſtoit amoureux de Clelie, il le trouua qu'il tenoit vne Lettre que Fenice m'auoit eſcrite: & que pour en cacher vne qu'il auoit receuë de Clelie, il luy laiſſa lire celle de Fenice, dont Horace ne connoiſſoit point l'eſcriture. Or, Madame, il eſtoit arriué que durant qu'il gardoit la chambre pour la bleſſure qu'il auoit receuë. Stenius luy montra fortuitement vne Chanson qui estoit escrite de la main de Fenice qu'il voyoit quelques fois ; si bien qu'Horace reconnoissant cette escriture pour estre la mesme de la Lettre qu'il auoit veuë entre les mains de son Riual, il commença de s'imaginer qu'Aronce aimoit en deux lieux, & que ie n'estois que son Confident auprés de Fenice. Si bien que racontant toute cette auanture à Stenius il se mit à exagerer l'iniustice de Clelie, de luy preferer vn homme qui ne luy donnoit qu'vn cœur partagé. De sorte que Stenius croyant effectiuement qu'Aronce auoit quelque intelligence auec Fenice, & pensant rendre office à Horace, il fut chez Clelie sans luy en rien dire, & il tourna la conuersation d'vne maniere, qu'il fit entendre à cette belle Personne que i'estois le Confident

d'Aronce auprés de Fenice, quoy que ie passasse pour en estre l'Amant; ou que si cela n'estoit pas, Aronce me trahissoit. Il luy assura mesme qu'il auoit veu vne Lettre de Fenice à Aronce, & il le luy assura sans faire vn scrupule de probité pour ce mensonge là, parce qu'Horace luy ayant dit qu'il en auoit effectiuement veu vne entre les mains d'Aronce, ce n'estoit pas vn mensonge considerable, que de changer vne circonstance de la chose. Cependant Stenius fit ce qu'il vouloit faire, puis qu'il mit de la ialousie dans le cœur de Clelie, & qu'il fut cause qu'Aronce fut tres-malheureux : car il n'y auoit pas moyen de deuiner ce qui causoit l'iniustice de Clelie. De sorte qu'il se trouuoit alors tres miserable; principalement parce que Clelius luy auoit deffendu sa Maison ; qu'Horace se portoit tous les iours mieux;
que

que Clelius le voyoit tres-affiduëment : & qu'on affuroit par la Ville qu'il luy auoit promis Clelie. Aronce fentoit bien dans son cœur, que deuant autant qu'il deuoit à Clelius, il ne deuoit pas s'oppofer au deffein qu'il auoit de difpofer de fa Fille : & qu'ainfi l'equité ne luy permettroit pas de chercher à perdre Horace, puis qu'il le regardoit comme vn homme à qui il vouloit faire efpoufer Clelie : fi bien que la iuftice & l'amour voulant des chofes differentes, il fe trouuoit fort embarraffé. Mais au milieu de tant de malheurs, il fentoit la ialoufie de Clelie plus que toutes chofes : auffi l'excés de fa paffion luy fit elle faire les plus iniuftes propofitions du monde, tout equitable qu'il eft. Car encore qu'il fceuft que i'eftois affez amoureux de Fenice, il vouloit luy faire quelque inciuilité publique :

afin que Clelie le sçachant ne creust plus qu'il l'aimoit : il vouloit mesme que ie ne la visse plus du tout durant quelque temps ; & il vouloit enfin guerir Clelie, sans considerer si les remedes qu'il y vouloit employer estoient iustes, ou iniustes. Mais à la fin, apres auoir bien pensé à ce que l'on pouuoit faire pour luy, nous resolusmes qu'il prieroit Herminius de parler de sa part à Clelie, & de l'obliger à luy dire tout ce qu'elle auoit dans le cœur, & ie luy persuaday aussi d'employer Arricidie, pour persuader à Clelius de ne s'opiniastrer pas tant à ne vouloir donner sa Fille qu'à vn Romain ; car i'estois fortement persuadé que si Clelius ne la donnoit point à Horace, il la donneroit volontiers à Aronce, tout inconnu qu'il estoit. Et en effet, Madame, nous fusmes chez Herminius, & chez Arricidie, qui nous promirent de faire ce que nous souhaitions. Mais comme la diligence estoit necessaire en cette occasion, parce qu'Horace, à ce que l'on disoit, deuoit sortir dans trois ou quatre jours, Arricidie fust dés le lendemain au matin trouuer Clelius; & Herminius promit d'aller voir Clélie l'apresdinée. Mais pour commencer par la conuersation d'Arricidie, qui aimoit fort Aronce, ie vous diray que cette officieuse Femme, ne fust pas plustost auec Clelius, qu'entrant d'abord en matiere; ie ne sçay, luy dit-elle, si vous prendrez bien ce que ie m'en vay vous dire : mais ie sçay que ie n'y ay nul interest, que celuy du repos de vostre Famille. Arricidie est si accoustumée, repliqua Clelius, à trauailler à celuy de tous, ses Amis, que ie suis persuadé qu'elle ne peut iamais auoir que de bonnes intentions. Puis que cela est, repliqua t'elle, faites moy donc la grace de me respondre, & de me respondre sincerement. Ie vous le promets, reprit Clelius, & ie vous le promets sans peine : car ie ne puis iamais respondre d'autre sorte. Dittes moy donc ie vous en coniure, repliqua-t'elle, s'il n'est pas vray, qu'Aronce est vn des hommes du monde le mieux fait, qui a le plus de cœur, le plus d'esprit, le plus de vertu, le plus d'agréément, & que c'est enfin l'homme de toute la Terre que vous estimez le plus, & que vous auez le plus aimé ? Ie l'aduoüe, respondit Clelius : mais puis que cela est, repliqua t'elle, pourquoy ne l'aimez vous plus, & qu'a-t'il fait pour vous obliger à le haïr ? Il a eu l'audace d'aimer ma Fille, reprit Clelius, & il a eu l'ingratitude d'oublier qu'il me doit la vie, & que ie l'ay fait ce qu'il est : mais ie luy aprendray bien que les Romains sçauent punir les ingrats. N'allez pas si viste Clelius, luy dit-elle, & prenez garde que les Romains en pensant punir les ingrats, ne s'exposent à auoir eux mesmes de l'ingratitude; car enfin vous auez sauué la vie à Aronce, il est vray, mais il n'estoit qu'vn Enfant ; ainsi on peut dire qu'il n'a pas veû de ses propres yeux, ce que vous auez fait pour luy ; mais vous auez veû des vostres, ce qu'il a fait pour vous, lors qu'il a combatu pour vous sauuer la vie, comme vous me l'auez raconté vous mesme. Ainsi il ne faut pas conter ce qu'il vous doit, sans conter aussi ce que vous luy deuez; & il faut enfin que vous me disiez precisement pourquoy vous voulez donner Clelie à Horace, qui ne vous a pas sauué la vie, qui est moins honneste homme qu'Aronce, quoy qu'il le soit beaucoup; & pourquoy vous la refusez à ce dernier?

je pourrois si ie le voulois, reprit Clelius, vous dire en deux mots qu'il suffit qu'Aronce ne sçache pas sa naissance, pour trouuer fort mauuais qu'il ait osé tourner les yeux vers ma Fille: mais comme vous me diriez sans doute, qu'il a les sentimens si nobles, qu'il n'y a pas lieu de douter de sa qualité; i'ay vne autre raison à vous dire, qui ne reçoit point de replique : car enfin Horace est Romain ; & selon toutes les apparences Aronce ne l'est pas. Ha! Clelius (s'escria Arricidie en riant) cette raison est bien plus foible que celle que vous n'alleguez pas : & pour moy ie vous aduouë, que ie ne puis souffrir la fantaisie qu'ont tous les Romains, de se mettre si hardiment au dessus de tous les autres Peuples du Monde. Car apres tout, la vertu est de tout Païs ; & de quelque lieu de la Terre que soit Aronce, ie l'estime autant qu'vn Romain. Croyez moy Clelius, adiousta-t'elle en riant encore, ne soyez point plus difficile que vos Peres, qui pour auoir des Femmes, furent rauir celles de leurs voisins ; & ne le soyez pas mesme plus qu'vn de vos Rois, qui espousa vne Esclaue de Corinthe, tout grand Prince qu'il estoit, sans s'aller mettre dans la fantaisie qu'elle n'estoit pas Romaine ; car pour vous monstrer qu'il ne suffit pas d'estre Romain, pour auoir tout ce qu'il faut pour meriter d'estre aimé de vous ; Tarquin n'est-il pas Romain ; & Fils d'vn Romain & d'vne Romaine ? cependant ie vous ay entendu dire qu'il n'a pas le cœur d'vn veritable Romain, qu'il est le Tyran, & non pas le Roy de Rome, que c'est vn ambitieux, vn cruel, & vn parricide, que sa Femme est vne impitoyable, qui a passé sur le corps de son Pere, &

qu'elle est la plus meschante Personne de son Sexe. Apres cela, oserez vous encore soustenir, que ce soit vne bonne raison à m'alleguer, que de me dire qu'Aronce n'est pas Romain, & qu'Horace est de Rome? Car comme il est des Romains sans vertu, ie soustiens qu'il peut y auoir des vertueux qui ne sont pas Romains; & qu'ainsi il ne faut pas dire que vous deuez choisir Horace, au preiudice d'Aronce, puis que le dernier a encore plus de merite que l'autre, que vous luy auez plus d'obligation, & que Clelie l'estime dauantage. Si vous estiez née à Rome, reprit Clelius, vous verriez ce que c'est que d'estre née Romaine : & vous connoistriez quel est ce lien inuisible, & cette amour de la Patrie, qui attache tous les Citoyens les vns aux autres : car pour Tarquin, ie le regarde comme vn Monstre, qui a vsurpé la puissance souueraine qui ne luy apartenoit pas: & ie ne le considere point comme vn Roy legitime, ny comme vn Romain. Mais puis que les vices de Tarquin, reprit Arricidie, font que vous ne le considerez pas comme vn Romain, faites aussi par vne esgale raison, que les vertus d'Aronce, vous obligent à le considerer comme s'il l'estoit. Non, non Arricidie, repliqua Clelius, vous ne me persuaderez pas: puis qu'il est vray que i'ay resolu de donner ma Fille à Horace, & de ne la donner iamais à Aronce: en effet puis qu'il n'est pas Romain, & qu'il est ingrat, ie ne dois pas le regarder comme vn homme qui seroit capable d'espouser tous mes interests aueuglément. Car enfin Arricidie, ie veux vn Gendre qui aime ma Patrie autant que moy, & qui haïsse le Tyran de Rome autant que ie le haïs: c'est pourquoy ie trouue en la perſonne d'Horace, tout ce que ie puis ſouhaiter. Cependant comme ie preuoy qu'il ſeroit difficile à Aronce, veû la folle paſſion qu'il a dans la teſte, qu'il puſt voir Horace heureux; i'ay deſſein de l'obliger, deuant que ce Mariage ſoit reſolu, de s'en retourner aupres du Prince de Carthage: & de luy commander de ne reuenir point icy, tant que l'amour qu'il a dans le cœur y ſera. Vous auez donc poſitiuement promis Clelie à Horace, reprit Arricidie; ie ne la luy ay pas encore promiſe, repliqua Clelius, parce que ie veux la luy faire deſirer quelque temps, mais ie la luy ay fait eſperer, & i'ay reſolu, dés qu'il ſortira de la Chambre, de luy annoncer cette agreable nouuelle. Mais ſçauez vous bien, reſpondit Arricidie, ſi cette nouuelle ſera auſſi agreable à Clelie qu'à Horace? ie la croy ſi bien née, repliqua-t'il, que ie presupose que tout ce qui me plaist luy doit plaire. En verité, reprit Arricidie, ie n'eusse pas creû que vous eussiez si peu aimé Aronce ; & qu'vne Chimere de Romain que vous auez dans la fantaisie, & que vous voulez qui y soit, pûst tenir contre toutes les bonnes qualitez d'Aronce ; car enfin, si nous voiyons que le Soleil n'esclairast qu'à Rome, nous pourrions croire que puis qu'elle auroit ce Priuilege particulier, elle pourroit auoir celuy d'auoir plus de Gens d'honneur que toutes les autres Villes ; mais comme vous le sçauez, le Soleil respand sa lumiere par toute la Terre, & il y a des hommes vertueux par tout le Monde. I'ay oüy dire autresfois, poursuiuit-elle, qu'il n'y auoit en toute la Grece que sept hommes qu'on y appelloit Sages par preference à tous les autres : encore les Grecs croyent ils estre bien riches de sagesse; & vous pretendez que tous les Romains soient sages. Croyez moy Clelius, si vous vouliez bien chercher dans vos vieilles Chroniques, vous trouueriez qu'il y a eu des vices à Rome dés sa naissance; & que s'il y a de la difference des Romains aux autres, c'est que leur vertu est plus sauuage, & plus rude; & ie suis fortement persuadée, puis que ie ne vous persuade point, que la qualité dominante des Romains, est l'opiniastreté; puis que si cela n'estoit pas, vous vous rendriez à mes raisons, à mes prieres, & à vous mesme: car ie suis assurée que durant que ie vous ay parlé d'Aronce, vostre cœur vous a dit plus de cent fois que i'auois raison, & que vous auiez tort; Clelius entendant parler Arricidie, dont il connoissoit la franchise, ne voulut plus disputer contre elle; &

LIVRE I. 493

ayant refolu de la refufer, il voulut la refufer ciuilement, c'eft pourquoy il la remercia de l'intereft qu'elle prenoit à fa Fille: mais il luy parla toufiours fi fierement pour Aronce, qu'elle connut bien qu'il n'auroit rien à efperer: & en effet croyant qu'il feroit inutile de le tromper, elle ne luy donna nulle efperance. D'autre part Herminius trouua l'efprit de Clelie fi irrité, qu'elle ne voulut pas feulement fouffrir qu'il luy parlaft d'Aronce: & elle trouua fi mauuais qu'il luy fift parler par vn autre d'vne femblable chofe, que quand il n'euft pas efté broüillé auec elle, il y auroit efté mal par cette feule raifon: car plus elle auoit d'eftime pour Herminius, moins elle trouuoit bon qu'il vouluft iuftifier Aronce aupres d'elle: fi bien que ce malheureux Amant fut dans vn defefpoir incroyable. En mon particulier i'eus aussi quelque chagrin : car comme Fenice est vn peu bizarre, & vn peu iniuste, elle se mit dans la fantaisie de se prendre à moy de ce que Clelie luy auoit fait froid, & de ce qu'Aronce n'auoit pas eu assez de ciuilité pour elle, lors qu'elle l'auoit veû auec Clelie : & elle pretendit mesme que ie deuois rompre auec tous les deux à sa consideration : de sorte que nous eusmes vn grand demeslé, qui me guerit presques de mon amour. Mais pour en reuenir à Aronce, il fut encore plus malheureux qu'il n'estoit : car Clelius s'estant mis dans la fantaisie qu'il s'esloignast de Capouë deuant qu'Horace espousast Clelie, il fut le trouuer pour le luy dire : & il le luy dit en effet si fortement, qu'il ne sçauoit que luy respondre : car comme il luy deuoit toutes choses, & qu'il le regardoit tousiours comme le Pere de Clelie, il n'osoit s'empor-

ter contre luy; ioint qu'il connoiſſoit bien qu'il l'auroit fait inutilement. Il eſſaya donc de luy toucher le cœur, par toutes les ten-
dreſſes imaginables: & lorsqu'il vit
qu'il ne pouuoit le flechir, il le coniura auec ardeur de luy laiſſer la liberté de demeurer aupres de luy, ou
s'il ne le vouloit pas, de luy permettre du moins de dire adieu à Clelie.
Mais quoy qu'il puſt dire, il n'obtint
rien de ce qu'il luy demandoit: de
ſorte qu'Aronce eſtant tranſporté de
douleur, & ne pouuant la renfermer
toute dans ſon ame; ha! impitoyable
Clelius, s'eſcria-il, pourquoy me
ſauuaſtes vous la vie, ou pourquoy
me donnez vous la mort? Quoy qu'il
en ſoit, dit Clelius, il faut partir: &
il faut partir ſans quereller vne ſe-
conde fois Horace, & ſans voir ma
Fille. Ha! Clelius, reprit bruſquement
Aronce, ie ne vous reſponds de rien,
ſi vous ne faites que Clelie me com-

mande de partir, & me deffende d'attaquer Horace. Ce n'est pas que ie ne sçache bien le respect que ie vous dois, mais ma raison est plus foible que mon amour ; & si celle qui la cause ne me commande de sa propre bouche de souffrir que mon Riual soit heureux, & de me resoudre à mourir miserable, ie ne sçay pas si ie ne vous desobeïray point. Puis qu'il faut que Clelie vous commande de partir (repliqua fierement Clelius en s'en allant) elle vous le commandera, mais ce sera par vne Lettre seulement ; car ie vous declare qu'elle ne sortira point de sa Chambre que vous ne soyez sorty de Capoüe. Vous pouuez iuger, Madame, en quel estat demeura Aronce; qui se repentit vn moment apres de ce qu'il auoit dit de rude à Clelius ; car malgré son amour il connoissoit bien que cét illustre Romain n'estoit pas fort coupable

pable de vouloir pluſtoſt donner ſa Fille à Horace, dont il connoiſſoit la naiſſance, que de la donner à vn homme dont il ne ſçauoit pas la veritable condition. Il voyoit bien auſſi qu'il n'auoit pas grand ſuiet de ſe pleindre de ſon Riual : & c'eſt ce qui rendoit ſon malheur plus grand. Mais ce qui le luy rendoit encore plus inſuportable, eſtoit la colere de Clelie ; car il craignoit que la haine qu'il penſoit qu'elle auoit alors pour luy, ne diſpoſaſt ſon cœur à aimer Horace, qui eſtoit la choſe du monde qu'il aprehendoit le plus. En effet en l'eſtat où eſtoit alors ſon ame, il n'imaginoit rien de plus doux dans ſa fortune, que de pouuoir penſer que Clelie haïroit ſon Riual en l'eſpouſant. Cependant Clelius, ſuiuant ce qu'il auoit dit à Aronce, fit eſcrire vn Billet à Clelie, où il n'y auoit que ces paroles.

SI Aronce part de Capoüe dans trois iours ; & qu'il en parte sans voir Horace, ie plenidray son malheur : mais s'il n'obeït pas au commandement que ie luy fais de partir, ie le haïray plus que personne n'a iamais haï.

Vous pouuez penser, Madame, quel fut le desespoir d'Aronce, apres auoir leû ces cruelles paroles. Il fut si grand, que ie creûs qu'il expireroit de douleur ; mais à la fin se faisant vne violence ; extréme, il respondit à Clelie de cette sorte.

ARONCE
A
CLELIE.

JE partiray dans trois iours, Madame, si la douleur que i'ay me laisse viure assez de temps pour vous pouuoir obeïr: mais ie ne partiray que pour aller mourir d'amour & de desespoir. Ainsi ie puis vous assurer que la fin de ma vie, deuancera le iour de vos Nopces: que ie n'auray iamais la douleur d'entendre dire, que mon Riual vous possedera : & que vous aurez peut-estre celle de sçauoir la mort du plus fidelle Amant du Monde.

Voila donc, Madame, quelle fut la responce d'Aronce à Clelie, qui ne la vit pas si tost : car comme son Pere luy auoit fait escrire ce qu'elle auoit escrit, il donna ordre qu'on ne luy rendist pas la Lettre d'Aronce, de peur qu'elle ne l'attendist : parce qu'encore que Clelie eust alors l'esprit irrité contre luy, Clelius ne laissoit pas de connoistre qu'elle ne le haïssoit point, & qu'elle n'aimoit pas Horace. Les choses estant donc en cét estat, ie vy Aronce tenté cent & cent fois, de faire perir Horace ou de perir luy mesme : & si ie n'eusse retenu vne partie de l'impetuosité de ses sentimens, ie ne sçay ce qu'il auroit fait. Il arriua mesme vne chose qui embarrasse fort ces deux Riuaux; car comme Aronce alloit en resvant par vne Ruë qui est assez prés de la Maison où logeoit Horace, cét Amant sortoit de chez luy pour la premiere fois, & en sortoit pour aller chez Clelius, à qui il alloit faire sa premiere visite; pour le remercier de la fauorable disposition où il estoit pour luy, quoy qu'il ne luy eust encore rien promis. Si bien que ces deux Riuaux se rencontrant, s'aborderent auec des sentimens differens; car comme Horace croyoit deuoir bien-tost estre heureux il auoit moins d'aigreur dans l'esprit; & il reconnoissoit encore son Liberateur en la personne de son Riual; mais pour Aronce comme il estoit malheureux, quelque genereux qu'il fust, il ne voyoit plus que son Riual, en la personne de son Amy. Ils se salüerent pourtant tous deux; car i'auois oublié de vous dire, que durant qu'Horace gardoit la Chambre, leurs Amis communs auoient fait entre eux vne espece d'accommodement, sans qu'on y eust esclaircy la cause de leur querelle. Mais enfin, pour en reuenir où i'en estois, ils se salüerent;

& Aronce prenant la parole le premier; à ce que ie voy (dit-il à son Riual, par vn sentiment qu'il ne pût retenir) il suffit d'estre nay Romain, pour estre heureux; & toute la grandeur de ma passion ne me sert de rien. Vous auriez mieux fait de dire vostre merite, reprit Horace, afin d'exagerer vostre malheur; car comme ie crois estre aussi amoureux que vous, ce n'est pas en cela qu'il y a de l'inégalité entre nous. Cependant ie puis vous assurer (auiourd'huy que le malheur ne me trouble pas la raison) que ie ne seray pas tout à fait heureux, puis que ie ne le puis estre sans vous rendre miserable. Ha Horace! repliqua Aronce, ce n'est pas de ces choses là qu'il faut dire, pour consoler vn Riual genereux : au contraire vous vous souuiendrez que nous conuinsmes vn iour que nous attendrions à nous haïr que Clelie en euſt choiſi vn, au preiudice de l'autre ; c'eſt pourquoy comme vous l'allez eſtre, ie croy eſtre diſpenſé de toute l'amitié que ie vous auois promiſe ; & ie ſuis fortement perſuadé, que ie puis vous haïr ſans choquer la generoſité. Haïſſez moy donc iniuſte Amy, repliqua Horace, mais comme il n'eſt pas aiſé d'aimer qui nous hait, ne trouuez pas eſtrange ſi ie n'aime point qui ne m'aime pas. Bien loin de le trouuer mauuais, repliqua Aronce, vous ne pouuez rien faire que ie trouue plus iuſte que de me haïr : car ie vous declare que ſi le reſpect que i'ay pour Clelius ne me retenoit, Clelie ne ſeroit pas à vous, tant que ie ſerois viuant : & ie ne ſçay meſme, adiouſta-t'il, ſi Clelius ſuffiroit, ſi Clelie ne s'en meſloit pas. Quoy que vous m'ayez vaincu, reprit fierement Horace, ſi les choſes eſtoient en cét eſtat, ie ſçaurois deffendre Clelie auec la mesme valeur, qu'vn de mes Predecesseurs déffendit Rome. L'Horace dont vous parlez, repliqua brusquement Aronce, vainquit trois ennemis, il est vray, mais il les vainquit par ruse plus que par courage; & quand vous auriez toute sa valeur, ie n'en serois pas plustost vaincu. Comme ils en estoient là, & qu'Horace se preparoit à respondre aigrement, Herminius & deux autres le ioignirent; qui sçachant les termes où ils en estoient ensemble, & voyant quelque alteration dans leurs yeux, ne les quitterent point, qu'ils ne se fussent separez. Cependant comme cette entre-veuë fut sceuë de Clelius, il renuoya encore dire à Aronce, qu'il vouloit qu'il partist; de sorte qu'il fut en effet obligé de se resoudre à partir; du moins fit-il comme vn homme qui auoit dessein de s'en aller; car tous ses Gens eurent ordre de tenir toutes choses prestes. Il y auoit pourtant des instans où il pensoit plus à tuer Horace, qu'à s'esloigner; mais quand il pensoit que la mort de son Riual ne luy donneroit point sa Maistresse, il retenoit vne partie de sa violence, qu'il connoissoit bien n'auoir pas vn fondement legitime ; car Horace estoit amoureux de Clelie auant luy, Clelius la luy vouloit donner, & ne vouloit pas qu'Aronce y songeast; & Horace enfin n'estoit pas alors fort criminel enuers Aronce. Cependant Clelie de son costé n'estoit pas sans douleur; car elle auoit sans doute vne inclination assez puissante dans le cœur pour luy donner beaucoup de peine à surmonter ; principalement depuis qu'elle sceut qu'Aronce se disposoit à s'en aller, & à luy obeït; car elle connut bien alors que s'il eust aimé Fenice il n'euſt pas quitté Capouë. Si bien que la ialouſie finiſſant tout d'vn coup, ſon affection pour Aronce reprit de nouuelles forces: & ſon auerſion pour Horace augmenta ſi fort, qu'elle ne ſçauoit comment elle pourroit obeïr à Clelius: & ſi vn ſentiment de gloire n'euſt mis dans ſon cœur la fermeté neceſſaire pour ſe ſurmonter elle meſme, elle euſt ſans doute fait des choſes qu'elle ne fit pas. D'autre part Sulpicie qui eſtoit au deſeſpoir que ſa Fille eſpouſaſt Horace, cherchoit aueque ſoin par quelle voye elle pourroit empeſcher ſon Mariage. Mais apres y auoir bien penſé, elle creût que comme il auoit de la generoſité, il pourroit eſtre que ſi Clelie luy diſoit franchement qu'elle ne le pouuoit aimer, & qu'elle le priaſt de ne ſonger plus à elle, qu'il s'y pourroit reſoudre. Si bien que diſant ſa pensée à Clelie ; & Clelie ne trouuant rien de difficile à faire, pourueû qu'il s'agist de faire quelque chose qui peust rompre son Mariage; elle dit à sa Mere qu'elle feroit ce qu'il luy plairoit. De sorte que Sulpicie à qui vn petit sentiment de son ancienne ialousie, donnoit plus de hardiesse, qu'elle n'en eust eu en vn autre temps, dit à sa Fille qu'il falloit pour mieux faire reüssir son dessein, qu'elle escriuist vn Billet à Horace pour l'obliger à se trouuer dans ce Iardin, où ie vous ay dit que tout le monde se va promener, & à s'y trouuer precisément à vne heure qu'il falloit qu'elle luy marquast ; pour luy dire vne chose qui luy estoit tres importante: Sulpicie adioustant qu'il falloit qu'elle luy dist que personne ne sçauoit qu'elle luy eust escrit, afin qu'Horace ne s'imaginast pas que ce fust elle qui la fist agir. D'abord Clelie dit à sa Mere, qu'il luy sembloit qu'il eust autant valu qu'elle eust parlé à Horace dans sa Chambre, quand il y viendroit; mais Sulpicie luy dit qu'il luy seroit bien plus aisé de luy parler en particulier en promenade, que chez elle; ioint qu'il paroistroit bien plus à Horace qu'elle sentoit effectiuement qu'elle ne le pouuoit aimer, en faisant vne chose extraordinaire, comme estoit celle de luy donner cette assignation, que si elle eust attendu qu'il la fust venu voir : de sorte que Clelie luy obeïssant volontiers escriuit vn Billet à Horace, & le donna à vn Esclaue pour le luy porter. Cependant comme elle en faisoit vn grand secret, elle luy dit tout bas qu'il allast le porter à Horace; mais comme cét Esclaue en auoit autrefois porté plusieurs à Aronce, & qu'il n'en auoit iamais porté qu'vn à Horace, il creût auoir entendu

LIVRE I.

Aronce; si bien que comme il ne sçauoit pas lire, il ne connut pas qu'il s'adressoit à Horace: & se fiant à ce qu'il pensoit auoir oüy, il fut effectiuement porter ce Billet à Aronce. D'abord qu'il vit cét Esclaue, & qu'il vit ce Billet, il eut vne ioye tres-sensible: mais lors qu'il vint à le lire, & qu'il connut qu'il s'adressoit à Horace, & non pas à luy, il en eut vne douleur extréme. Neantmoins comme il connut que l'Esclaue s'estoit trompé, il ne fit pas semblant de s'en aperceuoir; & luy dit seulement qu'il ne manqueroit pas de faire ce que Clelie luy ordonnoit. Mais à peine cét Esclaue fut-il party, qu'Aronce vint me trouuer à ma Chambre, pour me montrer ce Billet, où il n'y auoit que ces paroles.

CLELIE
A HORACE.

JE vous prie que ie vous aye l'obligation de vous trouuer précisément dans la grande Allée des Mirthes, vers le soir : car i'ay quelque chose de fort important à vous dire, & vne fort grande grace à vous demander.

Et bien Celere (me dit Aronce apres que i'eus leû ce Billet) que dittes vous de ma fortune, & que me conseillez vous de faire? Ie vous conseille d'aller au lieu de l'assignation, repliquay-ie, comme si vous estiez Horace; & d'y aller auec l'intention de faire mille reproches à Clelie ; de la faire changer de sentimens si vous pouuez ; ou d'en changer vous mesme, si elle n'en change point. Ce conseil est plus aisé à donner qu'à suiure, reprit-il, du moins pour ce qui est de n'aimer plus Clelie ; car pour aller au lieu qu'elle a choisi pour parler à Horace, i'y suis resolu, & i'iray. Mais ce qui me fait desesperer, c'est qu'en y allant ie ne sçauray pas ce qu'elle veut à mon Riual. Ie crains mesme, adiousta-t'il, que cét Esclaue qui m'a aporté son Billet, ne luy apprenne qu'il s'est trompé, lors qu'il luy dira que ie ne manqueray pas de faire ce qu'elle veut. Mais, luy dis-ie, vous ne luy auez pas escrit ? non, repliqua-t'il, & ce qui m'en à empesché, c'est ce que i'ay creû qu'en ne luy escriuant pas, il ne seroit pas impossible que cét Esclaue en luy disant que ie feray ce qu'elle veut, le luy dist d'vne maniere qui ne la détrompast point. Et en effet, Madame, Clelie ne fut point desabusée ; car le hazard fit que lors que cét Esclaue retourna chez elle, il y auoit assez de monde dans sa Chambre ; de sorte que ne voulant pas qu'il luy vinst rendre conte de ce qu'elle luy auoit commandé, de peur que ceux qui estoient aupres d'elle ne l'entendissent, elle luy demanda tout haut, s'il n'auoit pas fait ce qu'elle luy auoit ordonné ? Si bien qu'apres qu'il luy eut dit seulement ouy ; elle luy fit signe de la main, qu'il se retirast. Clelie estant donc persuadée qu'Horace n'auoit garde de manquer à cette assignation, ne songea plus qu'à s'y rendre. Il arriua pourtant vne chose, qui pensa l'en empescher ; car Clelius voulut que Sulpicie allast en vn lieu où elle deuoit estre toute l'apresdinée.

Mais

LIVRE I.

Mais comme cette Femme ne desiroit rien auec plus d'ardeur, que de pouuoir rompre le Mariage d'Horace, elle fit si bien qu'elle donna sa Fille à vne de ses Amies, qu'elle sçauoit qui ne manquoit guere à s'aller promener tous les iours, au lieu où elle pensoit qu'Horace se deuoit rendre: & lors qu'elle la quitta que ne luy dit-elle pas, pour l'obliger à dire des choses si touchantes à Horace qu'il pûst ne songer plus à l'espouser. Mais pendant que les choses estoient en vne disposition si fauorable à Aronce, & si contraire à son Riual, cét Amant qui ignoroit ce qui se passoit dans le cœur de Clelie, estoit en vne douleur estrange, & dans vne inquietude que ie ne vous puis representer. Aussi l'impatience où il estoit ne luy permit-elle pas d'attendre que l'heure où il deuoit aller à la grande Allée des Mirthes fust arriuée, car il

1. Partie.   Kk

s'y promena long-temps auant que Clelie y pûst estre. Pour moy qui auois vne enuie extréme de voir ce qui arriueroit de cette entre-veuë, ie fus dans le mesme Iardin ; mais ie fus dans vne autre Allée, d'où ie pouuois pourtant voir ceux qui entroient en celle où Aronce estoit, & où Clelie vint enfin auec vne Amie de sa Mere, qui auoit trois autres Dames auec elle. D'abord que Clelie vit Aronce, elle rougit ; ce n'est pas qu'elle ne creust que le seul hazard faisoit qu'il estoit là ; mais comme elle estoit persuadée qu'Horace y viendroit bien tost, elle eut peur qu'ils ne s'y trouuassent. D'ailleurs Aronce voyant le changement de visage de Clelie, & s'imaginant qu'elle estoit là pour attendre son Riual, & que l'esmotion qu'il voyoit dans ses yeux, venoit du despit qu'elle auoit de le trouuer en vn lieu où elle ne vouloit pas qu'il fuft, il en eut vn redoublement de douleur si grand, qu'il pensa faire de deux choses l'vne ; ou tourner dans vne autre Allée, ou aller droit à Clelie, pour luy faire mille reproches. Mais enfin sa raison estant la plus forte, il fut Maistre de luy mesme : & il cacha si bien ses sentimens, que les Dames auec qui estoit Clelie ne s'aperceurent pas qu'il eust nul dessein particulier, car il les salüa fort ciuilement : & sans aller droit à Clelie, il parla à celle qui conduisoit cette petite Troupe. Si bien que suiuant la liberté dont nous iouïssons à Capoüe, il so mesla dans la conuersation de ces Dames : & s'attachant tantost à l'vne, & tantost à l'autre, il se mit enfin à parler à Clelie, qui estoit fort surprise de ne voir point Horace, & de voir que selon les apparences Aronce ne la quitteroit pas si tost. Il arriua mesme vne chose qui donna tout le loisir qu'Aronce eust pû desirer pour entretenir Clelie : car comme cette Troupe arriua en vn grand rond d'Arbre qui partage cette grande Allée de Mirthes, ces Dames y voyant des Sieges à l'entour s'y assirent : mais comme il y en auoit desia beaucoup de pris, le hazard fit qu'apres que les Dames auec qui estoit Clelie, eurent pris leurs places selon qu'elles se trouuerent alors, il n'y en eut plus pour elle : si bien que voyant vn petit Siege qui estoit de l'autre costé de ce rond d'Arbres, où l'on ne pouuoit estre que deux, elle y fut, & Aronce s'y fut mettre auprés d'elle. Mais dés qu'elle le vit aprocher, la crainte qu'Horace n'arriuast, qu'il ne la trouuast en conuersation particuliere auec son Riual ; & que cela ne l'empeschast de luy persuader ce qu'elle vouloit ; fit que prenant la parole en parlant à demy bas ;

de grace Aronce, luy dit-elle, s'il est vray que vous ayez eu autrefois quelque amitié pour moy, ie vous coniure de n'affecter point auiourd'huy de me parler en particulier; car puis que ie ne dois vous parler de ma vie, il m'importe plus que vous ne pensez, que vous ne me parliez pas en secret. Non, non, Madame (luy dit-il, en la regardant attentivement) il ne vous importe pas tant que vous le croyez, car ie vous asseure qu'Horace ne viendra point icy par vos ordres : & que si le hazard ne l'y conduit, i'auray le loisir de vous suplier tres-humblement de me dire ce que i'ay fait, pour me faire haïr de vous : ce qu'il a fait pour s'en faire aimer ; & d'où peut venir que lors que vous me refusez la consolation de vous dire vn dernier adieu, vous luy escriuez des Billets pour luy donner vne assignation, en vn lieu d'où vous me voulez chasser, parce que vous l'y attendez? Mais, Madame, pour vous deliurer de l'inquietude où ie vous mets, i'ay à vous dire que l'Esclaue à qui vous auez donné ordre d'aller porter voſtre Billet à Horace s'eſt trompé ; que c'eſt moy qui l'ay receu : & que ie viens icy pour vous conjurer de me dire, ſi vous m'en iugez digne, ce que vous auiez reſolu de dire à Horace? Vous pouuez iuger, Madame, combien Clelie fut ſurpriſe d'entendre parler Aronce de cette ſorte ; cependant comme la ialouſie eſtoit hors de ſon eſprit ; que l'affection qu'elle auoit pour Aronce y eſtoit plus forte que iamais ; & que la maniere dont il la regardoit attendriſſoit ſon cœur, elle ne s'amuſa point à luy vouloir nier vne choſe qu'elle voyoit qu'il ſçauoit ; & elle ne fut meſme pas marrie de luy faire entendre que cette assignation ne deuoit pas estre auantageuse à Horace. Aussi lors qu'Aronce la pria de luy dire les mesmes choses qu'elle auoit resolu de dire à Horace qu'elle auoit attendu ; si vous sçauiez Aronce, luy dit elle alors, ce que vous me demandez, vous vous dédiriez à l'heure mesme, & vous me prieriez sans doute, de ne vous dire iamais ce que vous semblez souhaiter que ie vous die. Dittes moy donc du moins, respondit-il, ce que vous voulez que ie face ? ie veux, dit-elle, s'il est vray que vous m'aimiez encore, que vous vous resoluiez à ne m'aimer plus que comme vne Sœur : & que vous soyez assez equitable pour ne m'accuser point de vostre malheur, puis que ie le suis moy mesme assez, pour ne vous accuser pas du mien. Mais, Madame, reprit-il, les choses ne sont pas egalles entre nous : car ie puis iustement vous accuser de toutes mes infortunes; puis que si vous vouliez ie serois heureux, & que cependant vous ne le voulez pas: mais pour moy, que fais-ie qui puisse contribuer à vostre malheur? Vous estes cause, luy dit-elle en rougissant, que i'ay vne repugnance horrible à obeïr à mon Pere: vous estes cause qu'Horace qui est vn fort honneste homme, m'est insuportable, dés que ie le regarde comme deuant estre mon Mary: & vous estes cause enfin que selon toutes les apparences, ie seray toute ma vie tres-malheureuse. Eh! de grace, Madame, luy dit alors Aronce, permettez moy de donner vn sens si auantageux à vos paroles, qu'elles puissent sinon me rendre heureux, du moins me rendre moins miserable. I'y consens Aronce, repliqua t'elle, mais en mesme temps ie vous coniure, de ne me dire rien dauantage ; car aux termes où en sont les choses, ie ne puis plus receuoir innocemment nulle marque particuliere de vostre affection, ny vous en donner aucune de la mienne. Vous pourriez pourtant, Madame, luy dit-il, m'aprendre ce que vous vouliez à Horace ? ce que ie luy voulois vous est si auantageux, repliqua-t'elle, que ie ne deurois pas vous le dire, si ie pouuois effectiuement desirer que vous ne m'aimassiez plus: car enfin Aronce, ie voulois voir Horace, par le commandement de ma Mere, pour luy dire ingenûment que ie ne le puis iamais aimer ; & pour tascher de l'obliger par vn sentiment de generosité, à ne s'opiniastrer pas à me vouloir rendre malheureuse, puis que ie ne puis iamais le rendre tout à fait heureux : mais à vous dire la verité, ie ne croy pas que ie le persuade. Voila Aronce, adiousta-t'elle, le sujet de cette assignation que vous m'auez reprochée. S'il m'estoit permis, repliqua-t'il de me mettre à genoux pour vous rendre grace, & pour vous demander pardon, ie me ietterois à vos pieds, diuine Clelie, pour vous tesmoigner ma reconnoissance : & pour vous coniurer de me dire si vous me hairiez, en cas que ie n'obeïsse pas à Clelius, qui veut que ie parte, & que ie cherchasse toutes les voyes possibles de ne vous perdre point ? Ie ne sçay pas, repliquá Clelie, si ie pourrois vous haïr : mais ie sçay bien que ie viurois aueque vous comme si ie ne vous aimois pas. En effet Aronce, adiousta cette sage Fille, ie puis faire tout ce que ie pourray pour n'espouser pas Horace ; mais dés que par mon adresse, ou par mes prieres, ie ne le pourray pas empescher, il ne faut plus rien faire que se preparer à ne se voir iamais : car à n'en mentir pas, quand mon Pere ne vous obligeroit point à partir, ie vous y obligerois ; c'est pourquoy si le dessein que i'ay ne reüssit pas, comme ie croy qu'il ne reüssira point, il faut que vous faciez ce que mon Pere veut ; afin de ne me mettre pas dans la necessité de vous faire volontairement vn commandement rigoureux. Comme Clelie acheuoit de prononcer ces paroles, Horace qui auoit sceu fortuitement qu'elle estoit dans ce Iardin, y vint : de sorte que cette belle Fille, ne le vit pas plustost de loin, dans vne Allée destournée qui aboutissoit dans celle où elle estoit ; qu'en aduertissant Aronce, elle le pria de se separer d'elle, afin qu'elle fist ce que Sulpicie luy auoit ordonné de faire. Mais, Madame, luy dit-il, qui m'assurera que cette conuersation sera telle que ie la desire ? celle que ie viens d'auoir aueque vous, reprit Clelie en se leuant: promettez moy, donc du moins, repliqua t'il, que quoy qui puisse arriuer, vous aimerez tousiours vn peu le malheureux Aronce: ie ne vous le promets pas, respondit Clelie en changeant de couleur, & en le regardant fauorablement, mais ie ne sçay si ie ne le feray point sans vous le promettre. Apres cela Clelie reioignit les Dames auec qui elle estoit; & Aronce, apres les auoir saluées, tourna dans vne autre Allée, sans qu'Horace l'eust aperceu; & me vint ioindre dans celle où ie me promenois. Il quitta pourtant la place à son Riual auec vne peine estrange; mais apres tout, quand il pensoit que Clelie ne luy parloit que pour luy dire qu'elle ne le pouuoit aimer, & que pour le prier de ne songer plus à elle, il en auoit vne ioye incroyable, quoy que ce ne fust pas vne ioye

LIVRE I. 525

tranquile. Cependant comme il auoit vne enuie extréme de sçauoir ce qui reüssiroit de cette couersation, il voulut que nous nous promenassions dans ce Iardin, iusques à ce qu'elle fust finie ; afin que si Horace se separoit de Clelie, il pust la reioindre, pour aprendre comment son Riual auroit receu ce qu'elle luy auroit dit. Mais, Madame, il estoit aisé de preuoir comment la chose se passeroit : car Horace estoit fort amoureux, & il estoit persuadé que quoy que Clelie luy dist, elle obeïroit à Clelius, qu'il croyoit la luy vouloir bien donner, bien qu'il ne la luy eust pas promise, & en effet quoy que cette aimable Personne employast toute son adresse, & toute son eloquence, pour obliger Horace à ne penser plus à elle, il luy fut impossible de le persuader. Il ne fut pas non plus en la puissance d'Aronce de reioindre Clelie ; car Horace ne la quita point, & ne s'en alla qu'auec elle. Cependãt cõme il ne pouuoit se resoudre de se retirer sans sçauoir le succez de cette cõuersation, il me dõna la commission d'aller tascher de parler à Clelie, qui sçauoit bien alors que ie sçauois tout le secret d'Aronce; de sorte que le laissant seul dans vne petite Allée solitaire, ie fus me mesler auec la Troupe où estoit cette belle Fille, qui commençoit de marcher pour se retirer. Si bien que comme Horace estoit seul d'hommes parmy ces Dames, quand il falut passer vn endroit difficile, parce qu'il y auoit vn assez grand monceau de Pierres qui estoient amassées en ce lieu là, pour soustenir vne Terrasse qu'on y vouloit faire, il fut obligé de donner la main à celle qui passoit la premiere ; esperant la donner aprés à toutes les autres, & à Clelie. Mais me seruant de cette occasion pour luy parler, ie luy prefentay la main : & ie ne la quittay plus apres cela, qu'elle ne fuft hors du Iardin : cependant pour ne perdre pas des momens fi precieux, ie luy parlay bas dés que ie fus aupres d'elle. Le malheureux Aronce, Madame, luy dis-ie, m'enuoye vous demander s'il doit viure ou mourir? vous luy direz, repliqua-t'elle auec vne triftefle fort obligeante, que ie ne veux pas qu'il meure, mais que ie fuis perfuadée que s'il m'aime, il fera toufiours malheureux : & qu'il n'a enfin plus rien à faire qu'à partir de Capouë le pluftoft qu'il pourra. Ie voulus apres cela luy dire qu'elle auoit tort, de ne s'oppofer pas plus fortement à Clelius ; mais elle me refpondit auec tant de fageffe, & d'vne maniere fi tendre pour mon Amy, que ie n'eus plus rien à faire qu'à l'admirer. Il eft vray que comme nous nous trouuafmes alors à la Porte du Iardin, il falut que ie la quitasse, & qu'Horace la quitast aussi : de sorte que nous demeurasmes seuls ensemble. Comme il sçauoit que i'estois l'Amy le plus particulier d'Aronce, il ne s'en faloit guere qu'il ne me haïst autant que luy ; si bien que comme il auoit l'esprit fort irrité de ce que Clelie venoit de luy dire, nous nous separasmes assez froidement. Mais en m'en retournant, ie trouuay que Clelius qui venoit d'entrer dans ce Iardin par vne autre Porte, venoit de ioindre Aronce ; à qui il disoit si fortement qu'il faloit qu'il partist, qu'il ne luy donnoit plus qu'vn iour à demourer à Capouë. Comme ie sçauois que Clelius ne luy pouuoit rien dire d'agreable, ie ne fis pas grande difficulté de les interrompre ; mais comme i'aprochay d'eux, Aronce qui auoit vne enuie estrange de sçauoir

uoir ce que Clelie m'auoit dit, me le demanda des yeux ; si bien, que ne pouuant pas luy respondre fauorablement, ie luy fis vn signe qui luy fit comprendre qu'il n'auoit rien à esperer ; afin qu'il se déterminast tout d'vn coup à estre malheureux, & qu'il ne se le rendist pas dauantage par vne esperance incertaine & mal fondée. De sorte qu'il se trouua l'esprit en vne estrange assiette ; car il luy sembla alors qu'il eust esté beaucoup moins miserable ; si Clelie ne luy eust rien dit d'auantageux ce iour là. Cependant ie ne les eus pas plutost ioints, que Clelius quitta Aronce, & fut trouuer Stenius Amy d'Horace, qui l'attendoit dans vne autre Allée. Ie ne vous dis point, Madame, ce que me dit Aronce, apres que Clelius l'eut quité, & apres que ie luy eus raconté ce que Clelie m'auoit dit, car ie vous donnerois encore de la côpaſſion. Ce qui le deſeſperoit eſtoit qu'il n'y auoit rien à faire qu'à partir ; s'il euſt ſuiuy les ſentimés tumultueux de ſon cœur, il ne fuſt pourtant party de Capouë, qu'apres auoir tué Horace : mais comme il ne l'euſt pû faire ſans offencer Clelius, & Clelie tout à la fois, & ſans ſe mettre en eſtat de ne reuoir iamais la Perſonne qu'il aimoit, cette conſideration retint ſa fureur, plus que la iuſtice meſme. Cependant quoy que la nuit aprochaſt, Aronce ne pouuoit ſe reſoudre de ſortir de ce Iardin ; au contraire il m'engagea inſenſiblement en de ſi longues exagerations de ſon malheur, qu'il y auoit deſia plus de demie heure que ce Iardin n'eſtoit plus eſclairé que par la lumiere de la Lune qui eſtoit fort claire ce ſoir là, qu'il ne ſçauoit pas qu'il fuſt nuit, tant ſon deſplaiſir l'occupoit. Mais à la fin l'excés de ſa propre douleur luy impofant silence, & à moy aussi, parce que ie ne trouuois rien à luy dire pour le confoler, nous fufmes quelque temps à nous promener fans parler, en vne petite Allée qui eft le long d'vn petit Bois affez touffu, qui eft enfermé dans ce Iardin ; & il arriua mefme qu'infenfiblement Aronce marchant plus vifte que moy, s'en trouua feparé de douze ou quinze pas, fans que nous y priffions garde. Mais comme Aronce marchoit feul il entendit de l'autre cofté d'vne Paliffade qui eftoit entre luy & ce petit Bois, deux hommes qui penfant eftre feuls en ce lieu-là, parloient à demy bas ; vn defquels hauffant la voix, en adreffant la parole à l'autre ; ie fçay bien, luy dit-il en langage Romain, que ce que nous auons promis à Tarquin eft iniufte, mais puis qu'il eft promis il le faut tenir: car en quel lieu de la Terre pourrions nous trouuer vn Afile, fi apres luy auoir affuré de luy porter la Tefte de Clelius, nous luy manquions de parole ? Vous pouuez iuger, Madame, quelle furprife fut celle d'Aronce, d'entendre ce que difoit cét Inconnu ; cependant quoy que Clelius vinft de luy dire la plus dure chofe du monde, il ne le regarda point en cette occafion comme vn homme qui le banniffoit, qui l'efloignoit de Clelie, & qui le rendoit tres-malheureux ; & il ne le confidera que comme le Pere de fa Maiftreffe, à qui il deuoit toutes chofes. Si bien que preftant attentiuement l'oreille pour entendre ce que ces Inconnus diroient encore; il entendit que celuy qui efcoutoit le premier qui auoit parlé, luy refpondit en ces termes. Ie fçay bien fans doute, luy dit-il, que Tarquin eft le plus violent homme du monde ; & que haïffant affez

LIVRE I.

Clelius pour vouloir auoir sa Teste, il haïroit fort ceux qui au lieu de la luy porter, l'aduertiroient du desir qu'il a de le perdre : mais il me semble qu'en ne retournant pas à Rome, il seroit aisé d'esuiter sa fureur : & la difficulté ne seroit que de sçauoir si Clelius seroit en estat de nous pouuoir enrichir; & si nous pourrions luy prouuer ce que nous luy pourrions dire. Ha trop scrupuleux Amy (reprit brusquement celuy à qui il parloit) à quoy vous amusez vous ? ne suffit-il pas que le Prince à qui nous sommes, nous ait commandé de le deffaire d'vn Ennemy qu'il a, & qu'il nous ait promis vne grande recompense, sans vouloir hazarder nostre vie & nostre fortune, en nous descouurant à Clelius, qui fera comme s'il ne nous croyoit point, pour ne nous recompenser pas; & qui ne laissera pas de faire comme s'il nous croyoit, en prenant garde à luy, & en nous empeschant de pouuoir executer nostre dessein? c'est pourquoy sans nous amuser à chercher des inuentions inutiles, voyons seulement si nos Poignards sont assez bons pour executer dés demain le commandement de Tarquin. Ha lasche (s'escria Aronce, en allant du costé où estoit cét Assassin, par vne ouuerture de la Palissade, qui se trouua estre assez prés de luy) ie vous empescheray bien d'executer vostre barbare dessein: & vous ne poignarderez iamais Clelius, que vous ne m'ayez osté la vie. Aronce prononça ces paroles si haut, que reuenant de ma resuerie, ie fus droit à luy, que ie vy qui tenoit vn homme qui se debatoit: & qu'il y en auoit vn autre qui tenant vn Poignard, luy disoit que s'il ne quitoit son Compagnon, il le tuëroit. Mais il n'en fut pas à la peine : car luy ayant inopinément saisi le bras, & arresté la main dont il tenoit le Poignard, & dont il menaçoit Aronce, ie l'empeschay bien de pouuoir faire ce qu'il disoit; pendant quoy Aronce ayant arraché des mains de celuy qu'il tenoit, le Poignard qu'il auoit tiré lors qu'il s'estoit ietté sur luy, il se vit en estat d'estre Maistre de sa vie. Mais comme il iugeoit qu'il estoit important à Clelius de descouurir tout ce qu'il sçauoit, il ne le voulut pas tuer: principalement voyant que ie tenois le bras de l'autre; ioint que connoissant par ce qu'il auoit entendu, que celuy que ie tenois estoit le moins meschant, il creût qu'il seroit aisé de sçauoir de luy tout ce qui pouuoit seruir à Clelius. Cependant Aronce voyant que i'estois sans doute assez fort pour empescher cét homme de se seruir de son Poignard, mais que ie ne l'eſtois pas aſſez pour le luy arracher, il le menaça de le tuer : & luy cria en meſme temps que s'il le rendoit, il le recompenſeroit magnifiquement du bon deſſein qu'il auoit eu d'aduertir Clelius. Mais pendant qu'il diſoit cela, cét autre qu'Aronce auoit deſarmé prenant ſon temps, tira vn ſecond Poignard qu'il auoit, & penſa le luy mettre dans le cœur : toutesfois comme Aronce le vit briller, parce qu'heureuſement en le tirant vn rayon de la Lune donna deſſus, il s'en prit garde, & parant le coup qu'il luy vouloit porter, auec l'autre Poignard qu'il tenoit, il ne marchanda plus la vie de ce Traiſtre : ſi bien que luy ſaiſiſſant le bras droit de la main gauche, il luy donna deux coups de Poignard, qui le firent tomber à ſes pieds à demy mort. Cependant celuy à qui i'auois à faire ſe debatoit toufiours pour fe defgager : & ie le tenois fi fortement, qu'il n'en pouuoit venir à bout; mais dés qu'il vit fon Compagnon tombé, il laiffa aller fon Poignard, que ie pris : & implora la clemence d'Aronce, qu'il voyoit qui s'intereffoit tant en la vie de Clelius : & pour l'obtenir pluftoft, il tira de luy mefme le fecond Poignard qu'il auoit, & le iettant aux pieds d'Aronce; degrace, Seigneur, luy dit il, puis que vous auez entendu ce que ie difois à mon Compagnon, ne me traitez pas comme luy. Ie vous le promets, repliqua Aronce, mais il faut me defcouurir tout ce que vous fçauez; & tout ce qui peut affurer la vie de Clelius, que ie veux deffendre comme la mienne. Comme Aronce parloit ainfi, Clelius & cét Amy d'Horace que ie vous ay dit qui fe promenoit aueque luy, arriuerent en cét endroit : fi bien qu'ils furent fort furpris de nous trouuer en cét estat; & de voir vn homme à demy mort à nos pieds; d'en voir vn autre qui sembloit demander pardon; & de nous voir Aronce & moy auec chacun vn Poignard à la main: mais le Pere de Clelie le fut bien encore dauantage, lors que prenant la parole le premier; voyez Clelius, luy dis-ie, voyez parce qu'Aronce vient de faire pour vous sauuer la vie, s'il merite que vous luy donniez la mort: car i'auois bien compris par ce qu'Aronce auoit dit, que c'estoit pour l'interest de Clelius, qu'il auoit attaqué ces deux hommes. Clelius estant donc alors fort estonné d'entendre ce que ie luy disois ne sçauoit que me respondre; mais Aronce le tirant de cét estonnement, luy aprit en deux mots & sans exageration ce qui luy venoit d'arriuer: de sorte que Clelius fut si sensiblement touché de voir qu'vn moment apres qu'il luy auoit prononcé l'Arrest de son bannissement, il eust hazardé sa vie pour asseurer la sienne, qu'il ne pût s'empescher de luy tesmoigner l'admiration qu'il auoit pour sa vertu. Si bien que sans s'amuser à demander rien de ce qui le regardoit ; ha ! Aronce, s'escria-t'il, vostre generosité me charme ! & Arricidie auoit raison de dire que si vous n'estiez Romain, vous auiez le cœur d'vn Romain ; c'est pourquoy, puis que ie n'ay encore rien promis à Horace, il faut que Clelie dispose d'elle mesme, sans que ie m'en mesle. Aronce rauy de ioye d'entendre parler Clelius en ces termes, luy en rendit grace en peu de paroles, pendant que Stenius en murmuroit tout bas ; mais apres cela Aronce luy disant que le lieu n'estoit pas propre à entretenir ces assassins ; & quelques Esclaues de Clelius qui cherchoient leur Maistre estant arriuez, ils donnerent ordre de faire porter ce blessé chez vn homme qui dépendoit de moy, & de l'y faire penser ; & nous menasmes l'autre chez Clelius, qui voulut qu'Aronce & moy y allassions : car pour Stenius il nous quita à la Porte, & s'en alla aduertir Horace que ses affaires n'estoient pas en si bon estat qu'il pensoit. Mais en arriuant chez Clelius, nous rencontrasmes Sulpicie & sa Fille, qui furent estrangement surprises de nous voir, & d'entendre que Clelius leur disoit qu'il deuoit vne seconde fois la vie à Aronce, & que c'estoit le plus genereux de tous les hommes ; de sorte que ces deux Personnes croyant aisément ce que leur disoit Clelius, receurent Aronce auec vne ioye extréme. Cependant comme il s'agissoit de sçauoir le détail de la coniuration dont Aronce

LIVRE I. 541

auoit empesché l'effet, on enferma ce Coniurateur dans vne Chambre, où nous allions l'interroger, lors qu'Herminius arriua ; qui dit à Clelius qu'il auoit vn aduis de grande importance à luy donner. Mais comme Clelius luy eut dit qu'il pouuoit presentement luy dire tout ce qu'il sçauoit deuant Aronce, & deuant moy ; il luy montra vne Lettre qu'il venoit de receuoir de Rome, où apres plusieurs autres choses, il y auoit à peu prés ces paroles.

LE *superbe Tarquin est tousiours plus deffiant, plus cruel, & plus vindicatif : car il n'a pas plustost sceu que Clelius estoit reuenu d'Afrique, & qu'il estoit à Capouë, qu'il a creû qu'il se raprochoit de Rome, pour faire quelque brigue contre luy : & vn de mes Amis particuliers m'a dit qu'il croit que le Tyran a dessein de s'en deffaire. Du moins assure-t'on que depuis* quelques iours, deux de ceux qu'il a accoustumé d'employer à de funestes executions, sont partis de Rome, & ont pris la route de la Campanie: si vous le pouuez, aduertissez Clelius qu'il prenne garde à luy.

Apres que Clelius eut leû tout haut ce fragment de Lettre, & qu'Herminius luy eut nommé celuy qui l'escriuoit ; & luy eut dit que c'estoit vn homme tout à fait bien informé des choses, & qu'il luy conseilloit de ne sortir point qu'il ne fust accompagné ; ie vous suis bien obligé Herminius, luy dit-il, de l'aduis que vous me donnez : mais ie vous le seray encore infiniment; si vous m'aidez à loüer Aronce : car enfin il a presques tué vn de ceux dont vostre Amy vous parle ; & il ne tiendra qu'à vous que vous ne veniez entendre de la bouche de l'autre, la confession de son crime. Et en effet, apres qu'on eut raconté en deux mots à Herminius, ce qui s'eſtoit paſſé, nous entraſmes tous enſemble dans la Chambre où eſtoit cét homme ; de la bouche de qui nous voulions aprendre le détail de la cruauté de Tarquin. Mais afin de luy faire dire auec plus d'ingenuité tout ce qu'il ſçauoit, Aronce luy confirma la promeſſe qu'il luy auoit faite, de recompenſer magnifiquement le repentir qu'il auoit eu : & effectiuement il parla auec vne ingenuité fort grande : il eſt vray que ce qui l'y obligea encore fut qu'Herminius le reconnut pour l'auoir veû autrefois Eſclaue de ſon Pere. De ſorte que ſe faiſant connoiſtre à luy ; quoy miſerable, luy dit-il, as-tu apris le meſtier que tu fais, dans la Maiſon où tu as eſté eſleué? Non, Seigneur, luy dit-il, mais en changeant de Maiſtre, i'ay changé de ſentimens ; puis qu'il eſt vray que tant qu'ay eu vn Maiſtre vertueux, ie n'ay iamais fait aucun crime ; & que dés que voſtre illuſtre Pere m'eut donné à vn homme qui eſt deuenu Fauory de Tarquin, ie ſuis deuenu ce que vous me voyez. Il eſt pourtant vray, dit-il, que le ſouuenir du commencement de ma vie, m'a donné mille & mille remords ; & lors que celuy qui vient de me promettre recompenſe de mon repentir, entendit que ie voulois perſuader au Complice de mon crime de ne le commettre point, ie me ſouuenois de vous : & ie m'imaginois les reproches que vous me feriez, ſi vous ſçauiez la vie que ie menois. Puis que cela eſt, dit alors Herminius, parle donc ingenûment ; & en effet cét homme dit à Clelius que Tarquin auoit commandé à ſon Compagnon & à luy de ne retourner point à Rome ſans luy porter ſa Teſte.

LIVRE I.

Teste : & il l'assura qu'ils auoient resolu de le tuer le lendemain dans ce mesme Iardin, où Aronce auoit entendu leur contestation : car ils auoient sceu que c'estoit la coustume de Clelius, d'y aller presques tous les soirs, & d'y aller bien souuent seul. Cét homme adiousta pourtant, que lors qu'Aronce les auoit entendus, il auoit senty vn remors estrange de l'action qu'il vouloit faire: mais qu'apres tout, comme son Compagnon estoit le plus déterminé de tous les hommes, il estoit fort assuré qu'il ne l'eust pas persuadé : & que le iour suiuant il eust executé le commandement de Tarquin, quand mesme il eut deu l'executer seul. En suite il tesmoigna vn si grand repentir de son crime, & demanda tant de pardons de sa faute, que Clelius sçachant par Aronce, qu'effectiuement il s'estoit opposé à l'intention de son

Compagnon, luy pardonna genereusement, & luy donna dequoy aller chercher la Guerre hors de la puissance de Tarquin. Mais pour le Complice de son crime il en vsa d'vne autre sorte ; car il ne vouloit point qu'on le pensast ; & quand on l'eut pensé par force, il deschira tous ses Bandages : il ne voulut mesme prendre aucune nourriture ; & quoy qu'on luy peust dire, il ne voulut iamais respondre à Aronce & à Herminius qui furent l'interroger, pour voir s'il n'en sçauoit point dauantage que l'autre. Au contraire il fit tout ce qu'il pust pour s'escraser la Teste contre vne Muraille ; & il mourut enfin comme vn enragé, à qui le regret de n'auoir peu executer le crime qu'il auoit promis de commettre, & la veuë d'vne mort prochaine, ne donnoient que des pensées de fureur. Cependant Sulpicie ne perdant pas vne occasion si fauorable, dit tant de choses à Clelius pour l'obliger à reconnoistre la vertu d'Aronce, qu'il luy dit enfin qu'il estoit resolu de laisser Clelie Maistresse d'elle mesme, puis qu'il estoit vray qu'il ne l'auoit pas encore promise à Horace, & qu'il n'auoit fait que luy donner lieu d'esperer de l'obtenir. Cependant cét Amant qui auoit creu estre heureux, ne sceut pas plustost par Stenius l'auanture du Iardin, que craignant qu'elle ne fist changer de sentimens à Clelius, il fut le chercher à l'heure mesme, mais comme Clelius vouloit auoir quelque temps à resoudre ce qu'il luy deuoit dire, & qu'il estoit vray que quelque tendresse & quelque reconnoissance qu'il eust pour Aronce, il auoit encore quelque peine à donner sa Fille à vn Inconnu ; Il esuita auec adresse de voir Horace ce iour là ; qui se trouua estre la veille du iour que Clelie celebroit celuy de sa naissance. Car encore qu'elle ne soit pas née à Rome, Clelius ne laissoit pas de luy faire obseruer toutes les Ceremonies Romaines : c'est pourquoy comme le iour de sa naissance estoit le lendemain, il voulut que la Feste en fust d'autant plus magnifique, qu'elle auoit esté precedée par vn, où il auoit esvité la mort. Il se trouuoit mesme que ce iour estoit aussi esloigné qu'il le pouuoit estre, de tous ces iours malheureux, si soigneusement remarquée par les Romains : de sorte que ne trouuant rien que d'heureux en cette fauorable iournée, Clelius voulut qu'elle fust celebrée solemnellement. Clelie de son costé qui sçauoit le changement de son Pere, & qui auoit parlé vn moment à Aronce pour le remercier de luy auoir sauué la vie, auoit vne ioye extréme de pouuoir esperer qu'elle ne seroit point Femme d'Horace : & Sulpicie en estoit si aise, qu'elle ne pensa qu'à solemniser magnifiquement la Feste de la naissance de sa Fille. Pour cét effet comme c'estoit la coustume en ces occasions, de faire vn Sacrifice innocent à ces Diuinitez que les Romains apellent Genies, & dont ils croyent que chaque personne en a vn, qui luy est particulier ; Clelius fit orner vn Autel de Festons de Verveine & de Fleurs, dans vn Temple où les Romains qui sont à Capouë, font toutes leurs Ceremonies. Cependant toutes les principales Dames de la Ville, estant priées d'accompagner Clelie, lors qu'elle iroit au Temple, se rendirent chez elle, aussi parées qu'elles le pouuoient estre. Pour Clelie, comme c'est la coustume à Rome, tant aux hommes, qu'aux Femmes, d'estre ha-

billez de blanc le iour de leur naiſſance, elle eut vne Robe blanche;
mais pour releuer la ſimplicité de cét
habillement, Sulpicie la para de ces
Pierreries que le hazard luy auoit
autresfois données, lors qu'apres a-
uoir fait naufrage, elle auoit eſté
ſauuée par vn fidelle Eſclaue, & a-
uoit retrouué Clelius à qui les Dieux
auoient donné Aronce, au lieu du
Fils qu'il auoit perdu. De ſorte que
quoy que l'habillement de Clelie
n'euſt rien de magnifique en luy
meſme, elle ne laiſſoit pas d'eſtre magnifiquement parée : car comme en
ces occaſions les Dames ne ſont pas
coiffées comme à l'ordinaire, &
qu'elles le ſont preſques comme le
ſont celles qui ſe marient, elle auoit
vne partie de ſes beaux cheueux pendans ſur les eſpaules, & negligeam-
ment friſez. Pour les autres ils s'eſ-
panchoient par mille agreables bou-

cles le long de ses ioües : où estoient ratachez sur le derriere de sa Teste, par vne Guirlande de Pierreries, qui estoit la plus belle chose du monde. De plus comme Clelie n'auoit la gorge cachée que par vne Gaze plissée, & fort delicate, on ne laissoit pas de voir qu'elle l'auoit belle, & bien faite, & qu'elle auoit aussi vn Colier de Diamans. Elle auoit encore vne Ceinture de Pierreries qui estoit d'vn prix inestimable: & les manches de sa robe qui estoient grandes, & pendantes estoient ratachées sur ses espaules, par des nœuds de Diamans. Enfin son habillement estoit si galant & si riche, qu'il n'y auoit rien de plus beau à voir que Clelie en cét estat : car comme la ioye est vn fard innocent & admirable, elle auoit le tein si merueilleux, les yeux si brillans, & l'air du visage si agreable & si charmant que ie puis assurer que ie ne l'auois iamais veuë si belle. Clelie estant donc telle que ie viens de vous la dépeindre, fut à pied de chez elle au Temple : & elle y fut sans incommodité ; car les Ruës par où il falloit passer estoient belles ; il faisoit alors fort sec, & le Soleil estoit caché. De plus, comme c'est la coustume que la Personne qui celebre le iour de sa naissance, doit offrir aux Dieux vne Offrande innocente, Clelie tenoit entre ses belles mains vne magnifique Corbeille, dans quoy estoit ce qu'elle deuoit offrir, mais cette Offrande estoit si couuerte de Fleurs d'Orange & de Iasmain, qu'elle parfumoit tous les lieux par où elle passoit. Elle marchoit seule ; son Pere & sa Mere alloient apres elle ; toutes les Dames de la Ville la precedoient en marchant deux à deux ; & tous les Amis de Clelius le suiuoient ; entre lesquels Aronce & Horace se trouuerent au premier rang, comme vous pouuez penser. Mais, Madame, comme la beauté de Clelie faisoit vn grand bruit à Capouë, que cette Ceremonie estoit differente des nostres, & que la nouueauté excite fort la curiosité des Peuples; il faut que vous sçachiez qu'il y eut vne aussi grandes foule de monde dans les Ruës par où deuoit passer Clelie, que si on eust deu voir entrer quelqu'vn de nos Capitaines en Triomphe, apres auoir gagné vne grande Bataille. Mais ce qu'il y eut de remarquable, fut que Clelie voyant cette multitude de Gens de toutes conditions, qui estoient aux Fenestres, aux Portes, & dans les Ruës, seulement pour la voir; & entendant toutes les acclamations qu'on luy donnoit, en eut vne modestie qui l'embellit encore; car rougissant de ses propres loüanges, elle en eut le teint plus esclatant, & les yeux plus vifs, & plus doux tout ensemble. Aussi Aronce, & Horace, la trouuerent-ils si belle ce iour là, que leur amour augmentant pour elle, leur haine augmenta aussi entre eux, ils ne se dirent pourtant rien pendant cette Ceremonie: car comme Horace n'auoit pas encore perdu tout à fait l'esperance, parce que Clelius ne luy auoit pas parlé en particulier; & qu'Aronce ne vouloit pas détruire la sienne; ils songerent tous deux à n'irriter pas Clelius, par vn nouueau démeslé: & tous Riuaux qu'ils estoient: ils assisterent à cette Ceremonie comme s'ils eussent esté Amis. Il est vray qu'il ne faut pas trouuer si estrange qu'ils pussent estre Maistres de leurs sentimens en cette rencontre; car l'admiration qu'ils auoient pour Clelie, suspendoit sans doute vne partie de l'aigreur qu'ils auoient alors l'vn pour l'autre. Mais enfin Clelie fut au Temple offrir aux Dieux l'Offrande qu'elle portoit : qu'elle mit de si bonne grace sur cét Autel orné de Festons de Verveine & de Fleurs, qu'elle sembloit bien plustost estre la Deesse à qui l'on deuoit sacrifier, que celle qui offroit le Sacrifice. Ie ne m'arresteray point, Madame, à vous dire les Ceremonies qui se firent en cette occasion, car ce n'est pas pour cela que ie vous raconte cette Feste : mais ie vous diray que parmy ce grand nombre de Personnes qui regardoient, & qui admiroient Clelie, ie pris garde qu'vn homme & vne femme, qui auoient l'air d'estre Gens de qualité, la virent fortuitement comme elle sortoit de chez elle : & ie pris garde aussi (car i'estois alors aupres d'eux) qu'ils la regarderent auec vne attention extraordinaire, qu'ils parlerent bas enfemble ; que lors qu'ils virent Aronce, ils tefmoignerent auoir quelque admiration ; & qu'ils les fuiuirent comme s'ils euffent efté de la Fefte. Le hazard fit mefme que ie les vy encore dans le Temple fort attentifs à regarder tantoft Clelie, & tantoft Aronce ; ie pris encore garde que cette Dame que ie ne connoiffois point, & qui auoit fort bonne mine pour vne Perfonne de fon âge, paffa entre plufieurs autres, pour s'aller placer fort prés de Clelie, quand elle fut à genoux ? mais ce qui m'eftonna, fut de voir qu'il me fembla qu'elle regardoit bien plus attentiuement les Pierreries que Clelie portoit, que Clelie elle mefme, car elle ne fongeoit, à ce qui me paroiffoit, qu'à luy bien voir le derriere de la Tefte, où eftoit la Guirlande de Diamans qu'elle y auoit ; & non pas à admirer la beauté de fon vifage. Neantmoins

LIVRE I. 557

pensant alors que c'estoit vne curiosité assez ordinaire aux Dames, de penser autant à regarder la parure, que celles qui sont parées, ie détournay mes regards ailleurs, & ie regarday Fenice, qui apres Clelie estoit sans doute la plus belle de toute la Troupe. Mais enfin comme Clelie eut acheué ses prieres, & qu'elle commença de marcher pour s'en retourner au mesme ordre qu'elle estoit venuë, cét homme & cette Dame que ie ne connoissois poimt, & qui auoient tant regardé & Clelie, & Aronce, s'aprocherent de moy, & me demanderent ciuilement qui estoit cette belle Fille qu'ils voyoient, & qui estoit Aronce? qu'ils me montrerent de la main, car ils ne sçauoient pas son nom. Pour cette admirable Personne, leur dis-ie, elle s'apelle Clelie ; & elle est Fille d'vn illustre Romain exilé; mais pour reluy que vous me montrez, tout ce que ie vous en puis dire, c'eſt qu'il eſt le plus honneſte homme du monde, & qu'il s'apelle Aronce, car il ne ſçait pas luy meſme qui il eſt. Quoy, s'eſcria cette Dame en changeant de couleur, celuy que vous nommez Aronce ne ſçait point qui ſont ſes Parens? il n'a garde de le ſçauoir, luy dis-ie, puis que le Pere de Clelie le trouua flottant dans vn Berceau, apres auoir fait naufrage luy meſme: & qu'il luy ſauua la vie ſans auoir pû ſçauoir depuis à qui apartient cét Enfant, qu'il a nourry auſſi ſoigneuſement que s'il euſt eſté le ſien. Eh! de grace, adiouſta cét Eſtranger qui eſtoit auec cette Dame, dites nous ſur quelle Mer, & en quel lieu, cét Enfant fut trouué dans vn Berceau? ce fut aſſez prés de Siracuſe, repliquay-ie, ſi ma memoire ne me trompe. A ces mots ces deux Perſonnes ſe regarderent, auec beaucoup de marques d'eſtonnement & de ioye ſur le viſage : en ſuite de quoy ils me demanderent ſi ie ne ſçauois point d'où Clelie auoit eu les Pierreries dont elle eſtoit parée ? De ſorte que leur diſant que le meſme naufrage qui auoit oſté vn Fils à Clelius, & qui luy auoit donné Aronce, luy auoit auſſi donné ces Pierreries : il n'en faut plus douter (dit cette Dame à demy bas, à celuy qui eſtoit auec elle) Aronce eſt aſſurement celuy que nous penſons. Quoy, luy dis ie, tranſporté de ioye, vous ſçauriez quelle eſt la naiſſance d'Aronce ? Eh! de grace, adiouſtay-ie, en les regardant tous deux, ſi cela eſt aprenez la au plus cher de ſes Amis : car comme ie ne puis douter qu'elle ne ſoit digne de ſon Grand cœur, ie ne fais point de difficulté de vous demander à la ſçauoir. Ce que vous demandez, reprit cét Eſtranger, eſt d'vne ſi grande con-

sequence, qu'Aronce le doit sçauoir autant que nul autre le sçache ; mais afin de n'agir pas legerement, dites nous ie vous prie tout ce que vous sçauez de la maniere dont il fut sauué. Si bien que comme ie l'auois entendu raconter plusieurs fois à Clelius ie luy marquay le iour de ce naufrage, ie luy dis l'endroit où il estoit arriué ie luy dépeignis le Berceau dans quoy Aronce auoit esté trouué, car Clelius me l'auoit montré lors qu'on l'auoit treuué dans ce Vaisseau de Corsaires. Ie luy parlay aussi de cette Cassette pleine de Pierreries, qui estoit alors venuë en la puissance de Clelius, & ie luy dis enfin tout ce que ie sçauois de cette auanture, adioustant en suite beaucoup de loüanges d'Aronce, qui luy faisant connoistre que i'estois effectiuement son Amy particulier, l'obligeant à parler plus librement deuant moy. De
sorte

sorte que prenát la parole hai Martia, (dit-il à cette Dame qui cóme vous le sçauez est sa Femme) ie ne doute plus du tout qu'Aronce ne soit l'Enfant que nous perdismes ! car le iour de son naufrage se raporte à celuy où nous pensasmes perir ; l'endroit où il arriua est égal ; le Berceau où Aronce fut trouué est semblable ; les Pierreries que nous auons veuës à Clelie sont celles que nous auons euës en nostre puissance : & ce qui rend encore plus fort tout ce que ie viens de vous dire, c'est qu'Aronce ressemble si prodigieusement au Pere de l'Enfant que nous perdismes, que ie conclus de necessité, qu'il faut qu'il soit son Fils. l'aduouë, Madame, que le discours de cét homme (qui est le mesme Nicius qui est presentement dans ce Chasteau) m'embarassa fort : car au commencement qu'il parla à Martia, & qu'il luy dit qu'Aronce estoit assurément l'Enfant qu'ils auoient perdu ie creûs qu'il estoit leur Fils; mais quand il vint à dire qu'il ressembloit prodigieusement à son Pere, ie ne le pensay plus, car ie m'aperceus bien qu'il ne ressembloit point du tout à celuy qui parloit. De sorte que mourant d'enuie d'estre esclaircy de ce que ie voulois sçauoir, ie pressay encore & Nicius, & Martia, de me dire qui estoit Aronce; mais ils me repondirent que luy seul deuoit estre Maistre de son secret, & qu'ils me coniuroient de les faire parler à luy. Si bien que sans differer dauantage, ie sceu le lieu où ils estoient logez, & ie leur promis de leur mener Aronce deuant que le iour se passast; & en effet ie fus diligemment chez Clelius reioindre toute cette belle Troupe que i'auois quittée; car la coustume est à Rome, que le iour qu'on celebre la Feste de sa naiſſance, on fait vn Feſtin à tous ceux qui ont eſté conuiez pour accompagner celuy pour qui elle ſe fait. Si bien que trouuant toutes les Tables miſes, & toute la Compagnie preſte de s'y mettre, ie creûs d'abord que ie deuois attendre à l'iſſuë du repas à dire à Aronce ce que ie ſçauois. Mais apres tout, ce grand ſecret me ſembla ſi difficile à garder, que ie ne pûs m'y reſoudre ; de ſorte que tirant adroitement Aronce à part ; croirez vous bien, luy dis-ie, que le iour de la naiſſance de Clelie, eſt deſtiné à vous aprendre la voſtre ; & que deuant qu'il ſoit nuit vous ſçaurez qui vous eſtes ; Non, Celere, me dit-il, ie ne le croiray pas : car par quelle eſtrange auanture le pourrois-ie ſçauoir ; Comme ie vy qu'il ne me croyoit point, ie luy parlay plus ſerieuſement & ie luy racontay en peu de mots ce qui m'eſtoit arriué ; ſi bien que ne doutant plus de ce que ie luy disois, ie vy sur son visage des mouuemens bien differens : car d'abord i'y vy de la ioye ; vn moment apres i'y remarquay de l'inquietude & de la crainte ; & vn moment en suite, i'y aperceus de l'Impatience de sçauoir ce qu'il craignoit pourtant d'aprendre. Neantmoins son Grand cœur le rassurant, & ce que ie luy disois de ces Pierreries luy donnant quelque certitude qu'il faloit que sa naissance fust illustre, il se remit : & fit si bien que comme il n'eust pû sortir alors sans causer vn grand desordre, il se resolut d'attendre à la fin du repas à contenter sa curiosité. Et en effet la chose s'executa comme il l'auoit resoluë : mais dés que les Tables furent desseruies, Aronce & moy nous desrobasmes de la Compagnie, & fusmes trouuer Nicius, & Martia, qui nous attendoient auec vne impatience qui ne pouuoit estre esgalée que par celle d'Aronce. Il s'arresta pourtant deux ou trois fois en allant les trouuer : car encore qu'il creust qu'il n'aprendroit rien qui le deust fâscher. l'amour qu'il auoit pour Clelie, faisoit qu'il aprehendoit que ses Parens ne se trouuassent pas estre dignes d'elle; mais à la fin estant arriuez au logis où Nicius & Martia estoient, ils vinrent au deuant de nous auec vne demonstration de ioye la plus grande du monde : car plus ils regardoient Aronce, plus ils voyoient qu'il ressembloit au Roy Porsenna. Mais ce qui redoubla encore leur satisfaction, fut que lors qu'il commença de parler, ils trouuerent qu'il auoit le son de la voix tout semblable à celuy de la Reine Galerite sa Mere : si bien qu'ils ne douterent plus apres tant de choses qu'il ne fust effectiuement ce mesme Enfant qu'on leur auoit confié, & qu'ils auoient perdu par vn naufrage. Cependant Aronce ne les vit pas pluſtoſt que prenant la parole; apres ce que le plus cher de mes Amis m'a apris, leur dit il en les abordant, ie ne ſçay ce que ie vous dois dire, parce que ie ne ſçay qui ie ſuis; & ie ne ſçay meſme ſi ie dois ſouhaiter de le ſçauoir. Neantmoins comme l'incertitude où i'ay veſcu eſt la plus cruelle choſe du monde; dittes moy de grace qui ie ſuis? quand meſme vous me deuriez aprendre que mon cœur ſeroit plus Grand que ma naiſſance; & ne craignez pas s'il vous plaiſt, de reueler ce ſecret en la preſence de celuy à qui vous auez parlé de moy; car tous mes ſecrets ſont les ſiens, & vous ne me pourriez rien dire en particulier de ce qui me regarde, que ie ne luy diſſe vn moment apres. Puis que cela eſt, dit alors Nicius, ï'ay encore deux graces à vous demander, auant que de vous rien dire; la premiere que vous me permettiez de vous regarder la main gauche, & la seconde, que l'on face voir à Martia deux Nœuds de Diamans que nous auons veûs à cette belle Fille, qui est cause de vostre reconnoissance; puis que si elle n'eust pas esté parée des Pierreries qui nous ont donné la curiosité de regarder plus attentiuement cette Ceremonie, nous ne vous eussions peut-estre iamais veû ; car enfin si vous estes celuy que ie souhaite que vous soyez, vous deuez auoir à la main gauche vne petite marque noire, semblable à vne que celle que nous croyons estre vostre Mere a sur le visage, & qui luy sied admirablement bien; & si les Pierreries que nous auons veuës sont celles que nous pensons, il doit y auoir deux Portraits dans les deux

Nœuds de Diamans que ie vous prie de faire voir à ma Femme. Pour la marque dont vous parlez, reprit Aronce en luy tendant la main, vous la pouuez voir telle que vous dittes qu'elle doit eftre : mais pour les deux Nœuds de Diamans que vous voulez qu'on vous monftre, ie les ay maniez quelquesfois, & ie ne me fuis pourtant point aperceu, qu'ils s'ouurent, ny qu'il puiffe y auoir de Portraits dedans. Si ce font ceux que ie penfe, repliqua Martia, vous aurez pû les manier cent fois, fans vous aperce-uoir qu'ils fe puiffent ouurir : mais enfin, adioufta-t'elle, ce que ie dis n'eft pas fi neceffaire à fçauoir; & apres auoir fceu precifement le iour de voftre naufrage; apres qu'on m'a eu dit comment eft le Berceau dans quoy on vous trouua; apres vous a-uoir veû; apres vous auoir entendu parler; & apres auoir trouué en voſtre main, la marque qui y doit eſtre, & auoir veû les Pierreries de Clelie, il ne faut point douter que vous ne ſoyez Fils du Roy Porſenna, & de la Reine Galerite, & que vous ne ſoyez celuy qui nous a couſté tant de larmes, à Nicius & à moy. Oüy Seigneur, adiouſta Nicius, vous eſtes aſſurément l'Enfant d'vn Grand Prince, & d'vne Grande Princeſſe ; & veüillent les Dieux, que vous ſoyez plus heureux qu'ils ne ſont. Aronce entendant paler Nicius & Martia de cette ſorte, en fut ſi ſurpris, que l'eſtonnement qu'il en eut parut dans ſes yeux; mais il y parut pourtant ſans cauſer nul emportement de ioye exceſſiue dans ſon cœur; & l'on peut dire que iamais perſonne n'a donné vne plus illuſtre marque de moderation. En effet le premier mouuement qui luy vint dans l'eſprit, fut de me donner vne nouuelle marque d'amitié; car il est vray que dés qu'il eut entendu ce que Nicius luy dit de sa naissance, il me regarda tout à fait obligeamment; & il me fit entendre presques sans parler, qu'il estoit bien aise de se voir en estat de reconnoistre mon affection, par des offices effectifs. Cependant il redit à Nicius tout ce que ie luy auois desia dit; & Nicius & Martia luy aprirent tout ce que ie vous ay raconté au commencement de cette Histoire: c'est à dire la Guerre du feu Roy de Clusium, auec Mezence Prince de Perouse; la prison de Porsenna; son amour pour Galerite; par quels moyens il auoit esté deliuré; son Mariage; la mort de Nicetale; la seconde prison de Porsenna; & celle de Galerite; sa naissance; la maniere dont on l'auoit tiré de l'Isle des Saules pour le remettre entre leurs mains; leur fuite; leur embarquement; leur naufrage ; & la resolution qu'ils a-uoient prise de s'en aller à Siracuse, & de ne mander point alors aux Amis de Porsenna que l'Enfant qu'on leur auoit confié auoit pery ? tant parce qu'ils ne sçauoient pas positiuement qu'il fust mort, que parce qu'ils n'osoient le dire, & parce qu'ils pensoient que cela abatroit le cœur des Amis de Porsenna & de Galerite. Mais comment est-il possible, dis-ie alors à Nicius & à Martia, que les Amis de Porsenna & de Galerite, n'ayent point trouué estrange que cét Enfant ne parust point depuis vn si long-temps ; & comment a-t'on pû cacher depuis tant d'années, que vous ne sçauiez où il estoit ? La chose, a esté assez aisée, repliqua Nicius ; car il faut que vous sçachiez qu'ayant durant vn an caché fort soigneusement la perte de ce ieune Prince, les Amis de Porsenna faisant vne Ligue secrette, resolurent qu'il falloit qu'ils eussent cét Enfant entre les mains, pour tascher d'esmouuoir le Peuple; de sorte qu'il y en eut vn d'entre eux, qui sçachant où nous estions, y vint: si bien qu'il falut alors necessairement luy aduoüer nostre nauffrage. Mais comme il est assez naturel de se flatter, & de diminuer mesme autant qu'on peut le malheur des autres; nous dismes à cét Amy de Porsenna, que cét Enfant se retrouueroit peut-estre vn iour; & qu'il y auoit eu tant de Gens qui auoient eschapé de ce naufrage, qu'il pourroit estre que cét Enfant en seroit eschapé comme les autres. Quoy qu'il en soit, dit celuy à qui nous parlions, il ne faut pas publier sa mort; quand il n'y auroit autre raison que celle de ne donner pas cette ioye-là aux Ennemis de Porsenna, & cette douleur à ses Amis De sorte que nous conformant à la volonté de celuy qui nous parloit, nous ne publiasmes pas la chose. Depuis cela on a mesme tousiours dit que le Fils de Porsenna n'estoit point mort; & pour tascher d'irriter les Peuples, on a fait courir le bruit que Mezence l'auoit fait enleuer, & qu'il le tenoit Prisonnier aussi bien que son Pere. Cependant comme nous n'auons osé retourner en nostre Païs, à cause du Prince de Perouse, nous auons tousiours demeuré à Siracuse: mais comme Martia a eu vne maladie tres-longue, & tres-grande, dont elle a beaucoup de peine à reuenir, on luy a ordonné de quiter la Sicile pour quelque temps, & de choisir vn air plus sain: si bien que n'imaginant point de lieu plus agreable que Capouë, nous y sommes venus, & nous y sommes sans doute venus conduits par les Dieux pour vous y retrouuer; puis que l'estat où sont les choses, vostre presence est tout à fait necessaire pour sauuer la vie du Roy vostre Pere; car Mezence est plus irrité que iamais; Bianor a tousiours de l'amour & de l'ambition; la Princesse de Perouse sa Sœur, le sert tousiours autant qu'elle peut & Mezence desesperant d'auoir d'autres Enfans que Galerite, semble estre resolu de faire mourir Porsenna, afin de forcer cette Princesse à se remarier auec Bianor : car encore qu'elle soit vostre Mere, elle n'a pourtant que trente-six ans, & est encore à ce que l'on dit, vne des plus belles Personnes du Monde. Vous pouuez iuger, Madame, auec quelle attention Aronce escoutoit ce que luy disoit Nicius, & combien de sentimens differens agitoient son cœur; car il estoit bien aise de sçauoir qu'il estoit Fils de Roy : il estoit bien affligé d'aprendre le pitoyable estat où estoit le Prince à qui il deuoit la vie, la certitude de n'estre pas Romain, luy donnoit quelque inquietude à cause de Clelius, la pensée qu'il ne pouuoit plus espouser Clelie sans faire vne chose contre l'exacte prudence, luy donnoit du desplaisir, & son ame estoit estrangement agitée, mais apres tout la ioye estoit la plus forte. Cependant comme il ne faloit plus que voir ces deux Nœuds de Diamans qu'auoit Clelie, pour acheuer la reconnoissance entiere du Fils de Porsenna, quoy que cela ne fust pas necessaire, Aronce apres auoir dit mille choses obligeantes à Nicius, & à Martia, apres leur auoir raconté les obligations qu'il auoit à Clelius, & vne partie de ce qui luy estoit arriué, à la reserue de son amour pour Clelie, il les quita, pour retourner chez Clelius. Mais en y retournant, nous rencontrasmes. Herminius qui en

venoit: & qui nous dit qu'on auoit trouué fort estrange que nous fussions sortis si brusquement : adioustant qu'vne partie de la Compagnie n'y estoit desia plus. En effet quand nous rentrasmes chez Clelie, il n'y auoit plus que quatre ou cinq de ses Amies auec elle, qui se promenoient alors dans vn Iardin qui est chez son Pere : car encore que nous fussions allez de bonne heure au Logis de Nicius, il estoit pourtant assez tard pour se pouuoir promener sans incommodité. De sorte que Clelie ne vit pas plustost Aronce, qu'elle se mit à luy faire la guerre de l'auoir abandonnée le iour qu'elle celebroit la Feste de sa naissance. Quand vous sçaurez ce qui m'y a obligé, luy dit-il, ie m'assure que vous n'en murmurerez pas : il pourra estre, luy repliqua-t'elle, que ie ne vous en accuseray point : mais vous ne sçauriez
faire

faire que ie ne m'en pleigne point: ce que vous dittes m'est si glorieux, reprit-il, que quand ie n'aurois rien gagné en vous quitant, ie deurois estre consolé de vous auoir quittée. Mais enfin, Madame (luy dit-il en la separant adroitement de cinq ou six pas de la Compagnie) il faut que ie vous die ce qui m'a obligé à vous quitter: & que vous sçachiez que ie ne l'ay fait que pour cesser d'estre cét Inconnu Aronce sans nom & sans Patrie, qui a quelquesfois esté si mal-traité de Clelius par cette seule raison. Quoy Aronce, reprit-elle en rougissant, vous sçauez qui vous estes? ouy, Madame, luy dit-il, ie le sçay, & ie le sçay auec quelque ioye, quoy que ie ne sois pas Romain; parce que comme Fils du plus Grand Roy de toute l'Etrurie, ie puis pretendre auec plus de hardiesse à la possession de la plus parfaite Personne du Monde. Souffrez donc, ie vous en coniure, qu'auiourd'huy que ie sçay que ie suis Fils du Roy de Clusium que Mezence tient prisonnier, ie vous offre mon cœur vne seconde fois : & que ie vous assure que quand ie serois paisible possesseur d'vn Estat que mon Ayeul a presque entierement vsurpé, ie mettrois ma Couronne à vos pieds : & que sans quitter les Chaisnes que vous me faites porter, ie publierois hardiment qu'il me seroit plus glorieux d'estre vostre Esclaue, que d'estre Roy de plusieurs Royaumes. Cependant, adiousta-t'il, comme ce que ie vous dis vous doit surprendre, & que ie m'aperçois bien qu'il vous surprend, ie ne veux pas que vous en sçachiez le détail par moy : & ie veux que Celere vous l'aprenne, durant que i'iray chercher Clelius, afin de luy aprendre mon auanture, & de le coniurer de souffrir que les Nœuds de Diamans que vous portez, soient veûs par ceux qui m'ont apris ma naissance : & pour le coniurer aussi de me preferer à Horace. Clelie estoit si surprise d'enetndre ce que luy disoit Aronce, qu'elle ne sçauoit que luy respondre : ce n'est pas qu'elle le soubçonnast de n'estre pas veritable : mais la chose estoit si surprenante, qu'elle ne pouuoit cóment imaginer qu'elle fust possible, quoy qu'elle n'en voulust pas douter. Elle luy respondit pourtant comme vne Personne infiniment prudente ; car sans luy donner lieu de penser qu'elle pûst douter de ce qu'il luy disoit ; elle luy donna pourtant suiet de luy faire sçauoir toutes les particularitez de son auanture ; si bien qu'Aronce s'en allant chercher Clelius, qui estoit dans sa Maison, ie demeuray dans ce Iardin ; & durant que les Amies de Clelie s'entretenoient entre elles, ou auec Sulpicie qui y vint alors, ie luy contay en peu de paroles, tout ce que Nicius & Martia auoient dit à Aronce, & ie luy donnay vne ioye tres-sensible, de sçauoir que son Amant estoit d'vne naissance si illustre. Ie vy pourtant dans ses yeux, qu'elle craignoit que cette Grandeur ne fust vn obstacle à son bonheur : mais elle ne me le dit pas. Cependant Aronce fut où estoit Clelius : & luy disant qu'il auoit quelque chose d'important à luy communiquer, il entra dans son Cabinet, où il luy dit tout ce qu'il auoit sceu : mais il le luy dit auec le mesme respect qu'il auoit accoustumé d'auoir pour luy, lors qu'il ne sçauoit point sa naissance. En suite de quoy Clelius consentant à ce qu'il souhaitoit, ie retournay querir Nicius & Martia, de la bouche de qui le Pere de Clelie aprit tout ce qu'ils nous auoient

LIVRE I.

apris; & pour confirmer ce qu'ils difoient, ces deux Nœuds de Diamans qu'ils auoient demandez à voir leur ayant esté monstrez, ils les ouurirent; & il se trouua qu'il y auoit vn Portrait d'vne tres-belle Personne dans vn, & le Portrait d'vn homme admirablement beau dans l'autre : & qui ressembloit si fort à Aronce, qu'on eust pû prendre cette Peinture pour auoir esté faict pour luy. De sorte que Nicius voyant l'estonnement où nous estions, nous aprit que le Portrait qui ressembloit à Aronce, estoit celuy du Roy son Pere ; & que la Peinture de cette belle Femme, estoit celle de la Reine sa Mere. Il nous dit en suite que ces deux Portraits auoient esté faits vn peu apres que Porsenna fut hors de sa premiere Prison, que depuis son Mariage, ils estoient demeurez entre les mains de Galerite : & que cette Princesse ayant voulu donner toutes ses Pierreries à son Fils, n'auoit pas songé dans le trouble où elle estoit, alors, à oster ses deux Portraits de ces deux Nœuds de Diamans qui estoient faits auec vn tel artifice qu'on ne s'aperceuoit point qu'ils s'ouúroient, à moins que de sçauoir le secret pour les ouurir. De sorte, Madame, que Clelius qui sçauoit le long-temps qu'il y auoit que ces Pierreries estoient en sa puissance; qui voyoit cette ressemblance d'Aronce auec vn de ces Portraits qui aprenoit par Nicius, & par Martia, des circonstances de son naufrage tout à fait particulieres; qui voyoit vne petite marque à vne main d'Aronce, telle que Nicius disoit que la Reine sa Mere en auoit vne au visage, & telle que la deuoit auoir l'Enfant qu'il auoit perdu; ne pouuoit pas douter de ce que disoient & Nicius & Martia: qui auoient tellement la mine & le procedé de Gens de qualité, & de Gens de vertu, qu'il n'y auoit pas moyen de mettre en doute ce qu'ils asseuroient estre vray, & ce qui le paroissoit estre par cent coniectures indubitables. De sorte que Clelius regardant alors Aronce comme le Fils d'vn Grand Roy, voulut auoir plus de ciuilité pour luy qu'à l'ordinaire; mais Aronce s'y opposa, & luy dit auec beaucoup de generosité, que sa naissance ne changeant rien aux obligations qu'il luy auoit, ne changeroit rien aussi en son cœur, & ne deuoit rien changer entre eux. En suite de quoy Nicius & Martia dirent qu'il n'estoit pas temps de faire connoistre Aronce pour ce qu'il estoit, & qu'il faloit en faire vn grand secret durant quelque temps: mais que le principal estoit de songer à sauuer la vie du Roy son Pere, & à empescher que Mezence, qui comme ie vous l'ay desia dit, vouloit forcer sa Fille à se marier vne seconde fois, ne l'y contraignist: adioustant qu'il falloit qu'ils allassent diligemment aduertir les Amis de Porsenna & de Galerite, que le Prince leur Fils estoit viuant, & qu'il falloit qu'il les suiuist bien-tost apres, afin d'aduiser auec eux ce qu'il estoit à propos de faire : Nictus exagerant alors auec tant d'eloquence le danger où estoit le Roy de Clusium, que Clelius se ioignit à luy, pour persuader à Aronce d'aller promptement à Perouse. Cependant comme il auoit vne passion dans l'ame, qui ne s'accordoit pas auec ce voyage, quoy qu'il eust resolu de le faire, & quoy qu'il dist qu'il le feroit, il estoit aisé de voir qu'il auoit quelque chose dans le cœur qu'il ne disoit pas. Mais enfin, Madame, sans m'amuser à des choses peu necessaires, ie vous diray que Sulpicie fut apelée à cette confidence; que Clelius & elle forcerent Nicius & Martia à quitter leur Logis, & à loger chez eux, où ils ne furent pourtant que deux iours; car ils auoient tant d'impatience d'aller porter l'agreable nouuelle qu'ils sçauoient aux Amis de Porsenna & de Galerite, qu'ils n'y voulurent pas tarder dauantage. Mais en s'en allant ils conuinrent auec Aronce du lieu où il auroit de leurs nouuelles, quand il seroit à Perouse. Ie ne vous dis point, Madame, qu'elles furent les conuersations d'Aronce & de Clelie durant ces deux iours: car il vous est aisé de vous imaginer qu'elles furent assez douces. Mais lors que Nicius & Martia furent partis, & qu'Aronce vit que l'Honneur & la Nature vouloient qu'il partist, il sentit dans son cœur ce qu'on ne sçauroit comprendre; & il me dit enfin apres vne tres-longue agitation d'esprit, que si Clelius ne luy donnoit Clelie, il ne partiroit point qu'il n'eust forcé Horace à sortir de Capouë aussi bien que luy. Ce n'est pas que ie ne sçache bien, me dit-il, que ce n'est pas suiure la droite raison que de songer à espouser Clelie, auiourd'huy que ie sçay que ie suis Fils d'vn Prince à qui ie dois ce respect là, de ne me marier pas sans sa permission. Mais Celere, c'est Aronce qui est amoureux de Clelie; c'est Aronce qui souhaite ardemment sa possession; c'est Aronce qui ne peut souffrir que son Riual la possede; & ce n'est pas le Fils du Roy de Clusium, qui a tous ces diuers sentimens. En effet ie ne passeray pour tel, que lors que ie luy auray sauué la vie : & si ce bonheur m'arriue, il luy sera aisé de me pardonner d'auoir eu vne passion dans l'ame, qui ne luy est pas inconnuë : & d'auoir aimé plus que tout le reste du Monde, la plus aimable Personne de la Terre. Ainsi il faut que ie voye si Clelius est encore dans la resolution de laisser Clelie dans la liberté de disposer d'elle mesme : car si cela est, i'ose esperer qu'elle ne me preferera pas Horace : & que ie ne partiray pour aller à Perouse, qu'apres que i'auray rendu mon Riual malheureux. Mais Madame, pendant qu'Aronce raisonnoit ainsi, Horace qui voyoit vn grand changement en sa fortune, depuis que Clelius deuoit la vie à Aronce, fut trouuer cét illustre Romain, pour luy demander quand il vouloit changer l'esperance qu'il luy auoit donnée de luy donner Clelie en vn bien plus effectif; Mais comme Horace a le cœur sensible & fier, & qu'il estoit presques asseuré qu'il demandoit vne chose qu'il n'obtiendroit pas ; il parla à Clelius d'vne maniere qui l'irrita: de sorte que voyant la difference qu'il y auoit entre le procedé d'Aronce & celuy d'Horace, cela fut cause qu'il respondit encore moins fauorablement à ce dernier. Ie sçay bien (luy dit Clelius, apres que cét Amant luy eut exageré toutes ses raisons assez brusquement) que ie vous ay donné suiet d'esperer que ie vous donnerois ma Fille, mais ie sçay bien aussi que ie ne vous l'ay pas promise: de sorte que le moins que ie puisse faire, apres la derniere obligation que i'ay à vostre Riual, c'est de ne forcer plus Clelie à vous espouser: & de luy laisser la liberté de choisir entre Aronce & vous; & de cesser enfin d'estre iniuste enuers elle, pour vous estre trop fauorable. Ie pensois, repliqua fierement Horace, qu'encore qu'il n'y ait long-temps que vous soyez party de Rome, vous n'eussiez pourtant pas oublié que les Romains n'ont pas accoustumé de donner leurs Filles à leurs Esclaues : & qu'ainsi Aronce ne pouuoit iamais rien pretendre à Clelie de voſtre conſentement. Ha ! Horace, interrompit Clelius, Aronce n'eſt pas vn Eſclaue : & vous & moy ſerions encore les Eſclaues d'vn Corſaire, s'il ne vous euſt pas deliurez par ſa valeur. Vous eſtes auiourd'huy bien reconnoiſſant, reprit-il froidement ; vous eſtes auiourd'huy bien ingrat, repliqua Clelius ; & ie ne puis comprendre qui vous oblige à reconnoiſtre ſi mal les obligations que vous m'auez, d'auoir ſi mal traité Aronce, ſeulement pour l'amour de vous. Vous le traitez ſi bien preſentement, reprit il, que i'aurois mauuaiſe grace de ſonger à vous remercier, dans vn temps où vous ne ſongez plus qu'à le rendre heureux, & qu'à me rendre miſerable. Mais Clelius, la Fortune me vangera peut-eſtre de voſtre iniuſtice ; & vous ſcaurez quelqu'vn de ces Matins, que vous aurez donné Clelie au Fils de quelque ennemy de Rome, & peut-eſtre meſme à quelque miſerable Eſtranger ſans naiſſance & ſans vertu. Encore vne fois Horace, reprit Clelius, ne parlez point d'Aronce comme vous en parlez, ſi vous ne voulez que ie vous die que vous n'auez pas le cœur d'vn Romain. Ie n'aurois iamais fait, Madame, ſi ie vous rediſois tout ce que ſe dirent ces deux hommes ; & il ſuffit que vous ſçachiez qu'ils ſe ſeparerent tres-mal ſatisfaits l'vn de l'autre ; & que cette conuerſation acheua de faire reſoudre Clelius à ne donner iamais ſa Fille à Horace, quand il ne la donneroit point à Aronce ; comme en effet il ne croyoit pas trop alors qu'Aronce la deûſt eſpouſer, quoy qu'il euſt parlé à Horace comme s'il l'euſt creû. Mais il changea bien toſt de ſentimens ; car apres qu'Aronce eut eu vne conuerſation auec Sulpicie, & qu'il en eut eu vne auec Clelie infiniment tendre, & paſſionnée, il fut trouuer Clelius, pour le coniurer de luy vouloir donner ſa Fille, & de vouloir la luy faire eſpouſer deuant qu'il partiſt ; mais il luy parla en preſence de ſa Femme. D'abord Clelius luy dit qu'il portoit la generoſité trop loin ; & qu'encore qu'il euſt reſolu de luy donner Clelie, dés qu'il luy auoit eu ſauué la vie la derniere fois ; il croyoit eſtre obligé, auiourd'huy qu'il le connoiſſoit pour eſtre Fils de Roy, de ne la luy donner pas. Ce n'eſt pas luy dit-il, que Clelie ne ſoit d'vn Sang aſſez illuſtre, pour entrer dans l'alliance de tous les Princes du Monde : mais puis que vous auez vn Pere, ie ne dois

pas vous donner ma Fille sans son consentement. Il faut donc que vous me permettiez de tuer Horace, repliqua Aronce auec precipitation, car ie vous declare que ie ne puis partir sans cela, si vous ne me la donnez pas : c'est pourquoy si vous ne voulez point que ie trempe mes mains dans le sang d'vn homme qui a esté mon Amy deuant qu'il fust mon Riual, & que ie renonce à tous les sentimens de la Nature, & de l'Honneur, accordez moy Clelie ie vous en coniure; car si vous ne le faites, ie seray criminel enuers toute la Terre; ie seray indigne de la naissance dôt ie suis, & ie le seray aussi des bontez que vous auez eües pour moy, & de celles que vous auez encore. Horace aura raison de me haïr, & Clelie mesme aura peut-estre suiet de me mespriser; ayez donc pitié d'vn malheureux Amant, qui sent que sa vertu l'abandonnera, si on ne
satisfait

satisfait par son amour : & pensez après ce que Nicius vous a raconté de la vie du Roy mon Pere, que puis qu'il ne crût pas faire rien indigne de luy, de s'engager à espouser Galerite, lors qu'il estoit prisonnier du Prince de Perouse, qui estoit ennemy du Roy de Clusium; pensez, dis-je, que si ie suis assez heureux pour le deliurer, il me pardonnera aisément d'auoir espousé vne Fille qui possedoit mon cœur deuant que ie sceusse que i'estois son Fils. Enfin, Madame, sans tarder dauantage à vous apprendre le bonheur d'Aronce, Clelius qui auoit l'esprit irrité contre Horace, se resolut à le rendre heureux : il est vray que Sulpicie qui auoit vne ioye extréme de voir les choses en cét estat, fut celle qui les acheua : car elle dit adroittement à Clelius que si Aronce espousoit leur Fille, ce seroit le moyen de se voir vn iour en pouuoir de donner vn redoutable ennemy à Tarquin : si bien que cette puissante raison de l'interest de sa vangeance, ayant fortifié toutes celles d'Aronce, il consentit qu'il espousast Clelie deuant son départ. Mais afin que la chose se fist auec moins de bruit, il fut resolu que ces Nopces se feroient à vne Maison de la Campagne, que i'auois aupres du Fleuue Vulturne, à vne demie iournée de Capouë. De sorte que comme il faloit qu'Aronce partist le plustost qu'il pourroit, & que Clelius estoit bien aise que ce Mariage fust fait deuant qu'Horace sceust qu'il se deuoit faire ; il fut resolu qu'on ne diroit la chose qu'à vn tres-petit nombre de Personnes : & que ce petit voyage seroit pretexté d'vn simple dessein d'aller ioüir des plaisirs de la Campagne : & en effet, il n'y eut que trois ou quatre Amies particulieres de Clelie, qui furent de cette petite Feste, & qu'Herminius & deux autres qui sceurent la chose, & qui furent conuiez à cette Nopce. Ie ne m'arresteray point, Madame, à vous dire la satisfaction d'Aronce, & à vous raconter en quels termes il l'exprimoit, car cela seroit inutile ; ie vous diray donc seulement que cette petite Troupe que la ioye conduisoit, fut où cette Nopce se deuoit faire ; mais elle n'y fut pas si tost, que le Fleuue Vulturne se desborda, comme vous l'auez sans doute sceu, & fit vn si estrange desordre, qu'il falut attendre que cette inondation fust passée, pour penser à faire vne Feste. Apres cela, Madame, ie ne m'arresteray point à vous exagerer la plus terrible auanture du monde, en vous racontant exactement, comment le lendemain que cette inondation fut passée (qui estoit le iour qui deuoit preceder les Nopces d'Aronce & de Clelie) il y eut vn tremblement de Terre espouuantable, car vous n'en pouuez ignorer les terribles effets ; puis que le bruit s'en est bien espandu plus loin que la Sicile, & bien plus loin que Perouse. Mais ie vous diray seulement que cét effroyable iour, où les Vents, les Flames, & les Pierres embrazées, firent vn si horrible desordre pendant ce tremblement de Terre, fut vn iour bien malheureux pour Aronce: puis qu'il fut feparé de Clelie par vn Tourbillon de Flames enfoufrées, iuftement comme il aperceut fon Riual qu'il croyoit vn moment auparauant eftre à Capouë. Mais enfin, Madame, pour acheuer fon malheur, la Fortune ietta Clelie entre les bras de ce Riual, fans qu'il ait encore pû fçauoir, ny ce qui auoit amené Horace en ce lieu là, ny comment Clelie fut en fa puiffance; & tout ce que ie fçay, c'eft qu'Aronce ne la vit plus ; que quand ce grand defordre fut paffé, il creût qu'elle eftoit morte ; qu'il retourna à Capouë, auec ceux qui eftoient efchappez d'vn fi grand danger ; que ie ne m'affligeay pas tant de la perte de ma maison, que de la douleur de mon Amy ; que ie le suiuis à Capoüe ; où il sceut dés qu'il y fut qu'Horace n'y estoit plus, & que Stenius auoit receu vne Lettre de luy. Qu'en suite il fut le trouuer pour tascher de descouurir s'il ne sçauoit rien de Clelie ; qu'il refusa de le luy dire ; qu'Aronce le força de se battre ; qu'il le vainquit ; qu'il luy arracha la Lettre qu'il auoit receuë d'Horace, par où il sceut qu'il auoit Clelie entre ses mains, & qu'il la menoit à Perouse. Si bien que voyant que son amour, son honneur, & la Nature, vouloient qu'il allast en mesme lieu, il resolut auec Clelius, qu'il partiroit, & il partit en effet. Pour Herminius, comme il auoit quelques affaires qui vouloient qu'il s'esloignast d'Italie, Aronce & moy luy donnasmes des Lettres pour Amilcar ; & ie voulus ne quiter point mon Amy, & quiter Fenice, dont ie n'estois pas trop satisfait, & dont ie n'estois plus guere amoureux. Mais apres cela, Madame, imaginez-vous quelle fut la douleur d'Aronce, lors qu'il vit sur ce Lac Clelie dans vne Barque qu'Horace deffendoit : & quel fut son estonnement, de voir dans l'autre le Prince de Numidie, qu'il ne croyoit pas estre son Riual ? Imaginez-vous, dis-ie, sa douleur de voir qu'il ne pouuoit aller attaquer le Rauisseur de Clelie, & secourir celuy qui l'attaquoit : imaginez vous le pitoyable estat, où il se trouua lors qu'il sceut par vn Esclaue qu'on vouloit assassiner le Prince de Perouse, dont la mort eust pû deliurer le Roy son Pere & la Reine sa Mere: & imaginez-vous enfin le déplorable estat où il est presentement. Car, Madame, Aronce ne sçait où est Clelie; il sçait pourtant qu'elle est en la puissance de son Riual; il en a trouué vn qu'il ne pensoit pas auoir; & il l'a trouué en la personne d'vn de ses plus chers Amis. La vie de Porsenna est en danger; Galerite est tousiours prisonniere; Mezence dit qu'elle ne sortira iamais de prison si elle ne se remarie; il y a du danger à hazarder de faire connoistre Aronce au Prince de Perouse, pour estre Fils de Porsenna; il est presentement incapable d'agir, à cause de ses blesseures ; Sextilie fauorise toujours son Frere ; Tiberinus qui est auiourd'huy Fauory de Mezence a plus d'vn interest qui le doit porter à vouloir la perte de Porsenna, & à s'opposer à la reconnoissance d'Aronce : de sorte qu'encore qu'il ait sauué la vie au Prince de Perouse, il doit tout craindre pour la sienne, s'il est reconnu pour estre le Fils de Porsenna, & il ne doit rien esperer s'il ne l'est pas. Ainsi, Madame, Aronce est malheureux de toutes les façons dont on le peut estre ; car l'Honneur, la Nature, & l'Amour luy font esprouuer les sentimens des plus rigoureux qu'ils puissent faire sentir, lors que la Fortune se mesle de faire qu'ils se combatent continuellement dans le cœur d'vn Amant : c'est pourquoy, Madame, i'ose esperer qu'estant sensible aux malheurs d'vn Prince si genereux, vous luy rendrez tous les offices qui seront en vostre puissance.

N'en doutez nullement (repliqua la Princesse des Leontins, voyant que Celere auoit finy son recit) car ie suis si touchée de ses infortunes, que ie n'oublieray rien de tout ce qui sera en mon pouuoir, pour luy tesmoigner que i'en ay vne veritable compassion. C'est pourquoy ie vous coniure de luy dire, qu'il regarde ce qu'il veut que ie fasse, ou que ie die ; car encore que ie haïsse horriblement Tiberinus, ie veux bien contraindre mes sentimens en cette occasion : & tascher de le mettre dans ses interests, quoy qu'à dire les choses comme elles sont, ce soit vne entreprise assez difficile. Vous auez tant d'adresse & tant de charmes, reprit Aurelie, qu'il ne faut desesperer de rien ; & vous estes si genereuse, adiousta Sicanus, qu'on doit tout attendre de vous, en vne pareille rencontre. En verité, repliqua-t'elle, ie ne merite pas grande loüange d'estre capable d'auoir de la compassion des malheurs d'autruy ; car celle que vous auez des miens me console si sensiblement, que ie ne pourrois ce me semble, refuser la mienne à vn illustre malheureux sans auoir de la cruauté. Apres cela Celere voyant qu'il estoit tard se leua, & s'en alla retrouuer Aronce : aupres de qui il trouua Nicius & Martia, qui l'asseurerent que le lendemain les principaux

Amis de Porsenna se rendroient au Chasteau où il estoit, afin d'auiser ce qu'il estoit expedient de faire en vne conioncture si importante.

Fin du premier Liure de la premiere Partie.

www.ingramcontent.com/pod-product-compliance
Lightning Source LLC
Chambersburg PA
CBHW060405230426
43663CB00008B/1396